नीमच:

इतिहास एवं पुरा-संस्कृति

Neemuch:
History and Archaic Culture

डॉ० विनय श्रीवास्तव
एवं
नरेश कुमार पाठक

नीमच:
इतिहास एवं पुरा-संस्कृति

Neemuch:
History and Archaic Culture

डॉ० विनय श्रीवास्तव
विभागाध्यक्ष-इतिहास
शासकीय स्नातकोत्तर महाविद्यालय
नीमच (म०प्र०)
एवं
नरेश कुमार पाठक
संग्रहाध्यक्ष-जिला पुरातत्व संग्रहालय
पन्ना (म०प्र०)

Originals
Delhi-110052

Published by
ORIGINALS
(an imprint of Low Price Publications)
A-6, Nimri Commercial Centre,
Ashok Vihar Phase-IV, Delhi-110052
Phone: +91-11-27302453 Fax: +91-11-47061936
e-mail: info@Lppindia.com
website: www.Lppindia.com

Marketed by
Low Price Publications
Delhi

Published in India 2010

ISBN 10: 81-8454-105-8
ISBN 13: 978-81-8454-105-2

Printed at
D K Fine Art Press P Ltd.
Delhi-110052

नीमच इतिहास एवं पुरा संस्कृति

विषय-सूची

प्राक्कथन

दुर्ग, किला, गढ़, कोट अथवा फोर्ट, मन्दिर, मूर्तियां व पुरा सम्पदा मूलतः राज्य शक्ति, सामरिक स्थापत्य एवं संस्कृति के स्थायी प्रतीक हैं एवं सभ्यता के निरंतर प्रवाह के वाहक हैं जो हमारी संस्कृति को समृद्ध बनाते हैं ।

सभ्यता के विकास के साथ-साथ जब राज्य शक्ति का उदय हुआ, उसी समय से दुर्ग, मन्दिर एवं पुरातत्व संबंधी रचना को बढ़ावा मिला । पुरा संस्कृति से संबद्ध हजारों निर्माण कार्य सम्पूर्ण देश में विभिन्न काल व साम्राज्यों में किए गए, जिसके विकास का क्रम संस्कृति के विकास का द्योतक रहा है । मालवा संस्कृतिमें प्राचीन व मध्यकाल में अनेक सम्राटों, साम्राज्यों तथा राजवंशों का समन्वय रहा है । यह क्षेत्र विभिन्न कालों में वैदिक, बौद्ध, जैन धर्मों की पावन जान्हवी का संगम स्थल रहा है। मालवा की उच्च कोटि की स्थापत्य कला ऐतिहासिक दृष्टि से महत्वपूर्ण स्थान रखती है । लेखक द्वारा नीमच जिले के इतिहास एवं पुरा संस्कृति से संबद्ध विभिन्न स्थलों यथा जीरण, खोर, अठाना, बावल, जावद, पिपल्या, जमुनिया, रामपुरा, पड़दा, मनासा, भादवामाता, सावन, मोड़ी, आंत्रीमाता, डिकेन, रतनगढ़, मोरवन तथा सुदूर ग्रामीण अंचल में बिखरी पुरा सम्पदा, मन्दिर, दुर्गों व शैलाश्रयों का भौतिक सर्वेक्षण का अथक व दुरूह कार्य सम्पन्न किया गया है, तथा इन स्थलों में यत्र-तत्र बिखरे ऐतिहासिक मन्दिरों एवं छत्रियों का तथ्यपूर्ण अध्ययन किया है एवं बिखरे सूत्रों को प्राथमिक स्रोतों से संकलित कर ऐतिहासिक दस्तावेजीकरण करने का प्रयास किया है।

प्रस्तुत ग्रंथ विश्वविद्यालय अनुदान आयोग नई दिल्ली द्वारा डॉ. विनय श्रीवास्तव को स्वीकृत मेजर रिसर्च प्रोजेक्ट के दौरान किए गए वृहत शोध कार्य का एक महत्वपूर्ण हिस्सा है । नीमच जिले का इतिहास काफी प्राचीन व समृद्धशाली । यहां यत्र तत्र बिखरे सैकड़ों, मन्दिर,मूर्तियां व छत्रियां यहां की उज्जवल सांस्कृतिक परम्परा का जीवन्त प्रमाण है । यहां की मन्दिर स्थापत्य कला, दुर्गों के सामरिक महत्व तथा मूर्तियों की कलात्मकता ने अपनी मौलिक व विशिष्ट छाप छोड़ी है । यहां के औलिकर परमारकालीन मन्दिरों ने सम्पूर्ण अंचल को गौरवान्वित किया है । प्रस्तुत शोध ग्रन्थ **'नीमच : इतिहास एवं पुरा संस्कृति'** में नीमच जिले के विभिन्न गांवों, कस्बों के ऐतिहासिक मन्दिरों, दुर्गों, छत्रियों व मूर्तियों तथा शैलाश्रयों का व्यक्तिगत सर्वेक्षण कर उन्हें तथ्यपूर्ण ढंग से प्रस्तुत किया गया है । यद्यपि सर्वेक्षण के

दौरान अनेक मन्दिर जीर्ण-शीर्ण हालत में मिले परन्तु उनके ऐतिहासिक महत्व को दृष्टिगत रखते हुए उपलब्ध पुरातात्विक प्रमाणों के आधार पर उनकी स्थापत्यकला एवं ऐतिहासिक विवरण को प्रस्तुत किया गया है ।

शोधकर्ता ने शोध अवधि के दौरान इतिहास के महत्वपूर्ण शोध संस्थानों व म.प्र. राज्य पुरातत्व विभाग, राज्य अभिलेखागार में उपलब्ध प्राथमिक स्त्रोतों, तथा अभिलेखीय सामग्री का गहन व सूक्ष्म अध्ययन किया है, एवं महत्वपूर्ण सामग्री एकत्र की है। शोधकर्ता ने इस अंचल के नटनागर शोध संस्थान सीतामऊ, जिला पुरातत्व संग्रहालय इन्दौर, देवास, भानपुरा, मन्दसौर तथा कार्यालय आयुक्त म.प्र. राज्य पुरातत्व विभाग में संग्रहित महत्वपूर्ण ग्रन्थों का अध्ययन कर ऐतिहासिक तथ्यों का संग्रह किया है । इस कार्य में लेखक को अपने गुरूवर श्रद्धेय डॉ. **मनोहरसिंह राणावत, उपनिदेशक श्री नटनागर शोध संस्थान, सीतामऊ** का भरपूर स्नेह, आशीर्वाद तथा सहयोग समय-समय पर प्राप्त हुआ है, उनके प्रति मैं कृतज्ञ हूं । लेखन कार्य में तथ्यपूर्ण सामग्री उपलब्ध करवाने एवं इस ग्रन्थ को मूर्तरूप ग्रहण करने में मुझे वरिष्ठ पुरातत्ववेत्ता **श्री नरेश कुमार पाठक** संग्रहाध्यक्ष जिला पुरातत्व संग्रहालय पन्ना (म.प्र.) ने काफी मदद की है । इस ग्रन्थ के सहयोगी लेखक के रूप में मैं उनका हृदय से आभार व्यक्त करता हूं ।

प्रस्तुत ग्रन्थ में दुर्लभ छायाचित्रों के माध्यम से इस क्षेत्र के इतिहास व पुरा संस्कृति को उजागर करने का प्रयास किया गया है । इस ग्रंथ में शोधपूर्ण दृष्टि से समग्र ऐतिहासिक विवरणों के साथ नीमच जिले का वृहत् सर्वेक्षण कार्य शोधकर्ता द्वारा किया गया है एवं उन्हें क्रमबद्धता के साथ एक सम्पूर्ण, तथ्यपूर्ण ग्रन्थ के रूप में प्रस्तुत किया जा रहा है । प्रस्तुत शोध ग्रन्थ में नीमच जिले के ऐसे अनेक दुर्गों, मन्दिरों का सर्वेक्षण कर पहली बार उन्हें प्रकाश में लाया जा रहा है, जिन पर अभी तक शासन की नजर नहीं पड़ी है, परन्तु नीमच जिले के इतिहास निर्माण में तथा यहां की सांस्कृतिक परम्पराओं में महत्वपूर्ण स्थान है ।

"प्रस्तुत ग्रन्थ मेरे गुरू श्रद्धेय डॉ. मनोहरसिंह राणावत, उपनिदेशक- श्री नटनागर शोध संस्थान, सीतामऊ को सादर समर्पित है ।"

डॉ. विनय श्रीवास्तव

-सम्पर्क -

778 विकास नगर

14/5 विस्तार, नीमच (म.प्र.)

फोन - 07423-230378, 09893320578

Email-dr_vinaynmh@rediffmail.com.

भूमिका

नीमच जिले की पुरा संस्कृति पर भावपूर्ण शोध संदर्भ

पुरातन हमें वर्तमान के प्रति संयमित, संदर्भित एवं संगत बनाने का एक महत्वपूर्ण साधन है । यदि हमने अपने अतीत से मुँह मोड़ लिया और उसे केवल व्यतीत मानकर तथा मात्र खण्डहर मानकर नकार दिया तब ऐसा लगेगा मानो हमने अपने वृद्ध पितामह अथवा पिता को नकार दिया । हमने नींव के उस पत्थर को उपेक्षित कर दिया जिसके कंधों पर हम अपना एक सर्वसुविधा युक्त भवन खड़ा करने का सपना संजो रहे हैं ।

डॉ. विनय श्रीवास्तव ने दशपुर अंचल के महत्वपूर्ण अंचल नीमच जिले की तीन तहसीलों मनासा, जावद और नीमच की पुरा सम्पदा और संस्कृति पर अत्यंत गंभीरता से सोचा समझा और स्वीकारा है । यदि हम सम्पूर्ण दशपुर अंचल की बात करें तब हमें गागरोन से चित्तौड़ तक की एक लम्बी यात्रा करना पड़ेगी । उसमें कई पड़ाव हमें डालना पड़ेंगे । अपने प्रथम अध्याय में डॉ. विनय श्रीवास्तव ने इस अंचल पर जो ऐतिहासिक दृष्टि से प्रकाश डाला है, वह इस अंचल के पुराकालीन महत्व एवं गौरव की गाथा को संदर्भित करता है ।

डॉ. विनय श्रीवास्तव ने इस गुत्थी को भली भाँति जान समझकर अपने शोध का पटल तैयार किया है । नीमच जिला ऐसा क्षेत्र है जिसमें अपार सम्पदा आज भी उपेक्षित और अजानी-अबूझ स्थिति में पड़ी किसी विज्ञ शोधार्थी की प्रतीक्षा कर रही है । ऐसा भी नहीं कि, इस दिशा में पहले कोई काम हुआ ही हुआ हैं । जिला पुरातत्व संघ की पहल पर एक आदेश जारी किया गया था जिसमें जिलाधीश की मंशा दर्शाई गई थी कि, क्षेत्र के पटवारी अपने-अपने क्षेत्र की मूर्तियों, शिलालेखों आदि को सुरक्षित करें और उसकी सूचना पुरातत्व संघ तक पहुँचाएं । हमारे लोक में एक उक्ति है । **''पामणा ती हाँप मरावे, आखा घर ने खावे ।''** ऐसा ही पटवारियों को पुरा सम्पदा से न तो कुछ लेना देना था न सरोकार । उन्होंने जिलाधीश महोदय के आदेश का अपने ढंग से परिपालन किया और सभी सूचना नस्तियों में दाखिल कर ली गई । एक उक्ति और याद आती है।

''गामनी जाणे गोकल्यो, ढाण्या चरावा मोकल्यो ।'' जिसे गांव की जानकारी ही नहीं हो उसे उस गांव के पशु चराने भेजने से जो हर्ष होना था सो हो गया। जो मूर्तियाँ पटवारियों ने संग्रह की थी वे सब गायब हो गईं । खेतों की मेढ़ों पर चुन दी गई ।

डॉ. विनय श्रीवास्तव ने इस अंचल का चप्पा-चप्पा देखा है । उनके पास जो शोध दृष्टि है वैसी अब तक इस अंचल में काम करने वाले किसी भी शोधार्थी में नहीं रहीं । अब तक इस अंचल पर केवल विद्वानों ने काम किया । शोधर्थियों ने नहीं

किया। डॉ. विनय श्रीवास्तव विद्वान तो हैं, ही इसके बावजूद वे शोधार्थी भी हैं। इन्होंने जो काम इस अंचल में किया है वह श्रम साध्य, अर्थ साध्य एवं समय साध्य था। मैं स्वयं कई शोध यात्राओं में डॉ. विनय श्रीवास्तव का सहभागी रहा और इनकी कार्यशैली को देखकर चकित हो गया। मैं डॉ. वाकणकर जी की शोध यात्राओं को प्रणाम करते हुए कहना चाहूँगा कि उनके अधूरे काम को डॉ. श्रीवास्तव ने पूरा किया है।

इनकी पुस्तक 'नीमच इतिहास एवं पुरा संस्कृति' मैंने पूरी तरह पढ़ी है। उस संपदा को जब क्षेत्र में देखा था, आज मैं जब उस पूरा सामग्री का वर्णन पढ़ रहा हूँ तब एक चलचित्र की तरह सभी पुरा सम्पदा मेरेसामने आती जा रही है। यह सभी लेखन आंखन देखा है, कागज लेखा नहीं। इन्होंने जो पाद टीप दिए है वे यदि न भी दिए गए होते तब भी समूची पुस्तक लोक प्रमाण के रूप में अपनी साक्षी देने में समर्थ लगती है।

डॉ. विनय श्रीवास्तव ने एक समझदारी यह भी की है कि तीनों तहसीलों की पुरा सम्पदा और संस्कृति को अलग अलग भागों में बांटकर उल्लेखित किया है। जावद तहसील की पुरा सम्पदा, वहां के मंदिर, वहां की हवेलियां, वहां का रहन सहन, वहां का पहनावा, राजपूत संस्कृति जिसे मैं मेवाड़ी संस्कृति कहूंगा से पूरी तरह प्रभावित है। वहां की भाषा और उसका परिवेश भी मेवाड़ी से प्रभावित है। इस मेवाड़ी संस्कृति से अभिषेकित जावद तहसील को पृथक से जानना और समझना आवश्यक है। स्त्री वेश भूषा में माथे की रखड़ी और केश सज्जा आज भी मेवाड़ी शैली से प्रभावित है। इसका कारण स्पष्ट है कि, जावद क्षेत्र एक समय मेवाड़ के आधीन रहा। आप यहां के दुर्ग देखें। वह अठाना का दुर्ग हो या सिंगोली का, रतनगढ़ का दुर्ग हो या बावल का सबकी छवि सीधे मेवाड़ के दुर्ग शिल्प का आभास देती है।

डॉ. विनय श्रीवास्तव ने जिस प्रकार इस अंचल के दुर्गों, मंदिरों, हवेलियों आदि का सांगोपांग वर्णन किया है। उससे भी ज्यादा महत्वपूर्ण वर्णन महलों हवेलियों के भित्ति चित्रों की और हमारा ध्यान आकर्षित किया। वे भित्ति चित्र अपने युग के राजाओं, जागीरदारों तथा साहूकारों की रूचियों और समृद्धि का तो बखान करते हैं वहीं ये उस युग की चित्र शैली के प्रतिनिधि के रूप में भी उपस्थिति है। इनका संरक्षण यदि नहीं किया गया तो वह महत्वपूर्ण पुरा सम्पदा धूल-धूप और काल की गति के साथ समूल रूप से नष्ट हो जाएगी।

मनासा तहसील सदा शांत क्षेत्ररहा है। यदि मनासा नगर का भ्रमण करें तब हम देखेंगे कि इसकी गली-गली, बाजार, चौक में मंदिर ही मंदिर है। इसे मंदिरों का नगर कहा जाना अधिक सार्थक होगा। इसे हम मालवा या दशपुर अंचल की काशी इसलिए नहीं कह सकते क्योंकि, काशी विद्या का अंचल मानी जाती है। यह गरिमा सीतामऊ को दी जाती रही है। मनासा तो मालवा की मथुरा है। धर्मप्रिय एवं धर्म धारक नगर है। इसे

भामाशाहों का नगर कहा जा सकता है । यहां का माहेश्वरी समाज जिन्हें शाह कहा जाता रहा । सम्पदा और वैभव के धर्म धारक रहो । मनासा के इर्द गिर्द स्थापित जागीरें, पीपल्यारावजी, जामुनिया रावजी, भाटखेड़ी और मालाहेड़ा आदि के जागीरदारों को ये भामाशाह सदा समय-समय पर आर्थिक सहयोग करते रहे है ।

भाटखेड़ी व माल्हाड़ा के दुर्ग भले ही छोटे दुर्ग कहे जा सकते हैं किन्तु इस अंचल में चन्द्रावतों के ध्वजा धारक ये दुर्ग व दुर्गपति सदा राज्य के सहायक रहे । दांतोली दुर्ग जो अब केवल नाम शेष मात्र रह गया है । अरावली की तलहटी में स्थित चन्द्रावतों का महत्वपूर्ण दुर्ग था । पीपल्यारावजी व जामुनिया के दुर्ग शक्तावत राजपूतों के दुर्ग हैं । इनका इतिहास और इनकी पुरा सम्पदा का अपना महत्वपूर्ण स्थान है । जमुनिया महल में भित्ति चित्रों का महत्वपूर्ण स्थान इस अंचल में सदा से रहा है । डॉ. विनय श्रीवास्तव ने इस अंचल के ज्ञात व अज्ञात दुर्गों का सर्वेक्षण कर प्रमुखता से उसे इस ग्रन्थ में शामिल किया है, जो उनके शोध कार्य की महत्वपूर्ण उपलब्धि है ।

रामपुरा चन्द्रावतों की राजधानी रही है । वहां की पुरा सम्पदा, मन्दिर और संस्कृति पर मेवाड़ का प्रभाव इसलिए स्पष्ट है कि चन्द्रावत मेवाड़ वंश में ही प्रतिनिधि थे और उन्होंने भील संस्कृति पर अपनी राजपूत संस्कृति की छाप जड़कर पूर्व की परम्पराओं को प्रभावित कर दिया । आमद दुर्ग का शिल्प रामपुरा दुर्ग से किंचित पृथक इसलिए है कि, यहाँ चन्द्रावत लम्बे समय तक सत्तासीन नहीं रहे । भैरव प्रतिमा अंचल में आस्था का केन्द्र है इसके अतिरिक्त आमद का ऐतिहासिक महत्व इसलिए अधिक महत्वपूर्ण है कि वह चन्द्रावतों की सत्ता का प्रथम एवं अंतिम दुर्ग रहा । डॉ. विनय श्रीवास्तव ने आमद के इतिहास पर जो खुलासा दिया है उस तरह अब तक किसी भी ग्रंथ में नहीं दिया गया था । रामपुरा अंचल की बहुत सी महत्वपूर्ण पुरा सम्पदा गांधीसागर जल विस्तार में डूबकर नष्ट हो गई । इसमें शंखोद्दार की पुरा सम्पदा महत्वपूर्ण थी ।

नीमच यद्यपि किसी समय मेवाड़ का ही सत्ता क्षेत्र रहा था किन्तु उस पर नीमच कन्टोनमेन्ट की अंग्रेजी छाया स्पष्ट दिख पड़ती है । यहां का दुर्ग यहां की हवेलियाँ यहां का रहन-सहन और भाषा पर छावनी संस्कृति का प्रभाव स्पष्ट रूप से परिलक्षित होता है, किन्तु इस अंचल के अन्य गढ़, दुर्ग इस प्रभाव से वंचित हैं । उन पर सीमावर्ती मेवाड़ी संस्कृति और शिल्प का प्रभाव स्पष्ट है । जीरन का दुर्ग, सरवानिया दुर्ग इसके पुष्ट प्रमाण है ।

डॉ. विनय श्रीवास्तव ने डीकेन और सिंगोली तक की पट्टी में शैलचित्रों का संदर्भ देकर इस अंचल को आदि मानव का प्रमुख क्षेत्र सिद्ध कर दिया है । यद्यपि इन शैलाश्रयों का वर्णन पूर्व में कई विद्वानों व पुरातत्ववेत्ताओं ने अपने-अपने आलेखों में, ओज ग्रंथों में किया है किन्तु उनमें से अधिक ने कागज की लेखी को आधार बनाकर किया है । डॉ. विनय श्रीवास्तव ने उनका वर्णन आँखनकी देखी के आधार पर किया है।

मैं उनकी उन यात्राओं का साक्षी हूँ इस कारण पुष्ट होकर यह बात कह सकता हूँ।

डॉ. विनय श्रीवास्तव ने इस ग्रंथ से पूर्व भी अलग-अलग शोध यात्राओं में इन समस्त संदर्भों को समझा है, देखा परखा है। **''मालवा के प्रमुख ऐतिहासिक दुर्ग''** एवं **मालवा के ऐतिहासिक मन्दिर एवं छत्रियां** ग्रंथ उसी शोध परक यात्राओं का प्रतिफल है। संभवतः डॉ. विनय श्रीवास्तव ने अपनी उन शोध यात्राओं को अनेक भागों में व्यक्त करने की योजना पूर्व में ही निर्धारित कर ली होगी। अब अलग-अलग स्तरों पर एवं खण्डों विभागों में वे अपने शोध यात्राओं को व्यक्त कर रहे हैं। हम आशा रख सकते हैं कि यह ग्रंथ ''नीमच इतिहास और पुरा संस्कृति'' डॉ. विनय श्रीवास्तव की शोध यात्राओं का अगला पुष्प है अंतिम पुष्प नहीं। अभी तो गुलाब की झाड़ी पर कई पुष्प खिलना शेष हैं। हम अगले प्रस्फुटन की प्रतीक्षा कर रहे हैं।

डॉ. विनय श्रीवास्तव का यह ग्रंथ हमारे शोधार्थियों के लिए प्रेरक प्रसंग के रूप में सिद्ध होगा एसा मेरा दृढ़ विश्वास है। जिस प्रकार डॉ. विनय श्रीवास्तव ने इस अंचल के समस्त महत्वपूर्ण नगरों गांवों और खेड़ों तक का वर्णन उनके ऐतिहासिक परिवेश एवं उनमें उपलब्ध पुरा सम्पदा की उपलब्धियों को ध्यान में रखकर किया। उसे इसी पैनी दृष्टि से अन्य शोधार्थियों को भी देखना और शोध को आगे बढ़ाना चाहिए।

इस छोटे से ग्रंथ में डॉ. विनय श्रीवास्तव ने अंचल की पुरा सम्पदा का जैसा वर्णन किया है वह चमत्कृत करने वाला है। उन्होंने मूर्तियों और दुर्गों का शिल्प गत और लोक प्रभावगत वर्णन तो किया ही है। उनकी ऐतिहासिकता पर जिस प्रमाणिकता से अपना मत डॉ. विनय श्रीवास्तव ने प्रकट किया है वह इनकी शोध दृष्टि, गहन अध्ययन और अनुभव की प्रमाणिकता को सिद्ध करता है। इस प्रकार का प्रयास समग्र व तथ्यपूर्ण पहले नहीं किया गया। हम आशा रखते हैं कि डॉ. विनय श्रीवास्तव विनय भाव से अपने इस शोधकार्य को निरन्तर रखते हुए इस सदा से उपेक्षित अंचल को इसका गौरवशाली स्थान दिलाने में सफल होंगे। इस अंचल की पुरा सम्पदा को संरक्षित करने के लिए शासन. प्रशासन एवं स्थानीय निकायों को प्रेरित करने का महत्वपूर्ण कार्य कर इस अंचल का उपकार करेंगे।

इस शोध ग्रन्थ की लोकप्रियता और सफलता में इतिहासविदों, शोधार्थियों के हाथों में पहुँचने के पश्चात् निश्चित् रूप से अभिवृद्धि होगी, ऐसी मेरी मंगलकामनाएँ हैं।

- डॉ. पूरन सहगल
निर्देशक- मालव लोक संस्कृति
अनुष्ठान, मनासा, जिला, नीमच (म.प्र.)

अध्याय प्रथम

नीमच जिले का इतिहास

मध्यप्रदेश के उत्तर पश्चिम में अरावली पर्वत शृंखला को छूता हुआ नव निर्मित नीमच जिला २४° १५° से २४° ३५° उत्तरी अक्षांश से ७४° ३७° ७४° -३७° पूर्व देशान्तर तक फैला हुआ हैं जिले की समुद्र तल से ऊँचाई ४६८ मीटर है। जिले का कुल क्षेत्रफल ३९३९७६ वर्ग कि.मी. है। जिला तीन तहसीलों यथा नीमच, जावद एवं मनासा में विभक्त है। जिला मुख्यालय नीमच अजमेर खण्डवा मीटर गेज रेलवे लाईन पर स्थित हैं।

भूरचना के आधार पर सम्पूर्ण जिले में लोह मृतिका (लेट्राइट) हैं। मैदानी भाग में काली मिट्टी की परत, उत्तर पश्चिम में श्वेत चूनाश्म की परतदार चट्टानों की प्रधानता हैं। हर्कियाखाल दौवड़ के नाले व रेतम में रेतीली चट्टानों व बमोरी के नाले में परिवर्तित चट्टानों के रूप में दृष्टिगत होने हैं। जिले में बड़ी नदियां चार है। चम्बल जिले की सबसे बड़ी नदी हैं। एवं जिले की उत्तर पूर्व सीमा पर कुछ किलोमीटर तक बहती है। रेतम नदी जिले की दूसरी सबसे बड़ी नदी है, यह तहसील के दक्षिण भाग में बहती है रेत की प्रधानता होने के कारण इसे रेतम के नाम से जाना जाता है। इस नदी का उदगम स्थल प्रतापगढ़ तहसील के बसाढ़ ग्राम के दक्षिण में है। नदी अपने उदगम स्थल से लगभग ७२ कि.मी. की दूरी पर मल्हारगढ़ तहसील के पेसवा ग्राम की सीमा पर चम्बल नदी में मिल जाती है। गंजाली नदी जिले के जावद तहसील के उत्तरी पश्चिम में स्थित जाट नामक स्थान की पहाड़ियों से निलकर पश्चिम से पूर्व की ओर बहती है। खोकी, हरड़ा एवं पलसा नामक छोटे-छोटे नाले इसके दाहिने किनारे पर मिलते है। उक्त नदी मोतीपुरा के पास से चम्बल नदी में मिल जाती है। बम्हानी नदी वेगन के पास से निकलकर सिंगोली के पास चंबल नदी में समाहित हो जाती है।

इसके अतिरिक्त तहसील में दोवड़ का नाला हर्कियखाल (नाला) एवं नीमच का नाला एवं अन्य कई छोटे बड़े नाले एवं तालाब आदि प्रसिद्ध हैं।

नवनिर्मित जिला नीमच प्राचीन दशपुर जनपद का अंग था। दशपुर प्राचीन काल में एक महत्वपूर्ण सांस्कृतिक, राजनैतिक, धार्मिक एवं व्यापारिक केन्द्र था। सम्पूर्ण दशपुर अंचल अपने गौरवमयी अतीत के साक्ष्य समेटे हुए हैं। दशपुर अंचल का उत्तरी भाग (वर्तमान नीमच जिला) अपनी भौगोलिक स्थिति के लिये भी प्रसिद्ध था।

नीमच जिले के उत्तर एवं पश्चिम में अरावली की पर्वत श्रेणियाँ है, पूर्व एवं दक्षिण में विन्ध्य की लघु पहाड़ियां यत्र-तत्र विद्यमान हैं । दोनों पर्वत श्रेणियों के मध्य का उपजाऊ भाग अफीम की खेती के लिये उपयुक्त हैं । मैदानी भाग में काली मिट्टी परत है, उत्तर पश्चिम में खेत तुवाश्म की परतदार चट्टानें, दक्षिण पश्चिम में लेट्राइट की लाल गुलाबी चट्टानों की प्रधानता है । नदी व नालों के किनारे चट्टानें एवं जलोड़ मिट्टी का भी अभाव है ।

नीमच जिले का इतिहास प्रणेतः दशपुर के इतिहास के सम्बद्ध हैं, किन्तु विगत वर्षों में हुए पुरातत्वीय सर्वेक्षणों में प्राप्त पुरावशेषों के आधार पर नीमच जिले के पृथक इतिहास पर प्रकाश डाला जा सकता है । नीमच जिले की पर्वत श्रेणियाँ एवं मुरम युक्त खुला क्षेत्र प्रागैतिहासिक मानव के विकास के लिए अनुकूल भौगोलिक स्थिति प्रदान करता था । डॉ. वी. एस. वाकणकर को नीमच के जवाहर कॉलोनी, ग्वालटोली क्षेत्र से प्रस्तर उपकरण प्राप्त हुए, जो पुरा पाषाण कालीन है, नागदा के समान उसी काल का एक सिलबट्टा भी मिला था जो कि पूर्ण आदि बनाने के काम आता था। डॉ. वाकणकर के अनुसार इन उपकरणों की तिथि अनुमानतः बीस लाख वर्ष की है।[1]

पूर्वाश्म युग का द्वितीय चरण अशुलियन के नाम से जाना जाता हैं । इस काल में मानव ने १० लाख वर्ष पूर्ण करने के पश्चात अपने शारीरिक ढाँचे में तथा मस्तिष्क में विकास किया । मानव ने अपने इस विकास क्रम में भारी भरकम उपकरणों में भी विकास करते हुए अपने उपकरणों का आकार छोटा किया एवं नवीन तकनीक के आधार पर उनको अपने दैनिक जीवन के उपयोग का बनाया, उक्त विकसित उपकरणों को अशुलियन कहा जाता है । इस प्रकार के विकास का क्रम नीमच जिले के दक्षिण पश्चिम एवं उत्तर पश्चिम का भाग मानव के विकास की गतिविधियों का केन्द्र रहा । पूर्व में नीमच जिले में रेतम घाटी में अशुलियन, विदारणी तथा चक्रकार उपकरण प्राप्त हुए है । इसी प्रकार बोरखेड़ी में भी सीरीज २ के उपकरणों की जानकारी प्राप्त होती है । इसी प्रकार के उपकरण नीमच जिले के अन्य ग्रामों तथा हरवार, पिपल्या, घसुण्डी, चेनपुरा, पावड़ा आदि में भी सर्वेक्षण के दौरान प्राप्त हुए है । यह काल लगभग ५ से १ लाख वर्ष का है । मध्य पाषाण काल के उपकरण पिपलियर, बाम, झांकरखेड़ा, केरी, अम्बा के आसपास मिलते है । रेतम नदी के पीली मिट्टी वाले स्तर से डूँगलावदा, देवड़ा नाले के किनारे उत्तर पाषाण के फ्लेक एवं ब्लेड मिले हैं । इसी स्तर से शुर्तुमुर्ग के अण्डों के छिलके भी डॉ. वाकणकर को १९८५ में प्राप्त हुए थे । इनकी तिथि कार्बन गणना के आधार पर २५

1. डॉ. वाकणकर, पुरा. कालीन नीमच जाजू स्मृति ग्रन्थ, पृ-6

से ४० हजार वर्ष पूर्व तक जाती है । नीमच तहसील के दक्षिण पश्चिम में स्थित पहाड़ियों में कमाता हड़प नामक स्थलों पर शैलाश्रय मिले है किन्तु इसमें चित्रण नहीं है । जिले की जावद तहसील के डीकेन क्षेत्र के अन्तर्गत लगभग १०० शैलाश्रयों की शृंखलाएं प्राप्त हुई है जो कि प्रागैतिहासिक कालीन मानव द्वारा चित्रित की गई हैं । इस प्रकार पूर्व मन्दसौर जिले के अन्तर्गत भानपुरा, जावद, मोड़ी, छिब्बड़ नाला, इन्दरगढ़ आदि स्थानों में शैलाश्रय प्रकाश में आये है । पाषाण कालीन मानव जल स्त्रोतों के निकट जंगल में रहता था । वर्षाकाल में वह इन्हीं शैलाश्रयों में आश्रय लेता होगा । आदि मानव ने जहां इन शैलाश्रयों को अपना निवास बनाया वहीं उनको सुसज्जित करने के लिये उन्हें भी चित्रित किया ।

मानव मस्तिष्क के विकास के साथ पाषाण काल के चरण बदलते गये । परिष्कृत विचारों ने अपनी छाप प्रस्तर उपकरणों के निर्माण में छोड़ी । रेतम नदी की घाटी, बोरखेड़ी, हरवार, पिपल्या, चामण्या, घसुण्डी, चैनपुरा, पावड़ा आदि स्थानों के सर्वेक्षण में अनेको प्रस्तर उपकरण प्राप्त हुए, जो मानव विकास के द्वितीय चरण सीरिज २ के उपकरण है । मध्य पाषाण काल के उपकरण नीमच तहसील के पिपलिया बाग, झांझरखेड़ी, केरी, अम्बा आदि ग्रामों से प्रकाश में आये हैं। इन प्रस्तर उपकरणों की प्राप्ति से नीमच जिले के इतिहास पर पाषाण काल से क्रमबद्ध प्रकाश डाला जा सकता हैं ।

मानव विकास का सांस्कृतिक चरण आद्य ऐतिहासिक काल कहा जाता है । लगभघ ५००० वर्ष पूर्व मानव ने मिट्टी के बर्तनों का निर्माण कार्य प्रारंभ किया । मिट्टी की घेरदार झोपड़ियों में निवास प्रारंभ किया एवं भेड़, बकरी, गाय आदि पशुओं को पालतू बनाया ।

पूर्व पुरातात्विक सर्वेक्षण में जिले के ग्राम उगरान, मांगरोल, चल्दू, सीलखेड़ा, नीलकंठ पुरा आदि ग्रामों में ताम्राश्म युगीन सभ्यताओं के अवशेष प्राप्त हुए है । पूर्ववर्ती मन्दसौर जिले के मनोरी, आवरा, इन्दरगढ़ मोड़ी आदि ताम्राश्मन युगीन सभ्यताओं के अवशेषों का उत्खनन कार्य भी किया जा चुका है । उत्खनन से ज्ञात होता है कि लगभग ४००० वर्ष पूर्व ताम्राश्म युग के निवासी तांबे एवं चर्ट अगेट आदि पत्थरों से अपने उपकरणों का निर्माण करते थे । इस काल मे मृदा पात्रों का निर्माण चाक पर किया जाने लगा था । इनको अच्छी तरह से पकाकर इनके ऊपर काले रंग से चित्रकारी की जाती थी । इस काल के घर गोल, आयताकार एवं वर्गाकार होते थे,जिनके स्तम्भ लकड़ी के एवं दीवारों पर मिट्टी का प्लास्टर किया जाता था । इसी सभ्यता से संबंधित अन्य लोग जो ३५०० से ३००० वर्ष पूर्व श्वेत चित्रित काले एवं लाल मृद्भाण्डों का उपयोग करते थे ।

पौराणिक काल में यह क्षेत्र 'आकर अवन्ति' दशपुर जनपद कहा जाता था। जनपदों की सीमा विभिन्न शासकों के काल में परिवर्तित होती रहती थी। कालान्तर में इस क्षेत्र का नाम 'मालव देश' कहा गया। इस क्षेत्र का कुछ भाग दर्शाण जनपद में था। प्रद्योत वंश से पूर्व अवन्ति पर वीतिहोत्र कुल शासन करता था, तालजंघ, भील, पुलिंन्दक आदि जातियां इस क्षेत्र में शासन करती थी।

मौर्य शासन काल में दासराका 'दशपुर-मन्दसौर' एवं मेवाड़ प्रदेशों पर मौर्यों का आधिपत्य था जो शुंगों के काल तक बना रहा। वर्तमान नीमच जिला मौर्य साम्राज्य का अंग रहा होगा। पूर्ववर्ती मन्दसौर जिले के आवरा नामक स्थान के उत्खनन में सातकर्णी द्वितीय के सिक्कों का प्राप्त होना यह दर्शाता है कि आवरा सहित सम्पूर्ण नीमच जिला सात वाहनों के साम्राज्य का अंग रहा होगा।

शक-छत्रपों एवं सात वाहनों के आपसी संघर्ष के कारण सत्ता बदलती रही। ई. सन् ३०० के लगभग नीमच परिसर सहित समस्त अवन्ति पर आमीर महाछत्रप ईश्वर दत्त का अधिकार होना मान्य किया गया। यह क्षेत्र सीधे उनके आधिपत्य में था। शक, शहरात, कुषाण, आमीर, एवं सात वाहनों का संघर्ष रहा तथा मालव भी अस्तित्व में बने रहे।

मालव गण के ई. २२७ में स्थानीय शासक के रूप में धर्म वर्धन का उल्लेख नांदसा शिलालेख में मिलता है। ई. सन् ४०४ वर्ष में दशपुर से महाराजा नरवर्म्मन का उल्लेख एक शिलालेख में प्राप्त हुआ जो महत्वपूर्ण है। ये शासक स्थानीय सामन्त के रूप में नीमच के आसपास क्षेत्र पर शासन करते रहे होंगे।

दशपुरीय माधव गण का प्रख्यात विजेता एवं महाबली सैन्याधिकारी महाराजा धिराज प्रकाश धर्म्मन का ई. सन् ५१५ में उल्लेख मिलता है जिसने तोरभाण को पराजित कर मालवा के इतिहास को नवीन आभा प्रदान की। इनके पुत्र एवं उत्तराधिकारी यशोधर्मन से तोरमाण के पुत्र मिहिर कुल को पराजित करने का उल्लेख मिलता है।

मन्दसौर से प्राप्त अभिलेख में मानवयनी वंश के महाराजा गौरी नामक शासक ने दशपुर में एक सरोवर बनवाया था, उसके पूर्वजों में राष्ट्रवर्धन एवं यशोगुप्त सम्भवतः स्थानीय शासक यशोगुप्त का वंशज एवं वर्द्धन सम्राट आदित्यवर्द्धन का सामन्त रहा होगा। वर्धन वंश की राजधानी थानेश्वर थी, क्योंकि इसी लेख में नरेन्द्र आदित्यवर्द्धन की मंगल श्लोक है। महाराजा गौरी का दूसरा लेखा नीमच के समीप छोटी सादड़ी से प्राप्त हुआ है। इसमें एक देवी मन्दिर के निर्माण का उल्लेख है वराहमिहिर ने वृहद संहिता में वर्द्धन नामधारी द्रव्यधर्मन का उल्लेख किया है तथा उसे अवन्ति पति कहा गया है।

दशपुर क्षेत्र में समय समय पर आकर अवन्ति भूभाग पर अन्य केन्द्रीय शक्तियों के अतिरिक्त उक्त वर्धन, वर्म्मन, धर्म्मन नामात्त शासकों का शासन रहा है।

यहां के छोटे-छोटे राज्य अवसर पाकर मालवा पर अधिकार कर लेते थे ।

यशोधर्मन का राज्य यशोधर्मन के पुत्र शीला दित्य द्वारा चलता रहा जो स्वयं भी एक योग्य शासक था । कुछ इतिहासकार हर्षवर्धन की माता यशोमती को भी उक्त यशोधर्मन की पुत्री मानते है । मिहिर कुल के पराभव के पश्चात् यशोधर्मन के अतिरिक्त कोई भी प्रबल शासक नहीं था, जो उसके लोहित्यनन्दन से महेन्द्र पर्वत तक एवं हिमालय से पश्चिम समुद्र पर्यन्त विस्तृत प्रभाव क्षेत्र में उसका विरोध कर सकता है ।

यशोधर्मन के एक राजस्थानीय अभिदन्त के एक अभिलेख के अनुसार यह विन्ध्य के अरावली एवं रेवा नदी से समुद्र पर्यन्त भू-भाग का प्रशासक था । पुराणों में यशोधर्मन को पराशर गोत्रीय ब्राह्मण कहा गया है । चान्द्रयाकरणकर्ता चन्द्र गोमिन इसे जाट वंशीय कहता है एवं इसी आधार पर काल हार्न इसे जाट जातीय मानता है। कल्हण एवं व्हेनसांग ने इसके पुत्र का नाम शीलादित्य बताया है ।

ई. सन् ५९५ में अभिलिखित एक शिलालेख जो दशपुर से ही प्राप्त हुआ है इसमें औलिकर वंश के ही एक संबंधी कुमार वर्मा का उल्लेख है । महाविजेता कुमार वर्मा का पितामह यज्ञ देव एवं दादावीर सोम औलिकरों के विश्वसनीय एवं सम्मानीय अनुचर थे । कुमार वर्मा का पिता भास्कर वर्मा औलिकरों का जमाता था.. उसने औलीकरों को अपदस्थ कर सम्पूर्ण दशपुर पर आधिपत्य कर लिया था ।

सम्राट हर्षवर्धन के काल में व्हेनसांग ने इस अवधि में किसी ब्राह्मण राजा को शासन करते देखा जो हर्षवर्धन के अधीन था । हर्ष के सेनापति मणि ने समस्त क्षेत्र को रौंद डाला । हर्ष के कार्यकाल में नीमच का क्षेत्र उसके प्रभुत्व में था । नर्मदा के दक्षिण में कल्याण के चालुक्य पुलकेशियन ने हर्ष को दक्षिण की ओर बढते हुए चरणों को रोक दिया ।

इन्द्रगढ़ से प्राप्त राष्ट्रकूट राजा गजप्प का शिलालेख ई. ७१० का उपलब्ध हुआ था । जिससे प्रतीत होता है कि ८ वीं शती के प्रारंभ में यह क्षेत्र राष्ट्रकूटों के अधीन था । बदनगुप्ते शिलालेख के अनुसार राष्ट्रकूट ध्रुव खयम के पुत्र गोविन्द तृतीय ने मालवा पर अधिकार कर लिया ।

प्रतापगढ़ शिलालेख के अनुसार ई. ९५० के आसपास चम्बल तटवर्ती सम्पूर्ण भू भाग गुर्जर प्रतिहारों के अधीन था । प्रतिहार सत्ता के क्षीण होने पर इस भू-भाग के प्रान्तीय हूण सामन्त स्वतंत्र हो गये एवं इनके अधीन वर्ती मोड़ी, मानपुरा, इन्द्रगढ़ आदि क्षेत्र हूण मंडल कहलाने लगे । नव स्वतंत्र हूण सामन्तों पर परमार राज्य लक्ष्मी के प्रति बढता सीयक था । श्री हर्ष ने आक्रमण कर उनकी सत्ता छीन ली । हूण मंडल का केन्द्र आवरा आवरक भी परमारों के अधिपत्य में था ।

जीरण की छत्री पर चार लेख गुहील शासकों के प्रकाश में आये है । एक

अभिलेख वि. सं. १६६५ (ई. सन् १००८) का है जिसमेंगुहील वंशीय विगृह पाल की पत्नी जुजकाया की स्मृति में उसके पुत्र लक्ष्मण द्वारा महादीप स्तम्भ की स्थापना का उल्लेख है । लेख में गुहिल सामन्ता विग्रहपाल को नागहद (नागदा) कानिवासी बताया है । विग्रहराज के पुत्र लक्ष्मण एवं पौत्र वत्सराज एवं अन्यवेरी सिंह का नाम उल्लेख है । इस क्षेत्र में गुहिल सम्भवतः परमारों के अधीन थे । शाकम्बरी के चौहानों के प्रभाव से मेवाड़ के गुहिल थे । कभी-कभी उन्हें परमार सत्ता भी स्वीकार करनी पड़ी ।

चित्तौड़ के स्वामियों के रूप में गुहिलोत शक्तिकुमार ई. सन् ९६८एवं तृद पश्चात् अम्बाप्रसाद, नरवर्मा, यशो वर्मा विद्यमान रहे । परमार शासक वाकपति मुंज ने प्रभुत्व बनाये रखा किन्तु चालुक्य तैलप के हाथों उसकी हत्या के बाद परमार सत्ता में शिथिलता आ गयी । उसके भाई सिन्धु राज की सैनिक उपलब्धियां उतनी सराहनीय नहीं रही जितनी भ्रातज भोज की । नीमच जिला परमारों के अधीन होने के प्रबल साक्ष्य तत्कालीन स्थापत्य एवं कला है । तहसील में ग्राम बरुखेड़ा स्थित चार मंदिर मूलतः परमार कालीन है । जिन्हें परवर्तीकाल में परिवर्तित किया गया । इसी प्रकार जीरण, सावन, बिसलवास, पालसोड़ा आदि ग्राम में परमार कालीन प्रतिमाएं प्रकाश में आयी ।

परवर्ती परमार शासन नरवर्मन के शासनकाल तक नीमच जिला धार के परमारों के अधीन रहा । ई. ११२० से ११३४ तक के कालखण्ड में गुर्जर चालुक्य सिद्धराज जयसिंह ने मालवा एवं मेवाड़ पर आधिपत्य स्थापित कर लिया था । चालुक्य शासक कुमार पाल तक यह भू-भाग गुजरात साम्राज्य में सम्मिलित था ।

ई. सन् १२५८ में जयवर्मन देव के मोड़ी अभिलेख में इस क्षेत्र पर परमारों के अधिपत्य एवं समृद्धि का ज्ञान होता है । उज्जैन के आहूत पाशुपता चार्य मल्लिकार्जुन के निर्देशों में जयवर्मन के शासन काल में शिवालय के निर्माण का उल्लेख है । १३ वीं शती ई. में परमारों की सत्ता बनी रही । किन्तु १३०५ ई. में अलाउद्दीन खिलजी के सैनिक अभियान ने परमार सत्ता का अन्त कर दिया । अलाउद्दीन खिलजी के उत्तराधिकारी महूमद को चित्तौड़ के शासक हम्मीर की विजय से राजा खेतसिंह १३६५, राणा लाखा १३३८, राणा कुम्भा १४१९, राणा रायमल १४७४ ई. एवं राजा सांगा १५०९ से१५२७ तक नीमच परिसर मेवाड़ के अधिपत्य में विभिन्न सामन्तों एवं जागीरदारों द्वारा शासित रहा ।

अकबर के समय में जावद, नीमच एवं मनासा तहसीलों का सम्पूर्ण भूमि विभाग मुगल सामग्राज्य के अजमेर सूबे के चित्तौड़ सरकार के अन्तर्गत चलता रहा। नीमच परिसर के पूर्वी भाग पर रामपुरा के चन्द्रावत एवं पश्चिमी भाग पर मेवाड़ के महाराणा का स्वामित्व अवश्य मानते थे । किन्तु किसी भी महाशक्ति के समक्ष केवल

औपचारिकता थी, अवसर पाते ही शक्तियां इन क्षेत्रों में हावी रही । हल्दी घाटी के १५७६ के युद्ध के बाद जीरण, नीमच आदि क्षेत्रों पर मुगलों का अधिकार हो गया था। ई. सन् १५८६ में सत्तारूढ़ के बाद महाराजा अमरसिंह ने अपने चचेरे भाई जोधसिंह को मोरवंश, कुण्डल की सादड़ी नीमच व जीरण की जागीर प्रदान की । जोधसिंह एवं मुगल फौजदार के संघर्ष में चीताखेड़ा ग्राम के समीप फौजदार सैय्यद मक्खन, रावत माना एवं जोधसिंह तीनों मारे गये । यह युद्ध ई. सन् १५९७ में हुआ था ।

जोधसिंह के उत्तराधिकारी नाहरसिंह एवं भाखरसिंह नीमच, जीरण, मोरवन एवं कराड़िया की जागीर के स्वामी बने रहे । जिन्हें महाराणा अमरसिंह का संरक्षण प्राप्त था । इसके विपरीत रामपुरा के जागीर का पट्टामुगल दरबार से प्राप्त हो गया । मेवाड़ के मोहरे शक्तावत व मुगलों के मोहरे चन्द्रावत, नीमच परिसर पर अधिकार के लिये यहां की गरीब प्रजा पर रक्त बहाते । इसी बीच मुगल दरबार के कुण्डलपुर (कुण्डल की सादड़ी) का परगना देवलिया के रावतसिंह को दे दिया ।

ई. सन् १६३७ में फूलिया, जीरण,नीमच एवं बसाड़ आदि क्षेत्र को शाहजहां ने मेवाड़ राज्य को छीन लिया । ई. सन् १६७९में औरंगजेब ने मन्दसौर पर पड़ाव किया । सन् १७०२ में महाराजा अमरसिंह द्वितीय ने रामपुरा पर चढ़ाई की । मुगल दरबार में मेवाड़ के राजा तथा स्थानीय शासकों के संघर्ष का अन्त ई. सन् १७१७ में हुआ । जब फर्रूखशियर ने मेवाड़ के राजा संग्रामसिंह द्वितीय को रामपुरा क्षेत्र का पट्टा दि्या । दुर्गादास राठौर को प्रबंधक नियुक्त किया ।

ई. सन् १७५० तक हिंगलाजगढ़ मार्ग कंजार्डा एवं बूढ़ा के टप्पे भी मेवाड़ के अधिपत्य में थे । किन्तु इन स्थलों को होलकरों को प्रदान कर मेवाड़ निरन्तर हमलों से बच गया । यद्यपि राजपूतों एवं होलकरों के निरंतर संघर्ष होते रहे किन्तु नीमच क्षेत्र पर होलकरों का अधिपत्य बना रहा । गृह युद्ध में सफलता पाकर यशवन्त राव प्रथम ने भानपुरा को अपनी राजधानी बनाया । यशवन्तराव ने हिंगजालगढ़ एवं अन्य क्षेत्रों में अंग्रेजों ने नीमच परिसर में स्थाई प्रभाव जमाने हेतु छावनी डालने का कर्य मेजर जनरल सर डेविड आक्टर लोनी को सौंपा गया तथा सन् १८१९ में नीमच छावनी के किले के नीव डाली गई ।

सर्वेक्षण के दौरान नीमच परिसर में निवास करने वाली विभिन्न जातियों के इस क्षेत्र में इतनी जानकरियां एकत्र की । यहां पर निवास करने वाली जातियों में अधिकांशतः मध्य युग में राजस्थान, गुजरात, उत्तरप्रदेश से आब्रजित होकर आयी । इनमें ब्राह्मण, राजपूत, मीणा, सोंधिया, भील, गुर्जर, गायरी, धामड़, नायक, ओड़, बंजारा, चारण, पाटीदार, अहीर आदि प्रधान जातियां है । इनके अतिरिक्त जावत्था, तेलनखेड़ी, सेमली, चन्द्रावत व चन्द्रोली में तेली, वामन बडी व थडोली में सुतार, सोनी, पान्त में कुमरावत, नेवड़ व जावी में मालवी जाति, मालखेड़ा में पारदी,

रामनखेड़ा में काल वेडिया, धामनिया में साल्वी, जामुना खुर्दखेड़ा, नीलकंठ पुरा, मालखेड़ा, बोरखेड़ी, पाणेरी, बोरखेड़ी कला, दलानदा, सरजगा आदि में खारोल ग्वालटोली में घोसी, नीमच सिटी में व छावनी में जाटव, चल्दू सीरखेड़ा, छायन में कलार, भगवानपुरा में बेरवा सिलावट में चमार जाति की प्रधानता है । इनमें से तेली, कुमावत, घाटोला, कालबेलिया आदि अपने को राजस्थान का आब्रजित मानते हैं, लेकिन खाती, चमार, बलई अपने साथ मालवी का प्रयोग कर अपने को मालवा का निवासी बताते है ।

आदि मानव ने अपने सांस्कृतिक विकास हेतु कन्दाराओं एवं गुफाओं को चुना। पुरा पाषाण काल के लोग वृक्षों के नीचे एवं खुले आसमान में रहते थे । मध्य पाषाण काल के लोगों ने शैलाश्रय में निवास करना प्रारम्भ किया । उन शैलाश्रयों में मानव की कलाप्रियता के साक्ष्य इनमें बने चित्रों से मिलते हैं । नीमच जिले में ये शैलाश्रय डीकेन क्षेत्र के मैड़ाकरी, करेरा का भड़क्या, मच्छीखल्ला, अधर शिला, राबी छज्जा, लाचियां घुचड़ावर नाला, आड़ाडावर, खाल, जैतपुरा, जूना पानी, दंडोली आदि स्थलों से प्रकाश में आये हैं । इन शैलाश्रयों को भी गिरजाशंकर रुनवाल द्वारा खोजा गया है ।

पाषाण काल के पश्चात मानव के सांस्कृतिक विकास का युग धातु युग या प्रागैतिहासिक युग कहा जाता है । यह वह युग था, जब मानव ने चारागाह अवस्था के साथ-साथ कृषि पर आधारित जीवन निर्वाह करना प्रारम्भ कर दिया था और छोटे छोटे समूहों में निवास प्रारम्भ हो गये थे । मालवा में इस युग के लोग काली मिट्टी के ऊपर बसे ।

मालवा में यह युग आर्यों के विस्तार के साथ जोड़ा जाता है, राजस्थान आहड़ एवं बनास संस्कृतियां वर्तमान नीमच जिले के समीप होने के कारण कई स्थलों पर पायी गयी है । ताम्राश्म युगीन संस्कृति के मालवा में तीन चरण निर्धारित किये गये हैं, प्रथम कायथा, द्वितीय आहाड़ तृतीय मालवा है, चतुर्थ चरण जावे । महाराष्ट्र संस्कृति मानी गयी है । यद्यपि जिन महत्वपूर्ण स्थलों पर पुरातत्वी उत्खनन हो चुका है वे स्थल मन्दसौर जिले में है, इनमें मन्दसौर एवं आवरा ताम्राश्म युगीन है, जहां आहड़ संस्कृति के अवशेष मिले । ये अवशेष आज से ४५०० वर्ष पुराने हैं । नीमच जिले के पुरातत्वीय सर्वेक्षण में जावद, उगरान, मांगरोल, चल्दू, सीरखेड़ा, नीलकण्ठपुरा आदि स्थलों में ताम्राश्म युगीन अवशेष प्रकाश में आये है । इस युग के निवासी तांबे एवं प्रस्तर के उपकरणों का प्रयोग करते थे । चाक निर्मित मृदभाण्डों पर चित्रांकन करते थे । इनके घर गोल, वर्गाकार एवं आयताकार होते थे । स्तम्भ एवं भित्तियां लकड़ी व मिट्टी के होते थे, घरों की छते सपाट अथवा ढलवा होती थीं । आहाड़ संस्कृति के लोग श्वेत चित्रित काले एवं लाल मृदभाण का उपयोग करते थे तथा

वृषभ की पूजा करते थे ।

आर्य वंशी दिवोदास एवं उनके पुत्र सुदास के दाशराज्ञ युद्ध के पश्चात् ययाति के पांच पुत्र- यदु, तुर्बसु, दुहु, अनु और पुरु सम्पूर्ण उत्तर भारत में फैल गये। यदु के पुत्र सौराष्ट्र एवं मध्य भारत के कांठे में बसे । यादवों का विशाल साम्राज्य सात्वतत था उनके चार पुत्रों में विभाजित हो गया । ज्येष्ठ पुत्र देवव्रत को बनास घाटी का भाग मिला । इस संस्कृति को आहाड़ संस्कृति से समीकृत किया गया । यादवों की दूसरी शाखा हैह्यय का केन्द्र माहिष्मती (महेश्वर) हुआ, इसे मालव संस्कृति से समीकृत किया जाता हैं । वर्तमान नीमच जिला आहाड़ संस्कृति का अंग था, इसके अवशेष पुरातत्वीय सर्वेक्षण में प्राप्त हुए हैं ।

ईसा पूर्व ५-६ वीं शताब्दी के लगभग दशपुर अंचल में विभिन्न संस्कृतियों का प्रादुर्भाव हो चुका था । दशपुर, अपरक (आवरा), इन्द्रगढ़, मनौरी (जिला-मन्दसौर) एवं नीमच जिले के उमरान, नीमच, जावद, नीलकण्ठपुरा, चल्दू, सीरखेड़ा आदि प्रमुख केन्द्र थे । प्रारम्भ में दशपुर अवन्ति जनपद (उज्जैयिनी) का अंग था । अवन्तिराज प्रद्यौत जैन तीर्थंकर वर्द्धमान महावीर एवं गौतम बुद्ध का समकालीन था। मगधराज शिशुनाग ने प्रद्यौत वंश को विनष्ट कर अवन्ति जनपद को मगध के साम्राज्य में मिला लिया था । शिशुनाग (ई.प्र. ४११-३९४) के पश्चात् नन्द एवं मौर्य शासकों ने भी इस भू भाग पर अधिपत्य बनाये रखा। शुंग काल में दशपुर एवं माध्यमिका (नगरी जिला चित्तौड़) महत्वपूर्ण नगर थे । शुंग शासक भामवत के अंवलेश्वर स्तम्भ लेख में अमरक (आवरा) एवं 'सशपुर' शब्द का उल्लेख है, कुछ विद्वान सशपुर को 'दशपुर' पढ़ते हैं एवं कुछ दशपुर से समीकृत करते हैं । दशपुर का सर्वप्रथम लिखित प्रमाण शक क्षत्रय शासक नहपान (११९-१२४ ई. सन्) के जामाता दीनिक के पुत्र ऋषभदत्त की कन्या दशमित्रा के नासिक अभिलेख में मिलता है । इस लेख में दशपुर नगर को नहपान के साम्राज्य में बताया गया है ।[२]

शको, सातवाहनों के संघर्ष के समय मालवगण के लोग दशपुर नगर के समीप माध्यमिका को अपना केन्द्र बनाकर शासन करने लगें । अवसर पाकर मालवों की एक शाखा में दशपुर को अपनी राजधानी बनाया । दूसरी शाखा ने उज्जैयिनी पर कब्जा किया था, किन्तु उन्हें शकों से संघर्षरत रहना पड़ा । नन्दसा अभिलेख से ज्ञात होता है कि लगभग २२६ ई. में मालवों के नेता सोगीवंशीय नन्दसोय ने दशपुर के समीप माध्यमिका (जिला चित्तौड़) में राज्य स्थापित किया ।[३] मालवा क्षेत्र का नामकरण मालव जाति के साम्राज्य स्थापित करने के साथ हुआ । प्रारम्भ में अवन्ति

2. मजूमदार, आर.सी. एंशिएन्ट इंडिया, पृ-124 ।

3. त्रिवेदी, चन्द्रभूषण, दशपुर, पृ-11

का भाग था। मालवा का वास्तविक केन्द्र दशपुर था। कुछ साहित्यिक ग्रन्थों में अवन्ति एवं मालवा दोनों का साथ-साथ उल्लेख है। अवन्ति की राजधानी उज्जैयिनी तथा मालवा की राजधानी दशपुर थी।

गुप्त सम्राट समुद्र गुप्त के आक्रमण के समय मालवों का इस भू-भाग पर अधिपत्य था। समुद्रगुप्त प्रयाग प्रशस्ति में मालवों का उल्लेख है, मालवों की शाखा औलिकर दशपुर के शासक थे, उनका शासन वर्तमान नीमच जिला सहित राजस्थान के कुछ भागों तक विस्तृत था। इस वंश का प्रथम शासक नरवर्मा था। नरवर्मा के अभिलेख मन्दसौर एवं विहार कोटरा (जिला-राजगढ़) से प्राप्त हुए हैं। जो क्रमशः मालव सम्वत ४६१ (ई. सन् ४०४) एवं ४७४) ४१७ ई.) के हैं। इस समय गुप्त नरेश चन्द्रगुप्त विक्रमादित्य का शासन था। प्रथम लेख ई. सन् ४०४ (मन्दसौर) द्वितीय लेख ई. सन् ४१७ से प्रतीत होता है कि नरवर्मा ने गुप्तों की शिथिलता का लाभ उठाकर अपने राज्य को नरसिंहगढ़ तक बढ़ाया है। इस समय गुप्तों का केन्द्र विदिशा था।

नरवर्मा के पुत्र विश्ववर्मा का उल्लेख गंगाधर एवं दशपुर से प्राप्त अभिलेखों से मिलता है। इससे प्रतीत होता है कि कुमार गुप्त प्रथम ने औलिकरों को जीतकर पुनः बनाया। उक्त अभिलेखों में विश्ववर्मा को गोप्ता अर्थात प्रशासक बताया गया है। विश्ववर्मा का पुत्र नन्दवर्मा का विवरण मालव सम्वत ४९३ (ई. सन् ४३६) की मन्दसौर प्रशस्ति में मिलता है। कुमार गुप्त व नथुवर्मा के समय दशपुर का साम्राज्य चर्मोत्कर्ष पर था। यहां पर सांस्कृतिक विकास की अवरिल धारा प्रवाहित थी, इसी अवसर पर गुजरात से आये हुए तन्तुवाय व्यापारिक संगठन द्वारा एक भव्य सूर्य मन्दिर का निर्माण किया गया।[४]

कुमार गुप्त एवं स्कन्ध गुप्त के समय हूणों के आक्रमण हुए, जिसके कारण दशपुर अंचल भी प्रभावित हुआ। औलिकर शासकों को पलायन करना पड़ा। ई. सन् ४३६ से ४६७ तक दशपुरीय नृपों का इतिहास अवरुद्ध हो गया। इसी बीच में उद्रवर्मा नामक शासक रहा। उद्रवर्मा का उल्लेख महाराजा सुबन्द्र के बाद (जिला-धार) एवं बड़वानी ताम्रपत्रों से भी मिलता है। इससे प्रतीत होता है कि इसे विजेता शासकों द्वारा नियुक्त किया गया था। सुबन्धु को पुराविदआभीर सामन्त मानते हैं। नर्मदा घाटी पर आभीरों का आधिपत्य था। इससे यह प्रतीत होता है कि हूणों के आक्रमण एवं गुप्तों के संघर्ष के समय आभीरों ने अवसर पाकर कुछ समय के लिये पश्चिमी मालवा सहित दशपुर अंचल पर अधिपत्य स्थापित किया।

ई. सन् ४६७-४६८ में गुप्त शासकों ने पुनः इस भू-भाग को विजित कर

4. सरकार, डी.सी. सिलेक्टर इंसिक्रप्संस, पृ-299-307

प्रभाकर नामक व्यक्ति को दशपुर का शासक नियुक्त किया । कुमार गुप्त द्वितीय एवं प्रभाकर के समय आक्रमण में ध्वस्त सूर्य मन्दिर का जीर्णोद्धार किया गया ।[५]

नृप प्रभाकर के पश्चात् आदित्य वर्धन (ई. सन् १४९०-१५००), द्रव्य वर्धन शासक हुए । द्रव्य वर्धन का मुख्यालय उज्जैयिनी था और मालवामणि कुल के महाराज गौरी को दशपुर का प्रशासक बनाया था । छोटीसादड़ी (जिला-चित्तौड़गढ़) एवं मन्दसौर से प्राप्त अभिलेखों से महाराज गौरी का अभिज्ञान होता है । यह अभिलेख ई. सन् ४८१ का है । यही तिथि आदित्य वर्धन की हैं, कुछ विद्वान आदिपत्य वर्धन की गौरी उपाधि मानते हैं । छोटीसादड़ी अभिलेख में क्रमशः पुण्य सोम, राज्य वर्धन, राष्ट्रवर्धन, यशोगुप्त एवं महाराज गौरी का उल्लेख है । मन्दसौर अभिलेख में राष्ट्रवर्धन, यशोगुप्त एवं महाराज गौरी का उल्लेख हैं ।[६]

वर्ष १९८३ से पूर्व दशपुर के इतिहास में यशोधर्मन को सबसे प्रतापी एवं हूणों का विजेता कहा जाता था, किन्तु वर्ष १९८३ में सीतामऊ तहसील के रीस्थल नामक ग्राम से मालव सम्वत् ५७२ (ई. सन् ५१५ का शिलालेख मिला है) । यह लेख यशोधर्मन के परवर्ती शासक प्रकाशधर्मन का है । इस अभिलेख में सम्राट प्रकाश धर्मा द्वारा हूण आक्रान्ता तोरमाण को पराजित किये जाने का उल्लेख हैं ।[७] प्रकाश धर्मा ने अपने पितामह की स्मृति में विभीषण सागर तथा शिव मन्दिर बनवाया। दशपुर नगर में ब्रह्मा एवं शिव का विशाल मंदिर बनवाया । यह विशाल शिव मंदिर संभवतः शिवना नदी के तट पर था, जिसका अष्टमुखी शिवलिंग आज पशुपतिनाथ के रूप में पूजा जा रहा है । विभीषण एवं एक अन्य शिव मन्दिर सम्भवतः जीरण में बनवाया गया । यहाँ पर स्थित पंचदेवल महादेव मन्दिर का शिवलिंग ६ वीं शती ई. का प्रतीत होता है, जिससे यह सिद्ध होता है, यहाँ का शिव मन्दिर मूलतः ६ वीं शती ई. का सम्भवतः प्रकाशधर्मा द्वारा बनवाया, इसके सामने का विशाल तालाब ही विभीषण सागर रहा होगा ।

रीस्थल अभिलेख से औलिकरों की अलग-अलग शाखाओं का भी अभिज्ञान होता है। इस लेख का रचयिता कल्क का पुत्र वासुल था, वासुल ने ही यशोधर्मा की मन्दसौर प्रशस्ति की रचना की थी । यद्यपि अभिलेखों में यशोधर्मा एवं प्रकाश धर्मा का कोई भी सम्बंध स्पष्ट नहीं है, किन्तु निश्चय ही यशोधर्मा प्रकाश धर्मा का उत्तराधिकारी था । उनमें विशाल साम्राज्य भुजाओं के बल पर नहीं अपितु विरासत में पाया । ऐसा भी सम्भव है, कि प्रकाश धर्मा की मृत्यु के पश्चात् हूण नरेश तोरमाण के पुत्र मिहिर कुल ने अपने पिता की पराजय का प्रतिशोध लेने हेतु दशपुर पर

5. सरकार, डी.सी. एपीग्राफिया इंडिका, जि. 30, पृ-127
6. ड्रिस्ट्रिक्ट गेजेटियर, उज्जैन, पृ-33
7. नटनागर शोध संस्थान सीतामऊ में मूल शिलालेख से प्राप्त जानकारी ।

आक्रमण किया हो, जो यशोधर्मा के हाथों पराजित हुआ, जिसका मन्दसौर प्रशस्ति में उल्लेख हैं। यशोधर्मा ने मिहिर कुल (ई. सन् ५१५-५५०) को पराजित कर सम्पूर्ण उत्तर भारत पर अपना झण्डा फहराया। और सम्राट की उपाधि धारण की। हूण नरेश मिहिर कुल इससे पूर्व सम्पूर्ण उत्तर भारत का विजेता था। यशोधर्मा के साम्राज्य में सम्पूर्ण मालवा, राजस्थान के भाग शामिल थे।

प्रकाश धर्मा एवं यशोधर्मा के शासन काल में मन्दसौर व नीमच जिले सहित दशपुर में सांस्कृतिक गतिविधियों का विस्तार हुआ। इस समय शैव धर्म का प्रबल्य था, किन्तु वैष्णव व शाक्त मन्दिरों का भी निर्माण हुआ। शिव एवं विष्णु के संयुक्त स्वरूप की हरिहर प्रतिमाओं का मिलना एक महत्वपूर्ण संकेत है कि इस समय शैव व वैष्णव रूप में समानता का दृष्टिकोण स्थापित हो गया था। औलिकर नरेश प्रभाकर बौद्ध था, उसके काल में पोलाडोंगर, खेजडिया, भूप, धर्मराजेश्वर, कोलबा, विनायमा आदि में शैलोत्कीर्ण बौद्ध गुहाओं का निर्माण हुआ।

यशोधर्मा के पश्चात् उसका पुत्र अथवा उत्तराधिकारी शीलादित्य शासन करता रहा। यशोधर्मन के एक राजस्थानीय (राज्य पाल) अभयदत्त के अभिलेख के अनुसार यह विन्ध्य से अरावली एवं रेवा नदी से समुद्र पर्यन्त भू-भाग का प्रशासक था। कल्हण एवं व्हेन सांग ने यशोधर्मन का पुत्र शीलादित्य बताया है।[८]

ई. सन् ५९५ का एक अभिलेख श्री गिरजाशंकर रूनवाल के निजी संग्रह में है। इस लेख में औलिकर वंश के संबंधी कुमारवर्मा का उल्लेख है। उसके पितामह यज्ञदेव एवं पितामह वीरसोम औलिकरों के अनुसार बताये गये हैं। उसके पिता भास्कर वर्मा औलिकरों के जामाता था। उसने औलिकरों को अपदस्थ कर दशपुर पर अधिकार कर लिया था। इससे यह प्रतीत होता है कि यशोधर्मा की मृत्यु के पश्चात् दशपुर एवं औलिकरों का पतन प्रारम्भ हो गया था।

७ वीं शती ई. के प्रारम्भ में बल्लभी के शासकों ने भी कुछ समय के लिये नीमच व मन्दसौर जिलों के भू-भाग पर अधिपत्य रखा। इस समय औलिकरों की एक शाखा ने हूण मंडल पर अपना अधिपत्य बनाये रखा। इन्द्रगढ़ इसका केन्द्र था। यहां से परवर्ती औलिकर भामन का शिलालेख प्रकाश में आया,जिसके नाम पर भानपुरा नगर बनाया गया।

कन्नौज के नरेश हर्षवर्धन के पश्चात् दक्षिण के राष्ट्रकूट शासकों ने इस भू-भाग पर अधिपत्य स्थापित किया। इन्द्रगढ़ से राष्ट्रकूट सामन्त का ई. सन् ७१० का शिलालेख प्राप्त हुआ है। इससे प्रतीत होता है कि वर्तमान मन्दसौर ज़िले पर राष्ट्रकूटों एवं नीमच जिले के भागों पर बल्लभी के मैत्रको ने अवसर पाकर चित्तौड़ को केन्द्र

8. डॉ. राणावत, मनोहरसिंह, मुहणोत नैणसी की ख्यात, भाग 1, पृ-95 एवं वीर विनोद भाग -2 पृ-1055

बनाकर नीमच परिसर पर अधिकार कर लिया था । महाराज दिद्दा के उत्तराधिकारी धरसेन चतुर्थ ने परम भट्टारक महाराजाधिराज की उपाधि धारण की थी । हूणों के आक्रमण के कारण बल्लभी नरेश शीलादित्य सप्तम के पुत्र गुहिल ने चित्तौड़ को अपनी राजधानी बनाकर गुहिल वंश की नींव डाली ।[९] नीमच जिले का अधिकांश भाग गुहिलों के अधिपत्य में रहा । नीमच जिले के जीरण व खोर के स्मारक गुहिल शासकों के काल के है । जीरण स्थित भानाटिकैत की छत्री के स्तम्भों पर उत्कीर्ण गुहिल शासकों के अभिलेख इसके प्रबल साक्ष्य हैं । वि. सं. १०६५ (ई. सन् १००८) के अभिलेख में गुहिल वंशी विग्रह पाल की पत्नी नजुकामा की स्मृति में उसके पुत्र लक्ष्मण द्वारा यही दीप स्तम्भ की स्थापना का उल्लेख है । लेख में गुहिल महासामान्ताधिपति विग्रहपाल को बामहद (बागदा) का निवासी बताया गया हैं । ये गुहिल या तो चित्तौड़ के गुहिलों के अधीन थे, अथवा परमारों के ।

दशपुर का पूर्वी भाग झालरापाटन एवं शिवगढ़ के स्थानीय मौर्य शासकों के अधीन भी रहा था । प्रतिहारों ने ९ वीं शती ई. में इस संपूर्ण क्षेत्र पर अधिपत्य स्थापित कर लिया था । राष्ट्रकूट व प्रतिहारों के संघर्षरत रहने के कारण कुछ समय के लिये नीमच के भागों पर चाहमानों ने अधिकार किया था । १० वीं शताब्दी के उत्तरार्द्ध में परमार सीयक द्वितीय ने हूण मण्डल के मुखिया जज्जप को हराकर अपने अधिकार में ले लिया था । मोड़ी व आवरा के लेखों से ऐसा ज्ञात होता है । हूण मंडल में भानपुरा का समीपवर्ती भाग शामिल है । १३ वीं शती ई. तक परमारों का इस भू-भाग पर शासन रहा ।

नीमच जिले के भागों पर गुहिलों का शासन था, किन्तु ये गुहिल परमारों के अधीन भी रहे होंगे । उदयपुर के गुहिलों के नागदा के गुहिलों से क्या संबंध था ततसंबंधी जानकारी अप्राप्त हैं ।

दिल्ली सुल्तान इल्तुतमिश ने ई. सन् १२२६ ई. में नीमच जिला सहित मन्दसौर दुर्ग पर अधिकार कर लिया था, इस समय मन्दसौर को मण्डोर कहा गया।[१०] परमार नरेश देवपाल ने इल्तुतमिश के जाने के पश्चात पुनः इस भाग पर अधिपत्य स्थाति किया। सन् १३१४ ई. में दिल्ली सुल्तान अलाउद्दीन खिलजी ने मन्दसौर नीमच सहित सभी भागों पर अधिकार कर लिया था ।

नीमच जिले में गुहिलों एवं परमार शासकों के अधीन बड़े पैमाने पर मंदिरों एवं मूर्तियों का निर्माण हुआ । पुरातत्वीय सर्वेक्षण में भी माता, अरण्यग्राम, बावड़ीकला, धाबखेड़ी, राजाबेड़ी, जावद, सावन, जाट, रतनगढ़, खोर, लासूर, अलोरी, रामपुरा,

9. वीर विनोद, भाग-3, पृ-1058-59
10. डी.सी. गांगुली, परमार राजवंश का इतिहास, पृ. 157

मनासा, चचोर, सोमरवेड़ी, वनशुन, देवरान, भदाना, मालाहेड़ा, कुकड़ेश्वर रतनखेड़ी, मोया, आंतरी, बाशजी, कन्जार्डा, फूलपुरा,दशीली, बिलखेड़ी, जमुनियां, मोड़ी, मोरवन, भगवानपुरा, लारापुरा आदि स्थलों से महत्वपूर्ण सामग्री प्रकाश में आयी है ।

अलाउद्दीन खिलजी के पश्चात् उनके उत्तराधिकारी महमूद को चित्तौड़ के शासक हमीर ने पराजित कर इस क्षेत्र को अपने अधीन कर लिया था । राणा हमीर ने सोनगरा बनवीर को जीरण, रतनपुर, नीमच की जागीर प्रदान की थी । सम्पूर्ण नीमच जिला मेवाड़ राज्य में शामिल था । मेवाड़ का इतिहास ई. सन् १३१० से १३६० तक गौरवमय रहा । खड़ावदा शिलालेख के अनुसार ई. सन् १४८४ में चम्बल तटवर्ती क्षेत्र माण्डव सुल्तानों के अधीन था ।[११]

१८ वीं शताब्दी में मराठों के आगमन के पश्चात होलकर व सिंधिया द्वारा इस क्षेत्र पर अधिकार किया गया । सन् १७६० ई. के पश्चात यह भू-भाग होलकरों को प्राप्त हो गया । यद्यपि होलकरों एवं राजपूतों में निरन्तर संघर्ष होता रहा, किन्तु नीमच जिला सहित भानपुरा क्षेत्र होलकरों के अधिपत्य में रहा । महाराजा यशवन्तराव होलकर ने ई. सन् १८०५ में भानपुरा को अपनी राजधानी बनाया, हिंगलाजगढ़ सेना केन्द्र था । इसी समय इस दुर्ग की मरम्मत करायी गई । ई. सन् १८१८ की मन्दसौर संधि के पश्चात होलकरों को इन्दौर वापस जाना पड़ा । इस संधि से मराठों की शक्ति क्षीण हो गयी । नीमच में ई. सन् १८१९ में छावनी किले की नींव डाली गई। १८५७ में हुए प्रथम स्वतंत्रता संग्राम में मारे गये अंग्रेजों की कब्रे नीमच के कब्रस्तान में बनी हुई हैं ।

स्वतंत्रता के पश्चात् तत्कालीन उदयपुर (मेवाड़) ग्वालियर, टोंक, जावरा एवं होलकर रियासतों के भागों को मिलाकर मन्दसौर जिले का निर्माण हुआ । मन्दसौर जिले की तीन तहसीलें यथा नीमच, जावद और मनासा को मिलाकर नवीन नीमच जिले का निर्माण हुआ ।

11. वीर विनोद भाग -2 पृ-1058-59

अध्याय द्वितीय

नीमच तहसील के दुर्ग एवं मन्दिर

जीरण दुर्ग – जीरण नीमच जिले की नीमच तहसील स्थित एक गांव है। नीमच से इसकी दूरी २२ कि.मी. है। इसके नामकरण के संबंध में ऐसा कहा जाता है कि झिरनी पहाड़ी के कारण इसका नाम जीरण पड़ा हो।[१] यहाँ गुप्तकाल में निर्मित पंचदेवल मंदिर है। संभवतः मंदिर का निर्माण होने के पश्चात् जीर्ण हो चुका हो और उसके जीर्णोद्धार के साथ नगर भी बसा हो, जिसे जीरण नाम दिया गया हो।[२]

मध्यकाल में जीरण मेवाड़ के अधिपत्य में रहा तथा महाराणा उदयसिंह एवं महाराणा प्रताप के समय होने वाले मुगल आक्रमण के समय यह क्षेत्र शाही अधिपत्य में चला गया। तब यहाँ के थानों पर सैयदों की नियुक्ति हुई।[३] इधर महाराणा अमरसिंह प्रथम की आज्ञानुसार मोरखण, कराड़िया, कुँडल की सादड़ी (छोटीसादड़ी) और जीरण के कुछ गाँव ठेके पर लेकर अपने भाई बाघसिंह के साथ वि.सं. १६५३ (१५९७ ई.) के लगभग वहाँ रहना आरम्भ किया।[४] आगे जाकर महाराणा अमरसिंह ने जोधसिंह को नीमच और जीरण का पट्टा कर दिया।[५] जोधसिंह ने देवलिया (प्रतापगढ़) के आसपास के क्षेत्रों तक लूटपाट आरंभ कर दी। इससे देवलिया के स्वामी भानूसिंह ने जीरण के शाही फौजदार को भड़काया तथा मन्दसौर के शाही फौजदार मख्खन खाँ से मिलकर १५०० सैनिकों के साथ जोधसिंह शक्तावत पर आक्रमण कर दिया। चीताखेड़ा के पास दोनों सेनाओं के मध्य युद्ध हुआ, जिसमें सैय्यद मख्खन खाँ और महारावत भानूसिंह जोधसिंह के हाथों मारे गए तथा इस युद्ध में जोधसिंह भी खेत रहा। जीरण में भानूसिंह की स्मारक छत्री भी बनी है।[६]

मुगल सम्राट अकबर ने प्रशासन की दृष्टि से जीरण और नीमच जागीर के रूप में राव दुर्गभाण चन्द्रावत को प्रदान कर दिये।[७] अकबर के समय जीरण चित्तौड़

1. **मन्दसौर गैजेटियर, पृ-249।**
2. डॉ. मंगल मेहता, दशपुर जनपद संस्कृति, पृ-66।
3. डॉ. मनोहरसिंह राणावत, मुहणोत नैणसी की ख्यात, भाग-1, पृ-105। ओझा, प्रतापगढ़ राज्य का इतिहास, पृ-109, ।
4. उपरोक्त, पृ-106, ओझा, प्रतापगढ़...., पृ-110।
5. श्यामलदास, वीर विनोद, भाग 2, खण्ड 2, पृ-1056, ओझा प्रतापगढ़, पृ-110।
6. उपरोक्त, पृ-106, ओझा, प्रतापगढ़...., पृ-114।
7. ओझा, प्रतापगढ़ राज्य का इतिहास, पृ-119, सं. डॉ. मनोहरसिंह राणावत, मुहणोत नैणसी की ख्यात,पृ-106।

सरकार के अन्तर्गत महल मुख्यालय था।[८] वीर विनोद में उल्लेख है कि महाराणा अरिसिंह के समय अमरचन्द प्रधान एवं माधवराव सिंधिया के मध्य युद्ध हुआ। इसमें सिंधिया की विजय हुई, तथा मेवाड़ एवं मराठों में संधि हुई। सिंधिया द्वारा ७० लाख रुपय मांगे गए, तथा घटते-घटते यह राशि ६० लाख रुपये रह गई। २५ लाख रुपये के जेवर और बर्तन हुए। ८ लाख रुपये जागीरदारों से वसूल किए, बाकी रुपयों के बदले जीरण, नीमच और मोरवन के परगने गिरवी रखने पड़े।[९] इस प्रकार जीरण का क्षेत्र मेवाड़ से निकलकर सिंधिया के अधिपत्य में चला गया।[१०]आगे जाकर सिंधिया ने ये परगने शितोले परिवार को प्रदान कर दिए।[११] और देश आजाद होने तक शितोले परिवार की जागीर में रहा।[१२] १८५७ ई. के गदर का भी प्रभाव इस क्षेत्र पर पड़ा और जीरण भी विद्रोहियों का केन्द्र रहा। जीरण दुर्ग के निर्माण के विषय में अभिलेखीय साक्ष्य का अभाव है। श्री मंगल मेहता ने अपने लेख 'जीरण का इतिहास' में उल्लेख किया है कि जीरण को सौन्दर्यशाली बनाने में आमरेरावजी का महत्वपूर्ण हाथ रहा। उन्होंने किले का जीर्णोद्धार भी कराया था। तालाब की मरम्मत करवाई। वाटिकाओं आदि का निर्माण करवाया। किसी ने उदयपुर महाराणा से इसकी शिकायत की। किलेबंदी के दृष्टिकोण से महाराणा नाराज हो गए, उन्होंने कार्य रूकवा दिया। कहते है किले के कपाट मँगवाए, किन्तु वे आमेर ले जाकर रखवा दिए जो आज भी वहीं है।[१३]

जीरण दुर्ग वर्तमान में खण्डहरावस्था में है। दुर्ग में प्रवेश के लिये वर्तमान में जो मुख्य प्रवेश द्वार है वो पूर्व दिशा की ओर स्थित है। इस द्वार से लगी हुई दोनों ओर (उ.द.) बुर्जे बनी हुई हैं। प्रवेश द्वार की उत्तरी बुर्ज से लगा परकोटा है तथा लगभग १२० फीट की दूरी पर पुनः बुर्ज है। परकोटा गोलाई लिए हुए है तथा बुर्ज में प्रवेश के लिये पश्चिम की ओर द्वार बना है। इस बुर्ज से परकोटा पश्चिम दिशा की ओर मुड़ जाता है। इस परकोटे से लगी दक्षिण की ओर पाएगा है, जो खण्डहरावस्था में है। इसी परकोटे से लगी बुर्ज, बुर्ज से लगा दरवाजा तथा दरवाजे से लगी पुनः बुर्ज है। उपरोक्त दरवाजा दुर्ग का उत्तरी एवं मुख्य दरवाजा था। इस दरवाजे की ऊँचाई लगभग १६ फीट तथा चौड़ाई १२ फीट है। ये दरवाजा तथा बुर्ज अच्छी अवस्था में है। बुर्जों के प्रवेश द्वार दक्षिण दिशा की ओर खुलते हैं, तथा परकोटा एवं परकोटे से

8. अबुल फजल, आइन-ए-अकबरी, भाग-2 पृ-279, मन्दसौर गैजेटियर, पृ-294।

9. श्यामलदास वीर विनोद, भाग-1 खण्ड 3, पृष्ठ -1559- 1562।

10. डॉ. मंगल मेहता, दशपुर जनपद संस्कृति, पृ.75 डॉ. विनय श्रीवास्तव मालवा के प्रमुख ऐतिहासिक दुर्ग, पृ-87

11. उपरोक्त, पृ-75।

12. डॉ. विनय श्रीवास्तव मालवा के प्रमुख ऐतिहासिक दुर्ग, पृ-76

13. डॉ. विनय श्रीवास्तव, मालवा के प्रमुख ऐतिहासिक दुर्ग, पृ-74

लगी हुई बुर्ज है । इस परकोटे से लगी दक्षिण की ओर पाएगा थी, जिन्हें कक्षों का रूप दे दिया गया है । उपरोक्त बुर्ज से परकोटा दक्षिण की ओर मुड़ जाता है । ये परकोटा दुर्ग का पश्चिमी परकोटा है । इस परकोटे में लगभग १२० फीट की दूरी पर छः बुर्ज बने है । बुर्जों के प्रवेश द्वार पूर्व दिशा की ओर हैं । बुर्जों के अन्दर पक्की ओढ़ियाँ बनी है जो संभवतः शस्त्रागार के रूप में उपयोग की जाती होगी । चौथे एवं पाँचवे बुर्ज के मध्य में किले का पश्चिमी द्वार है जिसे 'भोमरिया की नाल' कहते है। इस द्वार के उत्तर की ओर तीन मकबरे बने हैं, जिनके बारे में स्पष्ट जानकारी किसी को नहीं है । छठें एवं आखिरी बुर्ज जो दक्षिण-पश्चिम कोने पर स्थित है, के पूर्व में कोने पर एक दरगाह बनी है ।

पूर्वी द्वार जो वर्तमान में किले का मुख्य द्वार है, इसके दक्षिण की तरफ परकोटा तथा परकोटे से लगी चार बुर्जे हैं । पहली दूसरी बुर्ज के मध्य में गणेशजी का मन्दिर है । मन्दिर का प्रवेश द्वार पश्चिम की ओर स्थित है। बुर्जों के प्रवेश द्वार पश्चिम दिशा की ओर खुलते है । आखिरी बुर्ज का परकोटा गोलाई लिए हुए है । दुर्ग का दक्षिण परकोटा पूर्णतया नष्ट हो चुका है । पूर्वी द्वार से प्रवेश करने पर थोड़ी दूरी पर एक मन्दिर बना है, जिसे किलेश्वर मंदिर कहा जाता है। इसके गर्भगृह में शिवलिंग स्थापित है । मन्दिर का प्रवेश द्वार पूर्व की ओर खुलता है । मन्दिर के दक्षिणी भाग में बालभोग का कमरा है । मन्दिर के पश्चिम में बगीचा है जिसमें इस क्षेत्र से प्राप्त प्राचीन मूर्तियों की प्रदर्शिनी लगी है ।[१४]

सुरक्षा की दृष्टि से जीरण दुर्ग अपना विशिष्ट स्थान रखता है । दुर्ग ऊँचाई पर है । दुर्ग के पश्चिम में बहुत बड़ा तालाब है, जो दुश्मनों से दुर्ग की रक्षा करता था । दुर्ग का परकोटा दो खण्डों में है । प्रथम परकोटा लगभग चार फीट चौड़ा है । इसके ऊपर पुनः परकोटा है । ऊपरी परकोटे में बंदूक चलाने के खाँचे बने है । प्रथम परकोटा चार फीट चौड़ा होने से सैनिक सरलता से ऊपर चलकर दुश्मन की प्रत्येक गतिविधि पर नजर रख सकते थे । दुर्ग के अन्दर जगह-जगह नीवों एवं दीवारों के अवशेष हैं, जिससे यह अनुमान लगाया जा सकता है कि अन्दर निवास के लिये मकान बने थे । दुर्ग के उत्तर पश्चिम बुर्ज के नीचे एक बावड़ी बनी है, जिसे शंकर बावड़ी कहा जाता है । यह बावड़ी दुर्ग में पेयजल का मुख्य स्रोत थी, तथा वर्तमान में भी यह गाँव के पेयजल का मुख्य स्रोत है । दूसरी बावड़ी दुर्ग के पश्चिमी द्वार (भोमरिया की नाल) के पश्चिम में विद्यमान थी । वर्तमान में इसके अवशेष यहाँ विद्यमान है । दुर्ग के पश्चिम तथा तालाब के पूर्वी किनारे पर एक महादेव मंदिर है,

14. डॉ. मनोहरसिंह राणावत, मन्दसौर, अतीत और वर्तमान, पृ-156 ।

जिसे देखकर लगता है कि इसका निर्माण दुर्ग के साथ ही हुआ था। इस मन्दिर को हाथी मन्दिर कहा जाता है।

पंच देवल मंदिर - जीरण दुर्ग के समीप ही तालाब के तट पर गुप्तकाल का एक अत्यंत प्राचीन मंदिर भी है जिसे पंचदेवल मंदिर कहा जाता है।[१५] मन्दिर के गर्भगृह के बाहर लगे शिलालेख के अनुसार इसमन्दिर को लगभग ग्यारहवीं सदी में गुहिलवंशी शासक द्वारा निर्मित किया गया था। कालान्तर में मुस्लिम आक्रमणकारियों द्वारा मंदिर नष्ट कर दिया गया, जिसका जीर्णोद्धार १२०८ ई. में महाराजा जगतसिंह द्वारा करवाया गया। मंदिर के गर्भगृह में पंचमुखी शिवप्रतिमा स्थापित है। इसके साथ ही गरुण एवं माताजी की प्रतिमाएं भी स्थापित की गई है।

भाना टिकैत की छत्री - पंचदेवल मंदिर के सामने ही एक छत्री है जिसे भाना टिकैत की छत्री कहा जाता है। छत्री के स्तंभों के ऊपर अनेक प्रतिमाएँ हैं। चारों स्तंभों पर संस्कृत भाषा की ११ वीं शती के पूर्वार्द्ध के शिलालेख है। छत्री के मध्य भाना टिकैत की देवली है, जिस पर संवत १६५४ का लेख उत्कीर्ण है।[१६] छत्री के लेख में वि.सं. १६५४ (१५९७ ई.) मार्गशीर्ष में भानुसिंह का शक्तावत जोधसिंह के साथ होने वाले युद्ध में काम आने का उल्लेख है।[१७] जिसे मुहणोत नैणसी के संपादक डॉ. मनोहरसिंह राणावत ने भी मान्य किया है।[१८] अतः इस छत्री का निर्माण १५९७ ई. के बाद ही हुआ होगा।

नीमच दुर्ग - वर्तमान में नीमच शहर मध्यप्रदेश के नीमच जिला एवं नीमच तहसील का मुख्यालय है। ऐसा माना जाता है कि प्राचीनकाल में यह मीणों का नगर था। संभवतः मीणों ने ही इसे बसाया हो और इसी कारण इसका पुराना नाम 'मीणच' था। बदलते-बदलते यह मीणच से मीमच और फिर नीमच हो गया।[१९] मध्यकाल में इसके मेवाड़ के अधीन होने के संकेत मिलते हैं। राणा हम्मीर ने मालदेव सोनगरा की पुत्री से विवाह किया था। हम्मीर का चित्तौड़ पर अधिकार हो जाने के बाद मालदेव का पुत्र बनवीर राणा की सेवा में आ गया। तब राणा हम्मीर ने उसे अपने भरण-पोषण हेतु नीमच, जीरण, रतनपुर एवं खेराड़ की जागीर प्रदान की।[२०] मुगलकाल में मेवाड़ पर अधिकार के प्रयासों का इस क्षेत्र पर पूर्ण प्रभाव पड़ा और

15. डॉ. मंगल मेहता, दशपुर जनपद संस्कृति, पृ.74।
16. डॉ. मनोहरसिंह राणावत, मन्दसौर, अतीत और वर्तमान, पृ-58।
17. ओझा, प्रतापगढ़ राज्य का इतिहास, पृ-114-115।
18. डॉ. मनोहरसिंह राणावत, मुहणोत नैणसी की ख्यात, पृ-106।
19. दशपुर संस्कृति, 16 जुलाई 1962 ई., पृ-77।
20. सं. डॉ. रघुबीरसिंह, वीर विनोद, पृ. 249-259 व ओझा उदयपुर राज्य का इतिहास, पृ.236।

दोनों ही शक्तियों ने यहाँ अपना प्रभुत्व जमाने का प्रयास किया । आगे चलकर हल्दी घाटी के युद्ध जून १८, १५७६ ई. के बाद ये क्षेत्र मुगल अधिपत्य में चला गया ।[२१] अकबर के शासनकाल में यह सम्पूर्ण क्षेत्र मुगल साम्राज्य के अजमेर सूबे के चित्तौड़ सरकार के अन्तर्गत था ।[२२] १५८६ ई. के लगभग महाराणा का पुनः मेवाड़ पर अधिकार हो गया तब १६ वीं सदी के अन्त में उसका ध्यान मालवा की ओर गया । महाराणा अमरसिंह प्रथम ने अपने काका शक्तिसिंह के पुत्र जोधसिंह शक्तावत को अन्य परगनों के साथ नीमच की जागीर भी प्रदान की ।[२३] जोधसिंह को इस क्षेत्र पर स्थायी अधिकार करने के लिये भानुसिंह (प्रतापगढ़) और इस क्षेत्र के मुगल फौजदार सैय्यद मख्खन खाँ के साथ युद्ध करना पड़ा, जिसमें भानुसिंह, मख्खन खाँ और जोधसिंह तीनों काम आए ।[२४] जोधसिंह के उत्तराधिकारी नाहरसिंह तथा भारतसिंह अपने पिता की जागीर नीमच एव अन्य क्षेत्रों के स्वामी बने रहे । इन्हें महाराणा अमरसिंह का संरक्षण प्राप्त था ।[२५] इस बीच सम्राट अकबर ने प्रशासन की दृष्टि से नीमच और जीरण जागीर के रूप में रामपुरा के राव दुर्गभाण चन्द्रावत को प्रदान कर दिए।[२६] परन्तु व्यवहार में यह क्षेत्र मेवाड़ के प्रभुत्व में ही रहा । १६३७ ई. में अन्य जागीरों के साथ नीमच क्षेत्र भी मुगल सम्राट शाहजहाँ ने मेवाड़ से छीन लिए।[२७] सन् १७६९ ई. में औरंगजेब ने मेवाड़ पर चढ़ाई की।[२८] शाही आदेशानुसार देवलिया के रावत प्रतापसिंह ने रसद की व्यवस्था हेतु इस क्षेत्र को बुरी तरह लूटा।[२९] इस कार्यवाही की प्रतिक्रिया स्वरूप मुगल हमले को कमजोर करने की दृष्टि से महाराणा के मंत्री दयालदास ने इस क्षेत्र में भारी लूट मचाई ।[३०] आगे चलकर अक्टूबर २२, १७१६ ई. में मुगल सम्राट फर्रुखसियर ने महाराणा संग्रामसिंह द्वितीय को भानपुरा का परगना जागीर के रूप में दे दिया ।[३१] राठौर दुर्गादास रामपुरा का

21. सं. डॉ. रघुबीरसिंह, वीर विनोद, पृ. 249-416 व ओझा उदयपुर राज्य का इतिहास, पृ.433 ।
22. अबुल फजल, आइना-ए-अकबरी 2, पृ. 279, ग्वालियर स्टेट गजेटियर भाग 1, 1908 ई. ।
23. डॉ. मनोहरसिंह राणावत, मुहणोत नैणसी की ख्यात, पृ-106 ।
24. ओझा, प्रतापगढ़ राज्य का इतिहास, पृ-110, डॉ. मनोहरसिंह राणावत, मुहणोत नैणसी की ख्यात, पृ-105, वीर विनोद 2, पृ 1056 ।
25. डॉ. मनोहरसिंह राणावत, मुहणोत नैणसी की ख्यात, पृ-105-106,वीर विनोद 2, पृ 1056, ओझा, प्रतापगढ़ राज्य का इतिहास, पृ-110 ।
26. डॉ. मनोहरसिंह राणावत, मुहणोत नैणसी की ख्यात, पृ-106 ।
27. डॉ. मनोहरसिंह राणावत, मुहणोत नैणसी की ख्यात, पृ-106, प्रतापगढ़ राज्य का इतिहास, पृ-119
28. ओझा, प्रतापगढ़ राज्य का इतिहास, पृ-130,वीर विनोद 2, पृ 1056-59 ।
29. श्यामलदास, वीर विनोद, भाग 2, पृ-461-471, ओझा उदयपुर राज्य का इति. 2, पृ.-555-559।
30. शाही फरमान, ओझा, प्रतापगढ़ राज्य का इतिहास, पृ.-178-90 ।
31. उपरोक्त, पृ.-181 ।

प्रबंधक नियुक्त हुआ।[३२] इन सभी कार्यवाहियों के फलस्वरूप रामपुरा के चन्द्रावत इस क्षेत्र में भी लूटमार करने को प्रवृत्त हुए।[३३]

मार्च २९, सन् १७२९ ई. में आम्बेर नरेश सवाई जयसिंह ने रामपुरा परगना महारणा संग्रामसिंह से अपने पुत्र माधोसिंह के नाम करवाया। माधोसिंह द्वारा मल्हारराव होल्कर ने जो सहायता माधोसिंह को जयपुर राज्य दिलवाने में की थी उसके बदले रामपुरा होल्कर को दे दिया गया।[३४] १७४१ ई. के लगभग शाही इलाके में हस्तक्षेप न करने की शर्त पर मुगल सम्राट मुहम्मद शाह ने अन्य क्षेत्रों के साथ ही मालवा के प्रशासनिक अधिकार भी मराठों को दे दिए।[३५] परन्तु नीमच क्षेत्र इस समय भी मेवाड़ के अधिकार में ही था। अन्त में महाराणा अरिसिंह के समय अमरचन्द प्रधान एवं माधवराव सिंधिया के मध्य युद्ध हुआ। इसमें सिंधिया की विजय हुई। फलस्वरूप मेवाड़ एवं सिंधिया के बीच संधि हुई। शर्तों के अनुसार ६० लाख रुपये मेवाड़ को सिंधिया को देने थे। २५ लाख रुपये के जेवर तथा बर्तन हुए, ८ लाख रुपये जागीरदारों से वसूल किए, बाकी रुपयों के बदले में महाराणा ने नीमच, जीरण एवं मोरवन के परगने सिंधिया को दे दिए।[३६] इस प्रकार ये क्षेत्र मराठों के अधीन हो गया और मेवाड़ का स्वत्व यहाँ से हमेशा के लिये समाप्त हो गया।

१९ वीं शताब्दी के पूर्वार्द्ध में अंग्रेजों ने होल्कर व सिंधिया राज्यों को अपने अधीन करने की प्रक्रिया प्रारंभ कर मालवा के अन्य स्थानीय राजाओं से अलग-अलग संधि करके समस्त भू-भाग का गठन सेन्ट्रल इंडिया रेजीडेन्ट का मुख्यालय बना दिया।[३७] तत्कालीन सेन्ट्रल इंडिया एवं राजस्थान की व्यवस्था बनाए रखने के लिये नीमच सेन्ट्रल इंडिया एवं राजस्थान की व्यवस्था बनाए रखने के लिये नीमच को केन्द्र मानकर अंग्रेज प्रशासकों ने १८१७ ई. में यहाँ छावनी की स्थापना की।[३८] छावनी को पहले अंग्रेजों ने स्थायी शिविर का नाम दिया। उसके बाद १८१९ ई. में और भूमि अधिकृत करके किले का निर्माण प्रारंभ किया।[३९] इसके निर्माण में लगभग डेढ़ लाख रुपये खर्च हुए।[४०] परन्तु इस समय भी इस क्षेत्र पर मराठों का प्रभाव था। परन्तु सिंधिया और

32. सरकार, हिस्ट्री ऑफ जयपुर, पृ.190, वीर विनोद 2, पृ.889, डॉ. रघुवीरसिंह, दुर्गादास, पृ.154
33. वीर विनोद, भाग 2, पृ-989, ओझा उदयपुर राज्य का इति. 2, पृ.-616-17 डॉ. रघुवीरसिंह, दुर्गादास पृ.152-154।
34. जाजू स्मृति ग्रन्थ, इतिहास खण्ड, पृ-34।
35. चित्तौड़ उदयपुर पाटनामा पत्र 296, पृ-1087, वीर विनोद 2, पृ-1291, अहिल्या स्मारिका 1925 ई. पृ.-11।
36. जाजू स्मृति ग्रन्थ, पृ -37।
37. डॉ. के. एस. गुप्त, मेवाड़ एण्ड द मराठा रिलेशन्स, पृ-102 ओझा, उदयपुर राज्य का इतिहास 2 पृ-656
38. जाजू स्मृति ग्रन्थ, पृ -48।
39. ग्वालियर स्टेट गैजेटियर, पृ-275, जाजू स्मृति ग्रन्थ, पृ -44।
40. जाजू स्मृति ग्रन्थ, पृ -45।

अंग्रेजों के मध्य हुई (जनवरी १३, १८४४ ई.) महाराजपुर की लड़ाई में सिंधिया की हार हुई । तब ग्वालियर राज्य में ब्रिटिश सेना रखने के बदले सिंधिया ने अंग्रेजों को १८ लाख की आय वाले नीमच, जीरण, जावद आदि क्षेत्र दिए ।[४१] उधर किला बन जाने के बाद अंग्रेजों ने तब से लेकर १८५७ के स्वतंत्रता संग्राम के प्रारंभ तक सेना की संख्या बढ़ाने का कार्य किया।[४२]

मेवाड़ के पोलिटिकल एजेन्ट कैप्सन शाबर्स की पुस्तक ' ए मिसिंग चेप्टर ऑफ इंडियन म्युटिनी' के अनुसार मई १८५७ ई. के अंतिम दिनों में मुहम्मद अली बेग नामक एक सवार ने नीमच की भारतीय सेना को उत्तेजित कर दिया और इस प्रकार स्वाधीनता संग्राम का श्रीगणेश हुआ । विद्रोह से भयभीत अंग्रेज अधिकारियों ने आत्मरक्षा का कोई उपाय न देखकर किले में शरण ली । इस संग्राम में नीमच क्षेत्र के अनेक वीरों ने ख्याति प्राप्त जनरलों को लोहे के चने चबवा कर अपनी वीरता का अनुपम उदाहरण दिया ।[४३] अंत में गवर्नर जनरल को नीमच के विद्रोह को शांत करने के लिये सेना भेजनी पड़ी । परिणामस्वरूप विद्रोही कहे जाने वाले इस क्षेत्र के वीर सैनिक पकड़े गए और नीमच के आसपास बड़े बड़े वटवृक्षों पर उनमें से कई को फाँसी पर लटका दिया गया ।[४४] १८५७ ई. के स्वतंत्रता संग्राम में सिंधिया ने अंग्रेजों को सहायता दी । अतः सन् १८६० ई. में अंग्रेजों ने १८ लाख की आय वाला यह क्षेत्र पुनः सिंधिया को लौटा दिया ।[४५] इस प्रकार १८५७ ई. के स्वतंत्रता संग्राम में नीमच का अपना विशिष्ट स्थान रहा ।

सामान्यतया दुर्गों का निर्माण ऊंचाई पर किया जाता है, परन्तु नीमच दुर्ग समतल भूमि पर निर्मित है। इसकी मजबूती ही इसकी सुरक्षा प्रहरी है । किले में प्रवेश के लिये पूर्व की ओर दरवाजा है जिसे मेहता गेट कहा जाता है । प्रवेश करने पर कुछ दूरी पर दक्षिण-पश्चिम लम्बाई लिए एक खाई है जो प्राकृतिक न होकर स्व निर्मित है । यहाँ किले का मुख्य द्वार निर्मित है जो किले के उत्तर की ओर स्थित है । यह दरवाजा गोलाई से बना है। इसकी ऊँचाई १० फीट है । इसमें लकड़ी के मजबूत किवाड़ भी लगे हैं । दरवाजे के अन्दर प्रवेश करने पर विशाल खुला प्रांगण है । किले के चारों ओर मजबूत परकोटा बना हुआ है । परकोटे में चारो कोने पर तिकाने टीले बने हैं, जिनका उपयोग तोपों के लिये होता था । इन टीलों में तोपे दागने के खाँचे भी निर्मित है । टीले पर चढ़ने के लिये प्रांगण

41. दशपुर जनपद संस्कृति, पृ-77 जाजू स्मृति ग्रन्थ, पृ -108 ।
42. ट्रीटिज एंगेजमेन्ट एण्ड सनद, वाल्युम 5, पृ-342, 43, 414, 421, 422, 427 ।
43. दशपुर जनपद संस्कृति, पृ-78 डॉ. विनय श्रीवास्तव मालवा के प्रमुख ऐतिहासिक दुर्ग, पृ-92 ।
44. दशपुर जनपद संस्कृति, पृ-80 डॉ. विनय श्रीवास्तव मालवा के प्रमुख ऐतिहासिक दुर्ग, पृ-92 ।
45. उपरोक्त, पृ-80 डॉ. विनय श्रीवास्तव मालवा के प्रमुख ऐतिहासिक दुर्ग, पृ-92।

से ही ढलुआ रास्ते बने हैं। प्रांगण के चारों ओर बरामदे बने है, तथा बरामदों में ही कमरे निर्मित है। बरामदों एवं कमरों के ऊपर छत बनी है, जो चारों टीलों को आपस में जोड़ती है। पश्चिमी छत पर एक विशाल भवन बना है, जिस पर पहुँचने के लिए प्राँगण में ही पश्चिमी बरामदे से लगी सीढ़ियाँ है। भवन के दो द्वार उत्तर तथा दो द्वार दक्षिण में बने है। प्रांगण के पश्चिम में एक दरगाह बनी है जिसे 'पीर बावजी' की दरगाह कहा जाता है। प्रांगण के बीच में ३०X३० का पक्का होद बना हुआ है, जिसकी गहराई लगभग तीन फीट है। होद के दक्षिण में एक मकबरा बना हुआ है जो रिचर्ड डब्ल्यू. ब्राइट का है। यह १८५७ ई. के स्वतंत्रता संग्राम में इसी किले में मृत्यु को प्राप्त हुआ था।[४६] नीमच का पूरा किला लगभग ३००X३०० फीट का है।

वर्तमान में नीमच दुर्ग सी.आर.पी.एफ. के अधिपत्य में है। सी.आर.पी.एफ. की जन्म स्थली नीमच दुर्ग ही मानी जाती है। इसी दुर्ग में विविध ट्रेनिंग सेन्टर, बैरेक, मेस एवं अनेक पुराने भवन बने हैं। किले के परिसर में एक भव्य मन्दिर बना है जिसे 'किलेश्वर महादेव' कहा जाता है। एक पुराना कैथोलिक चर्च भी है जो अंग्रेजों के समय का है। इस दुर्ग परिसर में अनेक परेड मैदान है, फायरिंग रेंज है तथा शस्त्रागार है। सी.आर.पी.एफ. ने दुर्ग को पूरी तरह से सुसज्जित कर रखा है।[४७] नीमच में किले के अतिरिक्त एक विशाल भवन और भी है। १८२२-१८२५ के मध्य आवास हेतु इसका निर्माण आक्टरलोनी ने करवाया था। यह आक्टरलोनी हाल के नाम से प्रसिद्ध हैं।

<u>सरवाण्यिा दुर्ग</u> - नीमच जिले के अज्ञात दुर्गों में अपने समृद्ध राजनीतिक इतिहास एवं स्थापत्य कला की वजह से महत्वपूर्ण स्थल सरवाण्यिा का दुर्ग भी है। नीमच से १७ कि.मी. दूर नीमच सिंगोली मार्ग पर स्थित यह दुर्ग ऐतिहासिक विरासत एवं जुझारपन तथा वीरता की अनेक दास्तानों को अपने गर्भ में समेटे हुए है। ग्राम सरवानियाँ महाराज (सरवाण्यिा) स्थित यह दुर्ग लगभग ४०० वर्ष पुराना इतिहास रखता है। सरवाण्यिा की जागीर मेवाड़ राज्य के अंतर्गत आती थी। इस महत्वपूर्ण क्षेत्र के अज्ञात दुर्ग को जब शोधकर्ता ने अपने सर्वेक्षण के दौरान देखा एवं उसके राजनीतिक इतिहास पर तथ्यपूर्ण शोध सामग्री एकत्र की तो अनेक महत्वपूर्ण जानकारियाँ प्रकाश में आईं। इन शोध निष्कर्षों को इस प्रोजेक्ट के अन्तर्गत शामिल करना तथा सरवाण्यिा के अछूते, अज्ञात इतिहास व दुर्ग को प्रकाश में लाना इस शोध प्रोजेक्ट की महत्वपूर्ण उपलब्धि है। ✪

46. जाजू स्मृति ग्रन्थ, पुरातत्व खण्ड, पृ -102।

47. डॉ. विनयश्रीवास्तव मालवा के प्रमुख ऐतिहासिक दुर्ग, पृ-93।

✪ डॉ. विनयश्रीवास्तव द्वारा यू.जी.सी. नई दिल्ली के मेजर रिसर्च प्रोजेक्ट के अंतर्गत किया गया सर्वेक्षण।

महाराणा उदयपुर ने सरवाण्यि का परगना सिसोदिया राजपूत सरदार मोहकमसिंह राणावत को बलिहाज भाई बंदी के जागीर में प्रदान किया। मोहकमसिंह का महाराणा उदयपुर की ओर से मुगल सेना में शामिल होने का उल्लेख भी पाया जाता है। ओझा ने 'उदयपुर राज्य के इतिहास' में मोहकमसिंह के बारे में लिखा है' सरवाण्यिा (अब ग्वालियर राज्य में) के बाबा मोहकमसिंह के नाम से अमरसिंह (दूसरे) के वि.सं. १७५७ कार्तिक सुदी ३ (ई.सं. १७०० नवंबर २) के परवाने से पाया जाता है कि आजमशाह के पास दक्षिण में भेजी जाने वाली सेना नौलाई (बड़नगर) में एकत्र हो रही थी, जिसमें शामिल होने की आज्ञा मोहकमसिंह को दी गई थी।[४८] मुगल सेना से हुए युद्ध में फतेहाबाद के पास मोहकमसिंह जुझार हुए। (शहीद हुए) मोहकमसिंह के पश्चात् कीरतसिंह सावन्तसिंह, जोधसिंह सरवाण्यिा के स्वामी हुए। जब महादजी सिंधिया ने यह इलाका महारानी अरसी बलिए उदयपुरसे फतह किया उस वक्त मोहकमसिंह के पोते जोधसिंह इस जागीर के स्वामी थे। सं. १९१७ (ई.सं. १८६०) में यह क्षेत्र सिंधिया के अधिपत्य में चला गया एवं ग्वालियर राज्य में शामिल हो गया। जब यह मुल्क कब्जे सरकार में था तो मौजे पर टांका कायम हो गया और उसी हैसियत से सं. १९१७ (ई.स. १८६०) में वंशमूल जिला तबादला में फिर बकब्जे दरबार ग्वालियर आया।[४९] जोधसिंह के पश्चात् बहादुरसिंह, अभयसिंह, प्रतापसिंह, माधोसिंह सरवाण्यिा के स्वामी हुए। माधोसिंह के बाद भवानीसिंह, गिरधारीसिंह, लक्ष्मणसिंह, नरेन्द्रसिंह, उम्मेदसिंह सरवाण्यिा के स्वामी हुए। वर्तमान में इस ठिकाने के स्वामी श्रवणसिंह हैं।[५०]

सरवाण्यिा दुर्ग का नीमच क्षेत्र में सामारिक महत्व था। मेवाड़ राज्य की महत्वपूर्ण जागीर होने के नाते एवं नीमच से कोटा जाने वाले मार्ग पर स्थित होने से इस दुर्ग को समय-समय पर संरक्षण भी प्राप्त होते रहे। दुर्ग एक परकोटे से घिरा हुआ है। दुर्ग में प्रवेश द्वार से लगा हुआ परकोटा है। परकोटे से लगे हुए चारों कोनों पर बुर्ज बने हैं। यह बुर्ज शस्त्रागार एवं भण्डारगृह के रूप में काम आते थे। मुख्य द्वार से लगी हुई पाएगा है जहाँ घोड़ों को रखा जाता था। प्राचीर के सहारे कक्षों का निर्माण किया गया है। इन कक्षों में सुरक्षाकर्मी, सैनिक एवं अन्य कर्मचारी रहते थे। दुर्ग की प्राचीर में बंदूकों की नालियों के लिए खांचे बने हैं। दुर्ग के बीच में चारमंजिला महल बना हुआ है। महल में पृष्ठ भाग में आकर्षक गोखड़े बने हैं। गोखड़ों के ऊपर गुम्बद बने हैं। गोखड़ों में सुन्दर नक्काशी की गई है। महल के भीतर दरीखाना, बैठकखाना,

---

48. ओझा, उदयपुर भाग-2, पृ-599।
49. हालात भवानीसिंह टांकेदार, मौजा सरवाणिया, परगना नीमच, ग्वालिय.र स्टेट विदेशविभाग रजिस्टर 1908 ई. (सरवाण्यिा दुर्ग से प्राप्त मूल पत्र के अनुसार)।
50. सरवाण्यिा दुर्ग से प्राप्त वंशावली के अनुसार।

रंगमंहल, कांचमहल, जनानी ड्योढ़ी, चित्रशाला इत्यादि प्रमुख महल है। दुर्ग के प्रवेश द्वार के समीप ही रामजानकी का मंदिर है। इस मंदिर का निर्माण माधोसिंह ने करवाया था। यह मंदिर राजपरिवार के लिये ही प्रयुक्त होता था। महल के कक्षों में छत पर सुन्दर चित्रकारी की गई है। चित्रशाला में पहले १७-१८ वीं शताब्दी के सुन्दर भित्ति चित्र बने हुए थे, परन्तु अब वे नष्ट हो चुके हैं। अज्ञानतावश उन पर पुताई करवा दी गई है। मुख्य दरीखाना एवं रंगमहल में कुछ भित्ति चित्र निर्मित है जो फूल, पत्तियों एवं प्राकृतिक दृश्यावृलियों के हैं। महल के पीछे के भाग में राज परिवार के सदस्यों के रहने की व्यवस्था है। सुरक्षा की दृष्टि से दुर्ग मजबूत है। महल एवं दुर्ग वर्तमान में अच्छी हालत में है। दुर्ग के बाहर मुख्य द्वार के समीप एक बुर्ज गत वर्ष पानी गिरने से ढह गया था। बुर्जे बनाकर दुर्ग की किलेबंदी मजबूत की गई है। दुर्ग के चारों ओर गांव बसा हुआ है। दुर्ग की किलेबंदी मजबूत की गई है। दुर्ग के पिछवाड़े के बुर्ज के समीप कोठड़ी में अन्नागार था। गढ़ की चित्रशाला यद्यपि आज उपेक्षित है परन्तु किसी समय यह उन्नतावस्था में थी। यहां के शासक कला प्रेमी व स्थापत्य प्रेमी थे। इसका प्रमाण महल में की गई नक्काशी एवं छत व दीवारों पर उकेरे गए चित्रों के साथ ही दुर्ग की सुरक्षात्मक स्थापत्य कला से भी मिलता है। दुर्ग के समीप कुछ दूरी पर राणावत परिवार का श्मशान है। यहाँ राजपरिवार के सदस्यों की छतरियाँ व समधियाँ बनी हुई हैं। इन सबमें सबसे महत्वपूर्ण सती माता की छत्री एवं मोहकमसिंह की छत्री है। मोहकमसिंह के फतेहाबाद में जुझार होने के पश्चात् उसकी ७ पत्नियों ने एक साथ जौहर किया था, उसी स्थल पर सतीमाता की छत्री का निर्माण करवाया गया। समीप ही मोहकमसिंह की छत्री बनी है। सरवाण्यिा का दुर्ग वर्तमान में अच्छी हालत में है। इस दुर्ग ने अपने सामरिक महत्व के कारण इस क्षेत्र के राजनीतिक इतिहास में अपना महत्वपूर्ण स्थान बनाया है। यह दुर्ग अभी तक अज्ञात होने से क्षेत्र के दुर्गों में शामिल नहीं किया जा सका। शोधकर्ता द्वारा इस दुर्ग का सर्वेक्षण कर इसे अंचल के दुर्गों की श्रेणी में शामिल किया जा रहा है।[५१]

चीताखेड़ा का दुर्ग - नीमच जिले का चीताखेड़ा ग्राम गुप्तयुगीन बस्ती है। १०-११ वीं शताब्दी में यहाँ विशाल मन्दिर थे जिनके अवशेष अब भी यत्र-तत्र बिखरे पड़े हैं। १६ वीं शताब्दी के पूर्वार्द्ध में यह मीणों की बस्ती थी। सं. १६८४ (१६२७ ई.) में शक्तिसिंह के पुत्र बाघसिंह ने यहां के शासक चीता मीणा को मारकर संवत १६९० में गढ़ की नींव डाली जो छः वर्ष यानि सं. १६९६ में बनकर तैयार हुआ। मुख्य द्वार के बायीं ओर विशाल गणपति प्रतिमा स्थापित है। भीतर बाणमाता

51. डॉ. विनय श्रीवास्तव के मेजर रिसर्च प्रोजेक्ट के अन्तर्गत सर्वेक्षण रिपोर्ट निष्कर्ष एवं डॉ. विनय श्रीवास्तव मालवा के प्रमुख ऐतिहासिक दुर्ग, पृ-92।

का थानक है । महल दुमंजिला था, बाहरी भाग स्थानीय लोगों ने खरीद लिया है । इसी वंश के लोगों ने पावड़ा में भी गढ़ी कीस्थापना की थी । चीताखेड़ा दुर्ग महलनुमा गढ़ी था जिसके चारों ओर बस्ती बसी है । इस बस्ती व महल की सुरक्षा हेतु शहर पनाह थी, जिसके अवशेष अब भी मिलते है ।[५२]

भरभड़िया का दुर्ग - नीमच जिले के ग्राम भरभड़िया नीमच से ५ कि.मी. दूरी पर स्थित है । ग्राम भरभड़ियां में एक मध्ययुगीन दुर्ग है जो लगभग १ वर्ग कि.मी. विस्तार में फैला है । इस दुर्ग को वर्तमान में टोंक नवाब के किले के रूप में जाना जाता है । सम्पूर्ण दुर्ग लघु पत्थरों से निर्मित है । चारों दिशाओं में चार बुर्ज हैं । इसमें तीन परकोटे हैं । मुख्य दुर्ग से बाहर विशाल बावड़ी है । इसके आगे विशाल सिंह द्वार बना है । मुख्य किले के भीतर दुमंजिला खासमहल व पाएगा है । वर्तमान में यह दुर्ग नवाब के वंशजों के अधिकार में है जो उदयपुर रहते हैं ।[५३]

दारु दुर्ग - नीमच जिले के अन्तर्गत स्थित ग्राम दारू नीमच से लगभग १५ कि.मी. दूरी पर स्थित है । दारू गाँव के अवशेष प्राप्त हुए है जो अपनी विशालता को प्रकट करते हैं । ओझा ने अपनी पुस्तक उदयपुर राज्य का इतिहास में प्रतापसिंह द्वितीय (सं. १८०८-१८१०) द्वारा अपने राज्यारोहण के बाद शीघ्र ही सूरजसिंह के पोते व उम्मेदसिंह के बेटे अखेसिंह शक्तावत को दारू गांव की जागीर प्रदान करने का उल्लेख किया है । गढ़ी के राव परिवार के वंशजों से मिली जानकारी के अनुसार पहले यहां डोडिया राजपूतों का राज्य था । वर्तमान गढ़ का बांया भाग उन्हीं का बनवाया हुआ है । दारू गढ़ी में लगे अभिलेखों से ज्ञात होता है कि डोडियों की गढ़ी के दाहिने और नीचे की पाएगा का निर्माण संवत १९४१ में तखतसिंह के पुत्र मदनसिंह की रजवार में हुआ । इसका ऊपरी हिस्सा सन् १९४१ में इस वंश के अन्तिम राव हिम्मतसिंह ने बनवाया । गढ़ी के बाहर दायें बाएं विशाल बुर्ज हैं । बायीं बुर्ज सन् १९३९ में बनी जिसमें अन्तिम राव सा. का ड्राइंग रूम था । दाहिनी बुर्ज में बाणमाता का थानक है । गढ़ी के सामने एक वट वृक्ष के नीचे चबूतरा है। यह मदनसिंह के पुत्र देवीसिंह द्वारा संवत १९४० में बनवाया गया था। इन्हीं के काल में नगर का प्रवेश द्वार व श्मशान के करीब एक छोटा शिव मन्दिर बना जिसका उद्यापन सं. १९४२ में किया गया था । दारु दुर्ग का सामरिक व राजनीतिक रूप में विशेष महत्व न होने के कारण यह इस क्षेत्र की उपेक्षा का शिकार रहा । फिर भी इस शोध प्रोजेक्ट में इस अज्ञात दुर्ग को नीमच जिले के दुर्गों में शामिल करना समीचीन होगा ।[५४]

---

52. डॉ. विनय श्रीवास्तव मालवा के प्रमुख ऐतिहासिक दुर्ग, पृ-109 ।

53. उपरोक्त, जाजू स्मृति ग्रन्थ, पृ-107।

54. डॉ. विनय श्रीवास्तव के मालवा के प्रमुख ऐतिहासिक दुर्ग, पृ-93 ।, जाजू स्मृति ग्रंथ, पृ- 108 ।

<u>अमावली दुर्ग (गढ़)</u> - नीमच जिले का ग्राम अमावली महल नीमच से लगभग ११ कि.मी. की दूरी पर स्थित है। ग्राम अमावली स्थित ठाकुर कालूसिंह के मकान के भीतर एक इमारत बनी है । यह इमारत मुस्लिम स्थापत्य से प्रभावित गुम्बदनुमा तिमंजिली इमारत है । एक चौथी मंजिल भूमि में है । नीचे से प्रथम, द्वितीय व तृतीय मंजिलें पत्थरों से व चौथी मंजिल ईंटों से बनी हैं । सभी दरवाजे दक्षिण में है । ऊपर जाने का मार्ग बाहर से था जो नष्ट हो गया है । इस विशाल इमारत का दायॉ भाग क्षतिग्रस्त हो रहा है । इस गढ़ के वंशज इसकी ऐतिहासिक एवं निर्माण के बारे में तथ्यपूर्ण जानकारी देने में असमर्थ हैं । इस गढ़ के बारे में कोई अभिलेखीय साक्ष्य भी उपलब्ध नहीं है । यह गढ़ भी इस क्षेत्र का उपेक्षित गढ़ है ।[५५]

बरुखेड़ा के मन्दिर नीमच [५६] - नीमच से ५ कि.मी. उत्तर में स्थित छोटे से ग्राम बरूखेड़ा में नागर शैली के चार मन्दिर है जिनका निर्माण १६ वीं शताब्दी में हुआ था । ये मन्दिर इस क्षेत्र की सांस्कृतिक धरोहर है ।

(अ) शिव मन्दिर, बरूखेड़ा - ग्राम बरुखेड़ा से दक्षिण में एक वीरान शिव मंदिर है । स्वस्तिकाकार, पश्चिमाभिमुखी, ऊँचे शिखर व उरू शिखर युक्त इस मन्दिर के सभामण्डप में दाँए-बाँए व सामने द्वार हैं । इसका निर्माण संवत् १६२४ सावन सुदी ८ या १० को हुआ था । इस आशय का एक अभिलेख सभामण्डप के गुम्बद में अंकित है । गर्भगृह के मुख्य द्वार पर गणपति की सुंदर मूर्ति है । अंदर की सभी मूर्तियाँ नदारद हैं । सभामण्डप में हनुमान, यक्ष-यक्षणियाँ, कृष्ण की मूर्तियाँ हैं। गर्भगृह के बाहर दो आले बने हैं । स्तंभों पर घंटियों की आकृति अंकित है । सभामण्डप में शिवलिंग क्षतिग्रस्त है । मन्दिर के मूर्तिकक्ष के सामने दालान गुम्मज में १२ नर्तकियों की प्रतिमाएं थीं । मन्दिर में जगह-जगह कारीगरों ने अपने नाम लिख रखे हैं, जिससे ज्ञात होता है कि इसमें सूत्रधार संकट, सूत्रधार नाथू, सोमा, कारीगर, नाथू, सूत्रार मोटा पीला रलप आदि ने कार्य किया ।

(ब) शिव मन्दिर - ग्राम बरुखेड़ा में ही दक्षिण पश्चिम में स्थित एक और शिव मन्दिर है, जिसका निर्माण १६ वीं सदी में राजपूत युगीन मन्दिर के अवशेषों एवं प्रतिमाओं से हुआ । गर्भगृह की शाखाएं कलात्मक हैं । उत्तरंग के ललाट बिम्ब में शिव व दाँए-बाएँ विष्णु व ब्रह्मा का अंकन है । मध्य में नवग्रह मिथुनों का अंकन है। द्वार शाखाओं में दाँए और मकर वाहिनी यमुना व शिव का अंकन है जो अक्षमाला, त्रिशूल, खटवाङ्ग व कलश लिए है । बाई ओर गंगा व शिव है जो वरद, त्रिशूल सर्प

55. **उपरोक्त, जाजू स्मृति ग्रन्थ,** पृ-107 एवं डॉ. विनय श्रीवास्तव, उपरोक्त, पृ-110 ।
56. डॉ. विनय श्रीवास्तव, बरूखेड़ा के मन्दिरों का सांस्कृतिक महत्व, रिसर्च लिंक, पृ- । एवं डॉ. विनय श्रीवास्तव, मालवा के ऐतिहासिक मन्दिर एवं छत्रियां, पृ-56 ।

व कलश लिये अंकित किए गए हैं । दोनों द्वारा शाखाओं में से दायीं के नीचे कुबेर व बायीं के नीचे गणेश का अंकन है । इस मंदिर में दो लघु अभिलेख हैं जो सूत्रधारों ने अंकित किए हैं । मण्डोवर में बाहर की ओर दाहिने तरफ सोलह भुजी चामुण्डा, पीछे विष्णु व बाईं ओर १४ भुजी नृत्यरत शिव की प्रतिमाएं लगी है । गर्भगृह में नृत्य करते हुए युगल जोड़े अंकित किए गए हैं । इस मंदिर में १२ व्यक्तियों की वाहनों सहित नृत्य करती प्रतिमाएं हैं । प्रतिमा विज्ञान की दृष्टि से ये भारत की महत्वपूर्ण प्रतिमाएं है ।[५७]

(स) रात्या मन्दिर बरूखेड़ा - बरुखेड़ा से पश्चिमी उत्तरी कोने पर काले गेलाश्मों से चूने में तैयार किया चबूतरे पर पीतवर्णी बलुआ पत्थर से निर्मित एक विशाल मंदिर है । इसका शिखर अर्द्धभग्न है । गर्भगृह के उत्तरंग पर दायीं ओर वादक वृन्दन मध्यम लालट बिम्ब व बायीं ओर चार भक्तों का अंकन है, जिनमें दो ध्यान स्थान है व तीसरा चौथे का कान पकड़ता दिखाया है । अन्तिम रथिका में पार्वती का अंकन है । द्वार शाखाओं के नीचे क्रमशः अंजिल मुद्रा में नायिका व चंवर धारिणी का अंकन है । अंतराल के दाहिने ओर गणेश व बांई ओर भँवर का अंकन है । मंडोवर के पीछे सरस्वती प्रतिमा बनी है । पूर्वाभिमुखी इस मन्दिर का निर्माण १६ वीं सदी में हुआ। मन्दिर के चारों ओर सुन्दर नक्काशी की गई है । पीले बलुआ पत्थरों से निर्मित इस मन्दिर का सभामण्डप पूर्णतः नष्ट हो चुका है ।[५८]

(द) चार भुजा मन्दिर, बरूखेड़ा - यह मन्दिर बरूखेड़ा गांव के पूर्व में स्थित है । पूर्व में यह मन्दिर वीरान था, परन्तु बाद में ग्रामीणों द्वारा इस मन्दिर में चार भुजा (विष्णु) की प्रतिमा स्थापित की गई । इस मन्दिर के सामने ही दो सती प्रतिमाएं है । उनमें से एक पर सन् १५६५ ई. का लेख उत्कीर्ण है, तथा मन्दिर के पीछे भी दो प्रतिमाएं सन् १६९५ ई. और सन् १८८५ ई. की है। इनसे आभास होता है कि यह मन्दिर पूर्व में सती मंदिर रहा होगा । इस मंदिर के स्तंभ परमार शैली से प्रभावित है । इनमें से प्रथम दो पर अष्ट मातृका का अंकन है । गर्भगृह की द्वारशाखा पर नवगृह पट्टिका लगी है । शिखर में विष्णु, उमा, महेश्वर की प्रतिमाएं व वराह का अंकन है । स्तंभों पर नृत्य करती स्त्री-पुरुष की मूर्तियाँ, वंदनवार एवं पंक्तियाँ अंकित है ।[५९] ये मंदिर मध्यकाल या १६ वीं शती की वास्तुकला और

57. डॉ. विनय श्रीवास्तव, मालवा के ऐतिहासिक मन्दिर एवं छत्रियां, पृ-60।
58. डॉ. विनय श्रीवास्तव, मालवा के ऐतिहासिक मन्दिर एवं छत्रियां, पृ-60 ।
59. डॉ. मनोहरसिंह राणावत, मन्दसौर जिला, अतीत और वर्तमान, पृ-83 ।

शिल्पकला के उत्कृष्ट उदाहरण हैं । इन मंदिरों की स्थापत्य कला विशुद्ध नागर शैली की है । इन मंदिरों पर परमारकालीन शिल्प कला का स्पष्ट प्रभाव दिखाई पड़ता है।[६०]

पंचदेवल मन्दिर, जीरण - नीमच से २० कि.मी. दूर स्थित एक गांव जीरण में गुप्त औलिकर काल के ८ वीं-९ वीं शताब्दी में निर्मित एक प्राचीन मंदिर है जो पंचदेवल मन्दिर कहलाता है । इससे कुछ हटकर बाद में लघु मन्दिरों का निर्माण करवाया गया, जो अब खण्डहरावस्था में है । ये तांत्रिकों के पूजा स्थल थे । पंचदेवल गुहिल युगीन स्थापत्य एवं कला की धरोहर है । मूल मन्दिर ८-९ वीं शताब्दी में किसी गुहिल शासक ने बनवाना प्रारम्भ किया था । इसके सभा मण्डप में चार स्तंभ १०५३ व १०६५ ई. में गुहिल वंशीय विग्रहपाल की पत्नियों व उसके पुत्र द्वारा प्रदान किए गए थे । मुस्लिम आक्रमणों के समय यह तोड़ा गया ।[६१] संवत् १६०८ (१५६० ई.) में महाराणा उदयसिंह के समय अल्हण की पत्नी ने जीरण के इस मंदिर का जीर्णोद्धार करवाया था । इस आशय का एक अभिलेख गर्भगृह के उत्तरंग में बांई ओर लगा है । महाराणा ने जोधा शक्तावत को जीरण के कुछ गांव ठेके पर दिए थे ।[६२]

रेतीले पत्थर से बना मूलतः यह मंदिर भगवान शिव को समर्पित था जैसा कि गर्भगृह के उत्तरी ललाट बिम्ब में अंकित शिव के अंकन से ज्ञान होता है। द्वार शाखाएं, जगत पीठिका, सिंह जाड्य कुंभ, कणिका व इसका ऊपरी भाग मूल है । विनाश के समय शिखर व सभामण्डप ढहा दिए गए थे । मंदिर की कटि में अष्ट दिक्पालों की बड़ी-बड़ी प्रतिमाएं हैं । इनके सिवाए एक नरसिंह की प्रतिमा भी लगी है । पुनः निर्माण के दौरान कई मूर्तियां शिखर पर जड़ दी गईं । इसमें विष्णु के विराट रूप की २० भुजी मूर्तियां शेषशायी विष्णु, सप्तमातृकाएं, हरिहर पितामह लगा रखी है । गुम्बद मुस्लिम शैली का है । इस मन्दिर से लक्ष्मीनारायण की दुर्लभ मूर्ति चोरी चली गई है । वर्तमान में गर्भगृह में पंचमुखी शिवलिंग रखा है । अन्तराल में गरुणासन लक्ष्मीनारायण एवं पार्वती की सुन्दर प्रतिमा रखी है । सभा मण्डप में गरुड़ की एक दुलर्भ प्रतिमा है, जिसके नीचे खुदे अभिलेख से ज्ञात होता है कि यह पंडित राल्हा के पुत्र राघव द्वारा निर्मित की गई थी । प्रतिमा विज्ञान व लिपि के आधार पर यह प्रतिमा परमारकाल की है ।[६३]

60. डॉ. विनय श्रीवास्तव, मालवा के ऐतिहासिक मन्दिर एवं छत्रियां, पृ-61।
61. जाजू स्मृति ग्रंथ, पृ-99 ।
62. डॉ. मनोहरसिंह राणावत, मन्दसौर जिला, अतीत और वर्तमान, पृ-84।
63.डॉ. विनय श्रीवास्तव, मालवा के ऐतिहासिक मन्दिर एवं छत्रियां, पृ-62।

सती मन्दिर, जीरण - नीमच से २० कि.मी. दूर जीरण में तालाब के किनारे सतीमाता का एक मध्ययुगीन मंदिर बना है । यह ईंटों से निर्मित है जिस पर चूने का प्लास्तर किया गया है । इसके प्रवेश द्वार के दाहिने और लगे अभिलेख के अनुसार इसका निर्माण संवत १५४९ में छोटीसादड़ी के किसी स्वर्णकार ने करवाया था । सती मन्दिर पूर्ण रूप से मध्युगीन शैली से निर्मित है । चारों तरफ दरवाजे व मध्य में मंदिर है । इसके विशाल व कलात्मक नन्दी का सिर भग्न कर दिया गया, अतः इसे भीतर, रख दिया गया है । इसमें मेखलायुक्त योनिपाद में लिंग स्थापित है। ऊपर पार्वती की सुन्दर प्रतिमा हैं ।[६४]

भूतेश्वर मन्दिर, कराड़िया - नीमच जिले के कराड़िया ग्राम में भूतेश्वर महादेव मंदिर है । मंदिर के पास एक अभिलेख जो अब नष्ट हो चुका है के अनुसार उस पर संवत् ११११ लिखा हुआ था । इस मान से इस मंदिर का निर्माण १० वीं सदी में होना चाहिए, परन्तु स्थापत्य की दृष्टि से यह मन्दिर १२ वीं शताब्दी का लगता है । सप्तरथी, स्वास्तिकाकार इस मंदिर का शिखर व कुछ भाग पुनः निर्मित है । साधारण सी द्वार शाखा, मध्य में उठा हुआ चबूतरे युक्त सभा भवन, जिसमें चारों ओर लघु दीवार, गर्भगृह में पार्वती, उमा-महेश्वर व शिवलिंग प्रतिस्थापित है । अन्तराल में हरगौरी व गणेश की प्रतिमाएँ है । मंदिर के मंडावेरा में नृत्यरत गणेश, नटराज शिव, नग्न भैरव आदि की प्रतिमाएं लगी हैं । दाहिने ओर एक मंदिर है जिसमें शिवलिंग स्थापित है।[६५]

देवनारायण मंदिर, चीताखेड़ा - नीमच जिले का चीताखेड़ा ग्राम गुहिल युग में शिल्प व स्थापत्य का केन्द्र था । यहां अनेक मंदिर थे । चीताखेड़ा का वर्तमान देवनारायण मंदिर एक ऐसे ही प्राचीन मंदिर की जगती पर मध्य युग में मंदिरों के प्राच्यावशेषों से निर्मित किया गया है । मंदिर में बांयी ओर एक अभिलेख लगा है जो संवत् ११०८ का है । भूतल से सभामण्डप तक पहुंचने के लिये सीढ़ियाँ बनी हैं । इस मन्दिर में तीन उत्तरंग, २ द्वार शाखाएँ लगे हैं तो कोई ४ चन्द्रशिलाएँ व ४ उदुम्बर सभामण्डप में पड़े हैं । गर्भगृह की द्वार शाखाएं अलंकृत एवं गंगा यमुना युक्त है। सभागृह में १६ स्तंभ है जो भिन्न-भिन्न प्रकार के हैं । जगती में हिरण्यकश्यप का वध करते नरसिंह पार्वती, त्रिविक्रम, सुरसुन्दरियाँ, सूर्य एवं विष्णु का समन्विनत रूप (हरि-हिरण्यगर्भ) मुनि, पार्वती, अग्नि, ब्रह्मा आदि की प्रतिमाएं लगी हैं । पूर्वाभिमुखी इस मंदिर के गर्भगृह में वर्तमान में देवनारायण की प्रतिमाएं प्रतिष्ठित हैं ।[६६]

64. डॉ. विनय श्रीवास्तव के मालवा के ऐतिहासिक मन्दिर एवं छत्रियां, पृ-62 ।
65. डॉ. विनय श्रीवास्तव के मालवा के ऐतिहासिक मन्दिर एवं छत्रियां, पृ-62 ।

शिव मन्दिर साभरकुण्ड - नीमच से लगभग १० कि.मी. दूरी पर स्थित अत्यंत निर्जन स्थान पर स्थित साभरकुण्ड सी.आर.पी.एफ. द्वारा अधिगृहीत क्षेत्र हे जहैं जंगल कैम्प व अन्य प्रशिक्षण कार्यक्रम चलते हैं। इसी स्थान पर लगभग ११-१२ वीं शताब्दी का शिव मंदिर है। यहां का मुख्य मंदिर प्रतिहार युगीन छाप लिए हैं, कहीं कहीं पुनः निर्माण के दर्शन होते हैं। मूलतः यह मंदिर विष्णु को समर्पित था। सपाट, ऊंचे व जालक युक्त शिखर की वजह से मंदिर धसक गया है। मण्डोवर में दाहिने और हरगौरी, सूर्य व नृत्यरत गणेश प्रतिमा का अंकन है। मुख्य मण्डप दो स्तंभों युक्त है। समीप ही अत्यन्त प्राचीन साभरकुण्ड है जिसमें १२ महीने जल भरा रहता है। इस मंदिर के समीप की खुदाई में बलवन युग के सिक्के प्राप्त हुए थे।[६७]

66. डॉ. विनय श्रीवास्तव के मालवा के ऐतिहासिक मन्दिर एवं छत्रियां, पृ-63।
67. जाजू स्मृति ग्रंथ, पृ-100, डॉ. विनय श्रीवास्तव मालवा के ऐतिहासिक मन्दिर एवं छत्रियां, पृ-63।

अध्याय तृत्तीय

नीमच तहसील की प्राचीन प्रतिमाएँ एवं पुरा सम्पदा

मोडला- मोड़ला नीमच तहसील में स्थित है । वह ७५°-०३" उत्तरी अक्षांश २४°-२३" पूर्वी देशांतर पर उपस्थित है । यह ग्राम गुलाबखेड़ी से २ कि.मी. दक्षिण की ओर कच्चे मार्ग पर स्थित है । गांव गौरी की प्रतिमा यहां प्राप्त हुई हैं स्थानक चतुर्भुजी गौरी की भुजाओं में वरद एवं कुण्डल स्पष्ट है । शेष आयुध पत्थर के क्षरण के कारण अस्पष्ट है । सफेद बलुआ पत्थर खण्ड पर ४७x२०x२० से.मी. आकार में निर्मित प्रतिमा लगभग १३ वीं १४ वीं शती ईस्वी की अनुमानित हैं ।

अरबिया-वीरान - अरबिया वीरान नीमच तहसील में है, वह ७४°-५६"-उत्तरी अक्षांश २४°-१८' पूर्वी देशांतर पर उपस्थित है । यह ग्राम माल्याखेड़ी से ३ कि.मी. पश्चिम की ओर अवस्थित है । ग्राम के दक्षिण की ओर वीरानखेड़ा हैं, जिसमें गुप्तकालीन पात्रावशेष प्राप्त हुए है । उक्त टीला लगभग ५०x५० मीटर आकार में है । जिसमें मिट्टी के बर्तन टुकड़े, पात्र ढक्कन एवं प्रस्तर से निर्मित बाट आदि पुरातत्वीय सामग्री प्राप्त हुई है । यह स्थल उत्खनन करने योग्य हैं ।

बेलारी - बेलारी नीमच तहसील में स्थित है । यह ७५°-०३" उत्तरी अक्षांश २४°-२४" पूर्वी देशांतर पर स्थित है । यह ग्राम मासाखेड़ी से ३ कि.मी. दक्षिण की और अवस्थित है । गाँव में एक देवी प्रतिमा प्राप्त हुई है । स्थानक मुद्रा में चतुर्भुजी देवी के समस्त हाथ भग्न है । प्रस्तर कारण होने के कारण भाव भंगिमा अस्पष्ट है । काले बलुआ प्रत्थर खण्ड पर ६१x३९x१० से.मी. में निर्मित प्रतिमा लगभग १३ वीं १४ वीं शती ईस्वी की प्रतीत होती हैं ।

नीमच - नीमच इसी नाम का जिला मुख्यालय है । यह उत्तरी अक्षांश पूर्वी देशान्तर पर अवस्थित हैं । नीमच बाजार के पूर्वोत्तर की ओर अंग्रेजों का कब्रिस्तान है, जिसमें छत्रियाँ बनी है । इस कब्रिस्तान में अनेक प्रकार की कब्रों के बीच दो छत्रियाँ निर्मित हैं । एक विशाल चूने व ईंटों से निर्मित गुम्बदाकार छत्री है । छत्री चूनाश्म पटियों से षटकेणी छः स्तम्भों से युक्त शंकुकार तथा गुम्बदाकार है । यह छत्री अप्रैल १८३३ से नवम्बर १८३३ में दिवंगत अंग्रेज स्त्री-पुरुषों तथा बच्चों की

स्मृति में बनवायी गयी, छत्री में संलग्न पत्थर पर चौतीस व्यक्तियों की नामावली लगी है। यह छत्री ब्रिटिश स्थापत्य का सुन्दर उदाहरण है। इसके समीप में चूने एवं ईंटों से निर्मित एक दूसरी छत्री में संलग्न अभिलेख को कालान्तर में निकाल लिया गया है। छत्रियों के आसपास अंग्रेजों की अनेक कब्रे संगमरमर प्रस्तर में निर्मित हैं। यहां पर चारभुजा मन्दिर है। यह मन्दिर सप्तरथी योजना में निर्मित है, तल विन्यास में गर्भगृह मण्डप तथा सभा मण्डप है। गर्भगृह की लघु मंचिका पर समभंग स्थानक मुद्रा में वरद, गदा, चक्र तथा शंख आयुध से युक्त वेसाल्ट पर निर्मित विष्णु प्रतिमा हैं। मन्दिर का शिखर नागर शैली में है। जिस पर उरुश्रृंग आमलक तथा कलश का अंकन है, स्थापत्य कला की दृष्टि से मन्दिर १६ वीं शती ईस्वी का प्रतीत होता हैं। नीमच बाजार से लगभग एक कि.मी. पूर्व की ओर विद्युत विभाग के गेट के समीप वृक्ष के नीचे विष्णु की प्रतिमा स्थित हैं। समभंग स्थानक मुद्रा में चतुर्भुजी विष्णु के हाथों में दक्षिणाध क्रम में अक्षमाला, गदा, चक्र तथा शंख हैं। विष्णु किरीट, मुकुट, कुण्डल हारावली, कटिसूत्र, यज्ञोपवीत तथा वनमाला अलंकरणों से सुसज्जित है। वितान पर ललितासन में ब्रह्मा एवं शिव का आलेख है। पादपीठ पर दोनों ओर शंक, चक्र, आयुध पुरुष तथा परिचारिकायें शिल्पांकित है। काले बलुआ प्रस्तर खण्ड पर ७१x४५x१५ से.मी. आकार में निर्मित प्रतिमा लगभग ११ वीं १२ वीं शती ईस्वी की अनुमानित हैं। नीमच के मध्य में जैन मन्दिर स्थित लगभग १८ वीं शती ईस्वी में निर्मित यह शिव मन्दिर था, जिसे कालान्तर में जैन मन्दिर में परिवर्तित किया गया है। सप्तरथी योजना में निर्मित मन्दिर में गर्भगृह में लघुमंचिका पर शान्तिनाथ, पार्श्वनाथ तथा आदिनाथ की प्रतिमाऐं प्रतिष्ठित है। प्रवेश द्वार के ललाट बिम्ब पर आधुनिक गणेश एवं पार्वती का अंकन है। गुम्बदाकार मण्डप की देव कुलिका में दायी ओर महावीर स्वामी एवं बायी ओर आदिनाथ की संगमरमर की प्रतिमाएं है। सभा मण्डप के प्रवेश द्वार के स्तम्भों को हिण्डोलिका तोरण द्वारा जोड़ा गया है। इस भाग पर स्त्री के उदर से बच्चे का जन्म, वाद्य बजाते हुए युगल प्रतिमा रोटी खाते हुए बच्चे का मुख चाटता हुआ बच्चा तथा कीचक की आकृतियाँ उकेरी गयी हैं। मन्दिर की जगती पर खुर, आड़यकुम्भ अंकित है। शिखर पर उरुश्रृंग आमलक एवं कलश का अंकन है।[१]

पीठ – पीठ नीमच तहसील में है। २४°-२०" उत्तरी अक्षांश ७४°-५०" पूर्वी देशांतर में स्थित हैं। यह ग्राम चीताखेड़ा से लगभग एक कि.मी. पूर्व की ओर कच्चे मार्ग पर अवस्थित है। गाँव की नई आबादी में नीमवृक्ष के नीचे चार प्रतिमा

1. डॉ. विनय श्रीवास्तव द्वारा यू.जी.सी. नई दिल्ली के मेजर रिसर्च प्रोजेक्ट के अन्तर्गत किया गया सर्वेक्षण।

रखी है। प्रथम जलाधारी में शिवलिंग है, जो लगभग १३ वीं शती ई. की है। द्वितीय गणेश प्रतिमा सव्यललितासन में अंकित चतुर्भुजी गणेश के दो हाथ भग्न तथा दो में परशु एवं मोदक पात्र का आलेख है। प्रस्तर क्षरण के कारण अलंकरण और भाव-भंगिता अस्पष्ट है। सफेद बलुआ पत्थर खण्ड पर ४८x३५x५ से.मी. आकार में निर्मित यह प्रतिमा लगभग १३ वीं शती ई. की अनुमानित है। तृतीय योग नारायण का प्रतिमा प्राचीन प्रतिमा मन्दिर का शिल्प खण्ड है। जिसमें चतुर्भुजी योग नारायण की प्रतिमा चक्र, शंख एवं वरद मुद्रा आयुधों से सुसज्जित है। चतुर्थ देवी प्रतिमा अस्पष्ट है। पीठ की पुरानी बस्ती गणेश प्रतिमा रखी है। सव्यवललितासन में चतुर्भुजी गणेश के हाथ भग्न है। प्रस्तरण क्षण के कारण भाव-भंगिमा अस्पष्ट है। सफेद बलुआ पत्थर खण्ड १२२x६४x२६ से.मी. आकार में निर्मित यह प्रतिमा लगभग १३ वीं शती ईस्वी की अनुमानित है। दूसरी प्रतिमा देवी मर्हिष-मर्दिनी प्रतिमा में असुर महिष का संहार करती हुई अष्टभुजी देवी के सभी भुजाएं भग्न है। भाव भंगिमा अस्पष्ट है। सफेद बलुआ पत्थर खण्ड पर ११३x५४x२५ से.मी. आकार में निर्मित यह प्रतिमा लगभग १३ वीं शती ईस्वी की अनुमानित हैं। उपर्युक्त प्रतिमाओं के अतिरिक्त शीतलामाता के चबूतरे पर भी कुछ शिल्पखण्ड स्थित है।[2]

हरवार - हरवार नीमच तहसील में है। यह २४°-१०" उत्तरी अक्षांश ७४°-५२" पूर्वी देशान्तर पर अवस्थित है। यह ग्राम फोफिया से लगभग ३ कि.मी. उत्तर की ओर कच्चे मार्ग पर स्थित है। ग्राम के पूर्व की और पहाड़ियों की तलहटी में आधुनिक जलेश्वर मन्दिर निर्मित है। मन्दिर के पास उमा-महेश्वर की बांयी जंघा पर उमा विराजमान है। चतुर्भुजी महेश्वर के आयुध दक्षिणाधक्रम से पुष्प, त्रिशूल, सर्प तथा एक हाथ आलिंगनबद्ध है। द्विभुजी देवी का एक हाथ महेश्वर के स्कन्धों पर तथा दूसरे में दर्पण है। काले बलुआ पत्थर खण्ड पर ४१x२६x९ से.मी. आकार में निर्मित यह प्रतिमा लगभग ११ वीं १२ वीं शती ईस्वी की अनुमानित हैं।[3]

सोकड़ी - सोकड़ी नीमच तहसील में है। २४°-२१" उत्तरी अक्षांश ७४°-३२" पूर्वी देशान्तर पर स्थित है। यह ग्राम भमोरी से लगभग २ कि.मी. पश्चिम की ओर कच्चे मार्ग पर अवस्थित है। ग्राम के मध्य पीपलवृक्ष के नीचे निम्न कलाकृतियाँ प्रतिष्ठित है जिनमें नृवराह की प्रतिमा प्रल्यालीढ़ मुद्रा में देव के दोनों पैर भग्न है। चतुर्भुजी नृवराह में दो हाथ भग्न तथा दो कटयाव लम्बित मुद्रा एवं एक में गदा है। अपने नथुनों से पृथ्वी को सम्भालते हुए हैं। प्रस्तर धारण के कारण नृवराह

2. लेखक द्वारा किया गया सर्वेक्षण।
3. उपरोक्त।

की भाव-भंगिमा अस्पष्ट है। काले बलुआ प्रस्तर खण्ड पर ३५x२०x१० से.मी. आकार से निर्मित यह प्रतिमा लगभग १३ वीं शती ईस्वी की प्रतीत है। इसी के पास मालाधारी प्रतिमा हैं, वेद मुद्रा में शिल्पांकित मालाधारी के दोनों हाथों में माला अंकित हैं। लगभग १३ वीं शती ईस्वी की प्रतिमा ३२x२०x६ से.मी. की हैं। उपर्युक्त प्रतिमाओं के अतिरिक्त ग्राम में लगभग १६ वीं १७ वीं शती ईस्वी में निर्मित समाधियों के अवशेष भी विद्यमान है।[४]

जमुनियां कला - जमुनियां कला नीमच तहसील में स्थित है। यह ७४°-५८" उत्तरी अक्षांश २४°-२५" पूर्वी देशान्तर पर है। यह ग्राम मन्दसौर नीमच मुख्य मार्ग के बायीं ओर नीमच से ६ कि.मी. दक्षिण की ओर अवस्थित है। ग्राम के पश्चिम में लगभग १३ वीं शती ई. की निर्मित बावड़ी है। इसकी भित्ति पर पट्टिकाओं में हंस, विद्याधर तथा व्यास आकृतियाँ शिल्पांकित हैं। बावड़ी के बाहर आधुनिक प्रस्तरों पर संलग्न सूर्य तथा शंख पुरुष का अंकन हैं। ग्राम के श्मशान घाट पर लगभग १७ वीं शती ईस्वी में निर्मित सती स्तम्भ विद्यमान हैं।[५]

रावड़िया - ग्राम रावड़िया नीमच तहसील में स्थित है। यह २४°-२४" उत्तरी अक्षांश ७५°-५७" पूर्वी देशांतर पर अवस्थित हैं। यहग्राम अन्याभावगिरी से ३ कि.मी. पूर्व की ओर कच्चे मार्ग पर अवस्थित है। गांव में अंधकासुर बध की प्रतिमा प्राप्त हुई हैं। इस प्रतिमा में अष्टभुजी शिव की चार भुजाओं के आयुध अस्पष्ट है, शेष में ढाल, खडम तथा दो भुजाओं में त्रिशूल धारण किए हुए हैं। शिव जटा मुकुट तथा वनमाला से अलंकृत हैं। दायीं तथा बायीं ओर प्रेत व प्रेतनी एवं पैरों के बीच अप्समार पुरुष का अंकन है। प्रतिमा पर अत्यधिक सिन्दुर का लेप है, जिसके कारण शेष आयुधों को स्पष्ट रूप से पहचान नहीं की जा सकती हैं। प्रतिमा लाल बलुआ प्रस्तर में निर्मित की गई है जिसका माप १९x६९x३४ से.मी. है। प्रतिमा का निर्माण काल ११ वीं १२ वीं शती ई. हैं।[६]

बिसलवास-सोनगिरी - बिसवलास सोनगिरी ७५°-५६" उत्तरी अक्षांश २४°-२७" पूर्वी देशान्तर पर अवस्थित हैं। यह ग्राम अड़मलिया से १० कि.मी. उत्तर-पूर्व दिशा में स्थित है। ग्राम के दक्षिणी ओर शिव मन्दिर है, जो परमारकालीन है, पूर्वीभिमुखी इस मन्दिर में केवल गर्भगृह ही शेष हैं। गर्भगृह का वितान चतुष्कोणीय है जिसमें विकसित कमलदल का अंकन है। भूमिज शैली में सप्तरथी योजना में

4. लेखक द्वारा किया गया सर्वेक्षण। 5. उपरोक्त।
6. सर्वेक्षण द्वारा प्राप्त जानकारी।

निर्मित इस मन्दिर की जगती भाग में कपोतबंध तथा खुर दृष्टिगत है । इसका शिखर गुम्बदाकार है । प्रवेश द्वार के ललाट बिम्ब पर ललितासन में गणेश अंकित है । मन्दिर का मण्डप पूर्णतः भग्न है। इसके दो स्तम्भ आज भी खड़े है । मण्डप के स्तम्भों के पास सूर्य प्रतिमा का अंकन है । यह प्रतिमा उदर से नीचे भग्न है । द्विभुजी सूर्य के दोनों हाथों में विकसित कमल का आलेखन है । सूर्य मुकुट, कुण्डल, कटिसूत्र, हारावली तथा उदीच्य वेशभूषा से अलंकृत है । सिर के पीछे विकसित कमल का प्रभामण्डल तथा इसके दोनों और मालाधारी प्रतिमायें शिल्पांकित है । सफेद बलुआ प्रस्तर खण्ड पर ६५x५५x८ से.मी. आकार में यह प्रतिमा निर्मित की गई है । प्रतिमा शास्त्रीय मापदण्डों के आधार पर लगभग १३ वीं शती ईस्वी की अनुमानित है । मन्दिर के दायीं ओर ओटले पर सात प्रतिमायें रखी हुई है । प्रथम विष्णु के नृसिंह अवतार की प्रतिमा में विष्णु प्रतिमा परिकर का टूटा हुआ भाग है । प्रतिमा में नृसिंह अपनी जंघाओं पर असुर हिरण्याकश्यप को रखकर उसके हृदय को विदीर्ण कर रहे हैं । दोनों ओर ब्याल गज तथा मत्स्य की लघु आकृतियों का अंकन है । सफेद बलुआ प्रस्तर खण्ड पर २८x१८x१३ से.मी. आकार में निर्मित यह प्रतिमा लगभग १३ वीं शती ईस्वी की अनुमानित है । द्वितीय एक शिल्प खण्ड में वामन की प्रतिमा अंकित है । वामन का दायां भाग भग्न है । बायीं ओर दो अस्पष्ट आकृतियां रेखांकित है । नीचे योग मुद्रा में लकुलीश का अंकन है । सफेद बलुआ प्रस्तर खण्ड पर ३१x१८x१२ से.मी. आकार में निर्मित यह प्रतिमा लगभग १३ वीं शती ई. की अनुमानित है । तृतीय एक शिल्प खण्ड में ब्रह्मा अंकित है । चतुर्भुजी ब्रह्मा के दो हाथ भग्न है तथा शेष दो हाथों में वरद एवं शुचिका का अंकन है । इनके दायीं ओर चंवरधारिणी तथा योग मुद्रा में मानवाकृति का अंकन है। पीले बलुआ प्रस्तर खण्ड पर ३५x२८x११ से.मी. आकार में निर्मित यह प्रतिमा लगभग १३ वीं शती ईस्वी की अनुमानित है । चतुर्थ देवी महिष मर्दिनी की प्रतिमा में केवल महिषमर्दिनी का पादपीठ की दृष्टिगत है । इसमें भग्न महिष तथा देवी का पैर ही दृष्टव्य है । सफेद बलुआ प्रस्तर खण्ड पर २१x५०x११ से.मी. आकार में निर्मित यह भग्न प्रतिमा लगभग १३ वीं शती ईस्वी की अनुमानित हैं । पंचम विष्णु प्रतिमा का पादपीठ है, जिसमें चक्र पुरुष तथा परिचालक आकृतियों का आलेख है । सफेद बलुआ प्रस्तर खण्ड पर ५२x१७x२० से.मी. आकार में निर्मित यह प्रतिमा लगभग १३ वीं शती ई. की अनुमानित हैं । छठी विष्णु का आयुध चक्र तथा वितान पर मालाधारी आकृतियां रेखांकित है । सफेद बलुआ प्रस्तर खण्ड पर ३७x१८x१३ से.मी. आकार में निर्मित यह प्रतिमा लगभग १३ वीं शती ईस्वी की अनुमानित हैं । सातवी नन्दी की भग्न प्रतिमा २६x४२x१८ से.मी. आकार की १३ वीं शती ईस्वी की प्रतीत होती हैं ।

इसके अलावा गांव के सर्वेक्षण में सती स्तम्भ प्राप्त हुआ हैं जिस पर संवत १८६१ ई. का लेख उत्कीर्ण हैं । जो अस्पष्ट है । गांव में एक बावड़ी भी है, जो १६ वीं शती ईस्वी की निर्मित प्रतीत होती है । यह बावड़ी काले बलुआ प्रस्तर खण्डों को तराशकर निर्मित की गई हैं ।[7]

डसानी – ग्राम डसानी नीमच तहसील में स्थित हैं यह ७४°-५८'' उत्तरी अक्षांश एवं २४°-२७'' पूर्वी देशान्तर पर उपस्थित है । यह ग्राम बिसलवास से लगभग ३ कि.मी. पश्चिम की ओर स्थित है । गांव के उत्तर में चबूतरे पर पांच प्रतिमायें रखी हैं, जिनमें प्रथम महिष मर्दिनी प्रतिमा में असुर महिष का संहार करते हुए दिखाया गया है । अष्टभुजी देवी के चार हाथ भग्न हैं । शेष हाथों में त्रिशूल, ढाल, छुरिका एवं त्रिशूल की मुष्ठिका है । देवी का त्रिशूल महिष की पीठ पर है । महिष के सिर के पास ही देवी का वाहनसिंह महिष पर प्रहार कर रहा है । सफेद बलुआ प्रस्तर खण्ड पर १५x८२x२३ से.मी. आकार में निर्मित यह प्रतिमा लगभग १३ वीं शती ईस्वी की अनुमानित है । द्वितीय वितान का शिल्पखण्ड हैं, जिसमें चतुर्भुजी पार्वती अपने ऊपर के दोनों हाथों में त्रिशूल एवं सर्प धारण किये हुये हैं । देवी के नीचे दोनों हाथ भग्न है । पार्श्व में दोनों ओर मालाधारी तथा बांबी और वैष्णवी क्रमश: हाथों में एक हाथ भग्न है, शेष में उनका हाथ में कमण्डलु धारण किये हुए हैं । इसमें ब्रह्माणी का शिल्पांकन किया गया है। लाल बलुआ प्रस्तर खण्ड पर ६२x२७x१५ से.मी. आकार में निर्मित यह प्रतिमा लगभग १३ वीं शती ईस्वी की अनुमानित हैं । तृतीय प्रतिमा विष्णु की है, द्विभंग स्थानक मुद्रा में चतुर्भुजी विष्णु हैं, भुजाओं में आयुध दक्षिणाध क्रम से वरद, गदा, चक्र एवं शंख हैं । प्रस्तर क्षरण के कारण अलंकरण तथा भाव-भंगिना अस्पष्ट हैं । सफेद बलुआ प्रस्तर खण्ड पर ६२x२७x१५ से.मी. आकार में निर्मित प्रतिमा लगभग १३ वीं शती ईस्वी की अनुमानित हैं । चतुर्थ हरिहर्राक की प्रतिमा में समभंग मुद्रा में त्रिमुखी प्रतिमा दो भागों में विभक्त हैं । हरिहर्राक मुकुट, कंठसूत्र, हारावली, डरूदाम, तथा नीचे पैरों में लम्बे उपातह पहने हुए विभूषित हैं, पार्श्व में दोनों ओर आयुध पुरुष अंकित हैं । बायीं ओर नन्दी केश्वर का अंकन है। चतुर्भुजी प्रतिमा के तीन हाथ हैं । वे ऊपरी हाथ में सर्प का आलेखन स्पष्ट हैं । सफेद बलुआ पाषाण खण्ड पर ४५x४६x१९ से.मी. आकार में निर्मित

7. सर्वेक्षण द्वारा प्राप्त जानकारी ।

लगभग १२ वीं शती ईस्वीं की अनुमानित है। पांचवी गणेश का पादपीठ ६७x६२x२३ से.मी. आकार की प्रतिमा लगभग १२ वीं शती ईस्वी की प्रतीत होती है। उपरोक्त प्रतिमाओं के अतिरिक्त यहां चामुण्डा सूर्य, मालाधारी, नायक-नायिकाओं की भग्न समकालीन बिखरी पड़ी हैं।[८]

घसुण्डी - घसुण्डी नीमच तहसील में है। उत्तरी अक्षांश पूर्वी देशान्तर पर अवस्थित हैं। यह ग्राम चीताखेड़ा से ७ कि.मी. दक्षिण पश्चिम की ओर कच्चे मार्ग पर स्थित है। ग्राम के पूर्व में कुछ प्रतिमा रखी हैं। प्रथम महिष-मर्दिनी प्रतिमा में असुर महिष का संहार करते हुये चतुर्भुजी देवी के हाथों में आयुधः दक्षिणाधःक्रम से त्रिशूल, भग्न, ढाल एवं असुर का मुण्ड है। देवी की मुखाकृति भग्न है। आभूषणों में हारावली, कटिसूत्र, केयूर, कटि बलय तथा पाद बलय अलंकरणों से विभूषित हैं। काले बलुआ पाषाण खण्ड पर ५०x३३x१०से.मी. आकार में निर्मित यह प्रतिमा लगभग १२ वीं १३ वीं शती ईस्वी की अनुमानित है। द्वितीय महिष-मर्दिनी प्रतिमा में चतुर्भुजी देवी के आयुध दक्षिणाःक्रम से त्रिशुल, खड्म, भग्न एवं मुण्ड हैं। लाल बलुओं पाषाण पर १६x९x३ से.मी. आकार में निर्मित यह प्रतिमा लगभग १५ वीं शती ईस्वी की प्रतीत होती है। तृतीय गौरी प्रतिमा समभंग स्थानक मुद्रा में चतुर्भुजी गौरी की दो भुजाएं भग्न तथा दो में सनालपद्म का अंकन है। प्रतिमा का अधोभाग भग्न है। चतुर्थ में सती स्तम्भ है, स्तम्भ में मराठी वेशभूषा में पूजक एवं पूजिका तथा शिशु का अंकन है। स्तम्भ १८ वीं शती ईस्वी का है।[९]

भड़क सनावदा - ग्राम भड़क सनावदा नीमच तहसील में है। यह उत्तरी अक्षांश पूर्वी देशान्तर पर अवस्थित हैं। यह ग्राम चीताखेड़ा से लगभग २ कि.मी. दक्षिण की ओर स्थित है। ग्राम के उत्तर की ओर इमली के वृक्ष के नीचे कुछ प्रतिमाऐं रखी हैं, जिनमें प्रथम नृत्य गणेश प्रतिमा अष्टभुजी गणेश के आयुध क्रमशः कटिहस्त, मत्स्य, अभय (नृत्यरत) तीन भुजायें भग्न एवं एक हाथ गजहस्त मुद्रा में है। गणेश मुकुट, मणिमाला, सर्प यज्ञोपवती कटिसूत्र अलंकरणों से अलंकृत हैं। पादपीठ पर दोनों ओर मृदंगवादक तथा मूषक का आलेखन है। बलुआ पत्थर पर ११८x७४x२१ से.मी. आकार में निर्मित यह प्रतिमा १० वीं ११ वीं शती ईस्वी की हैं। द्वितीय देवी महिष मर्दिनी प्रतिमा महिष का संहार करते हुये देवी की सभी भुजायें भग्न हैं। प्रस्तरण क्षरण के कारण भाव-भंगिमा अस्पष्ट है। पर ८४x३५x१७ से.मी. आकार से निर्मित यह प्रतिमा लगभग ११ वीं शती ईस्वी की अनुमानित हैं।

8. सर्वेक्षण द्वारा प्राप्त जानकारी।

9. सर्वेक्षण द्वारा प्राप्त जानकारी।

तृतीय विष्णु प्रतिमा समभंग स्थानक मुद्रा में चतुर्भुजी विष्णु के आयुध दक्षिणाधःक्रम से अक्षमाला, गदा, चक्र एवं शंख है। पादपीठ पर शंख व चक्र आयुध पुरुष अंकित हैं। प्रस्तरण क्षरण के कारण अलंकरण एवं भाव-भंगिमा अस्पष्ट है। बलुआ प्रस्तर खण्ड पर ८४x३५x१७ से.मी. आकार में निर्मित प्रतिमा लगभग ११ वीं १२ वीं शती ईस्वीं की हैं। [१०]

हरनावदा - ग्राम हरनावादा नीमच तहसील में है। यह २४°-२१" उत्तरी अक्षांश एवं ७४°-४६" पूर्वी देशान्तर पर अवस्थित है। यह ग्राम चीताखेड़ा से लगभग ३ कि.मी. की पूर्व की ओर नीमच चीताखेड़ा मुख्य मार्ग से एक कि.मी. उत्तर की ओर कच्चे मार्ग पर स्थित है। इस ग्राम से गणेश की प्रतिमा प्राप्त हुई है, सव्य ललितासन में अंकित चतुर्भजी गणेश के दो हाथ भग्न एवं दो हाथों में दन्त एवं मोदक पात्र का अंकन है। गणेश, हारावली, नाग, यज्ञोपवीत,कटिबन्धन तथा पादबलय अलंकरणों से विभूषित हैं। सफेद बलुआ प्रस्तर खण्ड पर ४८x६०x२५ से.मी. आकार की निर्मित यह प्रतिमा लगभग १३ वीं शती ई. की अनुमानित हैं। उपयुक्त प्रतिमाओं के अतिरिक्त यहां पर ब्रह्मा, योगनारायाण आदि की लघु शिल्प की प्रतिमायें बिखरी पड़ी हैं। [११]

चीताखेड़ा - चीताखेड़ा ग्राम नीमच तहसील में है। यह २४°-२१" उत्तरी अक्षांश एवं ७४°-५२" पूर्वी देशान्तर पर अवस्थित हैं। यह ग्राम नीमच से लगभग २७ कि.मी. पश्चिम दिशा की ओर स्थित है। गांव के पूर्वी और देवनारायण का मन्दिर है। पूर्वाभिमुखी यह मन्दिर सुहिल युग के स्थापत्य कला का अनुपम उदाहरण था, जिसका जीर्णोद्वार १८ वीं शती ईस्वी में कराया गया। मन्दिर का गर्भगृह ८ स्तम्भों पर आधारित है, जिसमें चार स्तम्भों पर भारवाही कीचकों का अंकन है। मन्दिर का वितान चतुष्कोणीय है। वितान में विकसित कमलदल का रेखांकन है। गर्भगृह में निर्मित लघु मंचिका पर उमा-महेश्वर, इन्द्र, चंवर धारिणी तथा भित्ति पर अनेक प्रतिमाएं अंकित है। प्रवेश द्वार के ललाट बिम्ब पर योग नारायण, पार्श्व में परिचारिकाओं तथा विष्णु के चौबीस अवतारों की प्रतिमायें शिल्पांकित हैं। प्रवेश द्वार के स्तम्भ पर दोनों ओर सप्तमातृकाओं में वैष्णवी, महेश्वरी (ब्रह्माणी) ब्राह्मी, गंगा, यमुना, बाध पुरुष, उमा-महेश्वर तथा बांसुरी वादक की आकृतियां का आलेखन है। मन्दिर का सभा मण्डप आठ स्तम्भों पर आधारित हैं। इसमें शिव-द्वारपाल की आयुद्ध विहीन प्रतिमा है। सभा मण्डप तक पहुंचने के लिये ग्यारह

10. सर्वेक्षण द्वारा प्राप्त जानकारी।

11. सर्वेक्षण द्वारा प्राप्त जानकारी।

सौपान निर्मित किये गये हैं, मन्दिर के बायीं ओर संवत् ११०८ ईस्वी सन् १०४१ का अभिलेख संलग्न हैं । मन्दिर का शिखर गुम्बदाकार है, जो ईटों और चूने से निर्मित है । शिखर क्षणिकाओं पर मुगल स्थापत्य कला का प्रभाव है । सभा मण्डप के बाहर एक शिलाखण्ड पर ब्रह्मा एवं विष्णु के चौबीस अवतार संबंधी ६ आकृतियां, योग नारायण तथा मालाधारी गंधर्वों की लघु आकृतियाँ शिल्पांकित हैं । मन्दिर के दायीं और जगती पर ६४x५१ से.मी. आकार की षडभुजी प्रतिमा हाथों में वरद् पद्, शंख, चक्र, पुष्प तथा गदा धारण किये हुए है । सूर्य-विष्णु का समान्वित रूप (हरिहरण यगर्म) कीचक्र, व्यालाकृति, द्वारपाल, नायिका एवं चतुर्भुजी त्रिविक्रम, अक्षमाला गदा, चक्र तथा चतुर्थ हाथ अंधा पर रखे हुए हैं । एवं पार्श्व के दो हाथ भग्न हैं , तथा एक हाथ वरद मुद्रा में एक हाथ सर्प से सुसज्जित गौरी एवं क्षरित अवस्था में नृसिंह की प्रतिमा का अंकन है । १८९x४५ से.मी. आकार में निर्मित आयुध दक्षिणाधःक्रम से अस्पष्ट, शंख, चक्र, गदा धारण किए हैं । नृसिंह की प्रतिमा का अंकन है । मन्दिर की जगती के बायीं ओर है जो हाथों में क्रमशः अक्षमाला, त्रिशूल, सर्प एवं कमण्डलु धारण किये हुए हैं । स्थानक शिव, योगमुद्रा में एवं तीर्थंकर तथा त्रिमुखी ब्रह्मा हाथों में क्रमशः अक्षमाला, शुचिका, वेद एवं कमण्डलु लिये हुए अंकित है । उपर्युक्त सभी प्रतिमाओं को लगभग १८ वीं शती ईस्वी में प्राचीन मन्दिर में भग्नावशेषों से निकालकर संलग्न किया है ।

इस गांव में दो छत्रियां स्थित है, प्रथम छत्री महाराज श्री नादाहनजी की है, जो सत्रहवीं शती ईस्वी में बनी थी । चार स्तम्भों पर आधारित इस छत्री में घुड़सवार युक्त कलात्मक द्वारशाखा निर्मित है । जिसमें चार पंक्तियों का लेख अंकित है । द्वितीय छत्री रावत किशोरसिंहजी की है । षड़ स्तम्भों पर आधारित कलात्मक गुम्बदाकार यह छत्री प्राचीन मन्दिर के भग्नावशेषों से निर्मित की गई प्रतीत होती है। द्वारशाखा के नीचे पांच पक्तियों का लेख उत्कीर्ण हैं, इश लेख में मृत्यु संवत् १७९६ (ईस्वी सन् १७३९) तथा छत्री का निर्माण काल संवत् ११७९५ (ईस्वी सन् १७३८) में दर्शाया गया है । इस ग्राम में कीर्ति स्तम्भ तथा बावड़ी के अवशेष भी विद्यमान हैं।

गांव से लगभग १२ वीं १३ वीं शती ईस्वी की कलाकृतियाँ यत्र-तत्र विद्यमान है । जिनमें प्रथम उमा-महेश्वर की बायीं जंघा पर उमा विराजमान है । चतुर्भुजी महेश्वर के आयुध दक्षिणाधक्रम भग्न, त्रिशूल, आलिंगनबद्ध तथा सर्प है । द्विभुजी उमा का बायां हाथ आलिंगनबद्ध महेश्वर के स्कंधों पर तथा दाये हाथ में दर्पण का अंकन है । पादपीठ पर क्रशकाय भृंगी ऋषि तथा पार्श्व में गणेश, कार्तिकेय एवं वितान पर ललितासन में ब्रह्मा तथा विष्णु का आलेख है । हल्के काले रंग के प्रस्तर

पर निर्मित हैं। द्वितीय गणेश प्रतिमा (७५x६०x२५ से.मी.) में ललितासन में बैठे हुये चतुर्भुजी गणेश के आयुधों में क्रमशः छुरिका, परशु, अंकुश तथा मोदकपात्र धारण किए हैं। प्रतिमा काले बलुआ प्रस्तर पर निर्मित हैं। तृतीय नन्दी प्रतिमा (४५x५५x२० से.मी.) काले बलुआ प्रस्तर खण्ड पर निर्मित है। नन्दी का मुख्य भग्न हैं। चौथी लाल बलुआ प्रस्तर पर निर्मित देवी पार्वती प्रतिमा (३८x२५ से.मी.) की योग मुद्रा में शिल्पांकित है चतुर्भुजी पार्वती की तीन भुजायें भग्न है तथा एक में त्रिशूल का अंकन है। पांचवी देवी महिष मर्दिनी (७०x३५x१० से.मी.) प्रतिमा में असुर महिष का मर्दन करते हुए अंकित हैं, हाथों में आयुध दक्षिणाधःक्रम से त्रिशूल, खड्, पाश तथा मुण्ड हैं। वितान में मालाधारी लघु आकृतियाँ उत्कीर्ण है। प्रतिमा लाल बलुआ पाषाण पर निर्मित की गई हैं। छठी लाल बलुआ प्रस्तर खण्ड पर निर्मित देवी दुर्गा (३७x३१ से.मी.) की प्रतिमा में वाहन सिंह पर आरुढ़ दुर्गा की समस्त भुजायें भग्न है। अलंकरण भाव-भंगिमा अस्पष्ट है। सातवी भगवान नृसिंह अवतार की प्रतिमा (२६x१२ से.मी.) लाल बलुआ पाषाण पर निर्मित हैं। इस प्रतिमा में चतुर्भुजी नृसिंह के ऊपर के हाथों के आयुध अस्पष्ट तथा नीचे के दोनों हाथों में अपनी जंघाओं पर रखकर असुर हिरण्याकश्यप के उदर को विदीर्ण करते हुए दिखाया है। प्रतिमा क्षरण के कारण भाव-भंगिमा अस्पष्ट हैं। आठवीं ब्रह्मा प्रतिमा (२३x१६ से.मी.) में त्रिमुख तथा सामने के मुख में दाढ़ी का आलेखन दृष्टिगत हैं। नौवे शिल्पखण्ड (५९x३५ से.मी.) के इस भाग में व्याल तथा हरित आकृतियों का शिल्पांकन है। दसवीं शिल्पखण्ड (४८x१६ से.मी.) के इस भाग में व्यालाकृति तथा घट धारिणी का शिल्पांकन है। ग्यारहवीं प्रतिमा भी शिल्पखण्ड में है। (५२x१८ से.मी.) इस शिल्प खण्ड में ललितासन में गणेश एवं माँ शिशु सहित अंकित हैं।

उपर्युक्त कलाकृतियों से लगभग २५ मीटर की दूरी पर छतविहीन आधुनिक मंदिर है, जिसमें लगभग १३ वीं ई. की दो गणेश प्रतिमाएं भग्नावस्था में एक शिव मन्दिर में है, जो वर्तमान में एक चबूतरे के रूप में परिवर्तित हो गया है, इस पर आधुनिक जलाधारी शिवलिंग का अंकन है। इसके समीप नन्दी प्रतिष्ठित है। यह काले बलुआ प्रस्तर खण्डों में निर्मित बावड़ है, जो लगभग १५ वीं शती ईस्वी में निर्मित की गई अनुमानित हैं।[१२]

हसपुरा (उजाड़गाँव) – हसपुरा (उजाड़गाँव) नीमच तहसील में विद्यमान है। यह ग्राम २४°-२३" उत्तरी अक्षांश एवं ७५°-५४" पूर्वी देशान्तर पर स्थित हैं। यह ग्राम नेवड़ से लगभग दो कि.मी. पश्चिम की ओर स्थित है। गांव में परमार

12. सर्वेक्षण द्वारा प्राप्त जानकारी।

कालीन शिव मन्दिर है । लगभग १२ वीं १३ वीं शती ईस्वी में निर्मित यह मन्दिर पूर्णतया भग्न है, योजना में मन्दिर में मात्र गर्भगृह ही निर्मित किया गया था । त्रिरथी योजना में निर्मित यह मन्दिर सफेद बलुआ पाषाण खण्डों से निर्मित किया गया है । जंघा भाग पर खुरक तथा कलश का अंकन है । मन्दिर के गर्भगृह की देव कुलिकाओं से विदित होता है, कि लगभग १५ वीं १६ वीं शती ईस्वी में इस मन्दिर का पुनः जीर्णोद्धार कराया गया । प्रवेश द्वार के स्तम्भ पर शिवद्वार पाल (६२x३६x२० से.मी.) अंकित है । द्विभंग स्थानक मुद्रा में द्वारपाल का एक हाथ भग्न तथा एक हाथ कट्यावलम्बिद मुद्रा में है। पार्श्व में दोनों और चारमरधारिणी परिवारिका को कट्यावलम्बिद द्विभंग मुद्रा में शिल्पांकित किया गया हैं । प्रवेश द्वार की द्वारशाला पर चन्द्रशिला अंकित हैं, जिसके दोनों शंख का आलेखन है । मन्दिर के समक्ष भग्न स्तम्भ पर ब्रह्मा (८४x३५x३२ से.मी.) की प्रतिमा उत्कीर्ण हैं । ललितासन में शिल्पांकित ब्रह्मा के आयुधःक्रमशः भग्न हैं, शेष हाथों में क्रमशः शुचिका पुस्तक तथा कमण्डल है । मुख (अंशत भग्न) ब्रह्मा में सामने के मुख में दाढ़ी का अंकन है । यहां से देवी महिष मर्दिनी की प्रतिमा (७०x४०x१५ से.मी.) असुर महिष का संहार करते हुए चतुर्भुजी देवी के आयुधों में क्रमशः त्रिशूल, खड्ग अस्पष्ट तथा एक हाथ में असुर का मुण्ड हैं । नीचे देवी का वाहन सिंह अंकित है । सफेद बलुआ प्रस्तर पर विद्यमान हैं । प्रथम गणेश (१०७x५५x३० से.मी.) प्रतिमा लाल बलुआ प्रस्तर पर निर्मित है । ललितासन में बैठे हुए गणेश के हाथों में छुरिका, परशु, अंकुश तथा मोदकपात्र का अंकन है । सिर के पीछे अलंकृत पात्रावाली युक्त प्रभामण्डल का अंकन है । द्वितीय गणेश प्रतिमा (३०x२० से.मी.) बलुआ प्रस्तर खण्ड पर निर्मित है। प्रतिमा में गणेश की मुखाकृति दृष्टव्य हैं एवं उनका शेष भाग भग्न हैं ।[१३]

निपानिया - ग्राम निपानिया नीमच तहसील में स्थित है । यह उत्तरी अक्षांश पूर्वी देशान्तर पर स्थित है । यह गांव नीमच से लगभग १२ कि.मी. पूर्व की ओर अवस्थित है । गांव के उत्तर में चबूतरे पर सफेद बलुआ पाषाण पर निर्मित १२ वीं शती ईस्वी की प्रतिमाएं रखी है । जिनमें प्रथम गौरी प्रतिमा (३५x२०x१० से.मी.) समभंग स्थानकमुद्रा में चतुर्भुजी देवी के दो हाथ भग्न तथा शेष एक हाथ में वरद मुद्रा में एवं एक हाथ में कमण्डलु का अंकन है । पादपीठ पर दोनों ओर पूजिकायें तथा द्विभंग मुद्रा में चवँरधारिणी परिचारिकायें अंकित है, गौरी जटा मुकुट, हारावली, स्तनसूत्र, कटिसूत्र, केयूर तथा कटक बलय अलंकरणों से अलंकृत है । द्वितीय नृवराह प्रतिमा (३५x२०x१० से.मी.) में नृसिंह अपने नीचे के दो हाथों में असुर

13. सर्वेक्षण द्वारा प्राप्त जानकारी ।

हिरणाकश्यप को अपनी जंघाओं पर रखकर उसका उधर विदीर्ण कर रहे है । नृसिंह के बिखरे हुए आयाम तथा बाहर की ओर निकले हुए दाँत उनकी क्रोधाग्नि को व्यक्त कर रहे हैं । चतुर्थ परिचारिकायें प्रतिमा (३३x१८x२० से.मी.) कट्य्वलम्बित मुद्रा में चंवरधारिणी परिचारिकाओं का उदर के नीचे का भाग भग्न हैं । उपर्युक्त प्रतिमाओं के समीप भग्न पाषाण पर निर्मित लगभग १५ वीं शती ईस्वी की अनुमानित हैं ।

अमावली महल- अमावली महाल नीमच तहसील में स्थित यह ग्राम २४°-२९" उत्तरी अक्षांश पर ७४°-४८" पूर्वी देशान्तर पर अवस्थित है । ग्राम खड़ावदा से लगभग दो कि.मी. पश्चिम दिशा की ओर कच्चे मार्ग के किनारे पर अवस्थित है । इस ग्राम से लगभग एक कि.मी. उत्तर-पश्चिम की ओर शिव मन्दिर है । लगभग ११ वीं १२ वीं शती का यह मन्दिर सप्तरथी, स्वास्तिकार नागर शैली का है, जिसमें शिखर युगल इस मन्दिर का सभा मण्डप पूर्णतया नष्ट हो चुका है । मन्दिर का गर्भगृह चतुष्कोणीय तथा वितान पर विकसित कमल दल का अंकन है । गर्भगृह में जलाधारी शिवलिंग प्रतिष्ठित है । इसके पीछे प्रतिमा विहीन लघु मंचिका में निर्मित आधुनिक गणेश का अंकन है । शिवलिंग के समीप संगमरमर से निर्मित नन्दी का आलेखन है । प्रवेश द्वार के ललाट बिम्ब पर ललितासन में चतुर्भुजी गणेश के तीन हाथ भग्न तथा एक हाथ में परशु धारण किये हुए अंकित है । नीचे चन्द्रशिखा पर दोनों ओर शंख का अंकन है । मन्दिर का शिखर अंशतः भग्न है । शिखर तक उरू श्रृंग के ऊपर आमलक उत्तरोत्तर है । मन्दिर के दायीं ओर एक प्राचीन बावड़ी है जो वर्तमान में मिट्टी से भर गयी हैं । बावड़ी में सोपान मात्र ही शेष बचे हुए हैं ।[१४]

सांभरकुण्ड - ग्राम साभरकुण्ड नीमच तहसील के अंतर्गत स्थित है । यह ग्राम २४°-३२" उत्तरी अक्षांश एवं ७४°-५४" पूर्वी देशान्तर पर अवस्थित है । यह गांव नीमच चित्तौड़ मुख्य मार्ग के दायीं ओर नीमच से लगभग १० कि.मी. उत्तर पश्चिम की ओर स्थित हैं । वर्तमान में यहां केवल मन्दिर ही शेष है । साभरकुण्ड एक निर्जन स्थल होने के कारण यहां सी.आर.पी. एफ. का प्रशिक्षण केन्द्र है । इसलिये यह स्थान आबाद है। यहां पर प्रतिहार कालीन शिव मन्दिर है । मन्दिर मूल रूप से विष्णु की समर्पित था। पूर्वाभिमुखी यह मन्दिर पंचरथी योजना में है । मन्दिर के बांयी ओर एक आधुनिक हनुमान मन्दिर बनाया गया हैं, जिसमें आधुनिक हनुमान की प्रतिमा प्रतिष्ठित है । मन्दिर के पृष्ठ भाग में लगभग १३ वी. शती ईस्वी की प्रतिमा रखी है । जिसमें प्रथम महिष मर्दिनी प्रतिमा (६५x५५x२० से.मी.) प्रतिमा का अधोभाग है जिसमें महिष ही दृष्टिगत है । शेष प्रतिमा भग्न है । प्रतिमा सफेद बलुआ पत्थर पर

14. स्वयं के सर्वेक्षण द्वारा ।

निर्मित है। द्वितीय विष्णु की प्रतिमा (५८x३०x१० से.मी.) सफेद बलुआ प्रस्तर पर निर्मित यह प्रतिमा समभंग स्थानक मुद्रा में है। चतुर्भुजी विष्णु के दो हाथ भग्न हैं तथा दो हाथों में गदा एवं चक्र का अंकन है। पादपीठ पर शंख, चक्र एवं आयुध पुरुष तथा पार्श्व में परिचारक एवं परिचारिकायें हैं। तृतीय ब्रह्मा (६०x३३x१३ से.मी.) ललितासन में अंकित चतुर्भुजी ब्रह्मा के आयुधों में केवल पुस्तक ही शेष है। शेष तीन हाथ भग्न है। पादपीठ पर परिचारक तथा परिचारिकायें अंकित है। प्रतिमा लाल बलुआ प्रस्तर पर निर्मित की गई है। चतुर्थ नृत्य गणेश प्रतिमा (४२x४९ से.मी.) नृत्यरत मुद्रा में चतुर्भुजी गणेश के दो हाथ गज हस्त मुद्रा में है एवं एक हाथ में परशु तथा एक हाथ भग्न है। गणेश के आभूषणों में मुकुट, हारावली, कटिसूत्र, केयूर, कटक बलय तथा पादजालक अलंकरणों से विभूषित है। प्रतिमा लाल बलुआ प्रस्तर खण्ड पर निर्मित की गई है। यहां पर एक कुण्ड है, यह काले बलुआ पाषाण खण्डों से निर्मित किया गया है। कुण्ड में जाने के लिये सोपान निर्मित किये गये है। कुण्ड में वर्षा एवं झरना स्रोत का जल एकत्रित होता हैं। किवदन्ती है, कि उक्तजल से स्नान करने से लकवा एवं अन्य शारीरिक रोगों से मुक्ति मिलती हैं।[१५]

सेमली मेवाड़- ग्राम सेमली मेवाड़ नीमच तहसील में स्थित है। २४°-२४" उत्तरी अक्षांश एवं ७५°-५६" पूर्वी देशान्तर पर स्थित है। यह ग्राम जोडाडपुरा से ३ कि.मी. पश्चिम की ओर अवस्थित है। इस गांव में मराठाकालीन ईटों एवं चूने से निर्मित मन्दिर है। यह मन्दिर पंचरथी योजना में है। मन्दिर का गर्भगृह चतुष्कोणीय है। गर्भगृह की भित्ति पर प्रतिमाविहीन देव कुलिकाये निर्मित हैं। गर्भगृह में अस्पष्ट तथा भग्न एवं क्षरित अवस्था में प्रतिमाएँ प्रतिष्ठित है। गर्भगृह के समक्ष आठ स्तम्भों पर आधारित सभा मण्डप है। यह प्रतिमाविहीन है। मन्दिर के शिखर पर आमलक तथा गुम्बदाकार हर्निका का अंकन है। कालान्तर में इस मन्दिर का जीर्णोद्वार कराया गया हैं। मन्दिर के समीप उमा-महेश्वर की प्रतिमा स्थित है। ललितासन मुद्रा में उमा-महेश्वर नन्दी पर आरुढ़ है। महेश्वर की बायीं जंघा पर उमा विराजमान है। चतुर्भुजी महेश्वर के आयुध क्रमशः हाथों में पुष्प, त्रिशूल एवं एक हाथ आलिंगन बद्ध तथा सर्प पकड़े है। द्विभुजी उमा का बांया हाथ महेश्वर के स्कंन्धों पर एवं दाये हाथ में दर्पण का अंकन है। महेश्वर जटा मुकुट, कुण्डल, हारावली, तथा स्तनसूत्र अलंकरणों से अलंकृत है। वितान पर कार्तिकेय, गणेश, पादपठ एवं भृंगी तथा पूजक प्रतिमाएं शिल्पांकित है। काले बलुआ पाषाण पर निर्मित ५५x३२x११ से.मी. आकार की प्रतिमा लगभग १६ वीं १७ वीं शती ईस्वी की अनुमानित हैं।[१६]

15. स्वयं के सर्वेक्षण द्वारा।

16. स्वयं के सर्वेक्षण द्वारा।

विसनिया (विशन्या)- ग्राम विसनियां नीमच तहसील में स्थित है । यह २४°-२३" उत्तरी अक्षांश ७४°-५८" पूर्वी देशान्तर पर स्थित है । यह ग्राम बागरोद से तीन कि.मी. दक्षिण दिशा की ओर कच्चे मार्ग पर स्थित है । गांव के मध्य में लगभग १२ वीं शती ईस्वी का निर्मित शिव मन्दिर था । इस मन्दिर का १८ वीं शती ईस्वी के द्वारा पुनरूद्धार कराया गया । भूमिज शैली में निर्मित इस मन्दिर की प्राचीनता इसकी जमति भाग से स्पष्ट होती हैं । मन्दिर के गर्भगृह का वितान चतुष्कोणीय हैं । गर्भगृह में जलाधारी विहीन शिवलिंग प्रतिष्ठित है । शिवलिंग के समीप ही लघु मंचिका पर लगभग १२ वीं शती ईस्वी की सफेद बलुआ प्रस्तर की निर्मित प्रतिमा रखी हैं, जिसमें प्रथम समभंग स्थानक मुद्रा में चतुर्भुजी विष्णु की तीन भुजायें भग्न है । तथा एक हाथ में आयुध गदा का अंकन है । पादपीठ पर शंख, चक्र पुष्प तथा पार्श्व में परिचारिकायें एवं पूजक आकृतियाँ अंकित है । प्रतिमा वितान पर ब्रह्मा एवंशिव का आलेखन है, विष्णु की मुखाकृति भग्न है । विष्णु के आभूषणों में कुण्डल, हारावली, कटिसूत्र, डरूदाम, वनमाला, पादजालक अलंकरणों से सुशोभित है । विष्णु के बायीं परिकर में विष्णु के दशावतार प्रतिमाओं में वराह का अंकन है । वराह का दायां हाथ कटयावलम्बित तथा बायें हाथ में पृथ्वी को सम्हाले हुए हैं । परिकर के दायीं और परिवारिक का अंकन है । द्वितीय २८x२४x१३ से.मी. आकार का गणेश मस्तक है । तृतीय गौरी प्रतिमा (३५x५० से.मी.) सफेद बलुआ प्रस्तर पर निर्मित प्रतिमा में केवल कटि से नीचे का ही भाग दृष्टिगत है । पादपीठ पर पूजिकाओं का अंकन है । मन्दिर के प्रवेश द्वार के दोनों और कट्य्वलम्बित मुद्रा में त्रिशूल धारण किये हुए शिव, द्वारपाल प्रतिमायें संलग्न है । इन प्रतिमाओं के दोनों और चावरधारिणी परिचारिकायें तथा पारिचारक की आकृतियों का आलेखन है । उपर्युक्त प्रतिमाओं के अतिरिक्त ग्राम में सूर्य महषि मर्दिनी की प्रतिमाएं एवं बावड़ी के अवशेष विद्यमान हैं । [१७]

पिपलिया मिर्च- पिपालियामिर्च नीमच तहसील में स्थित है । यह २४°-२३" उत्तरी अक्षांश एवं ७४°-०४" पूर्वी देशान्तर पर अवस्थित है । यह ग्राम मोडल से लगभग एक कि.मी. पूर्व दिशा की ओर कच्चे मार्ग पर स्थित है । यहां से लगभग १२ वीं १३ वीं शती ईस्वी की प्रतिमा प्राप्त हुई हैं, जिनमें प्रथम गौरी प्रतिमा (४२x४३x१८ से.मी.) का अधोभाग ही दृष्टिगत है । प्रस्तर क्षरण के कारण गौरी की भाव-भंगिना अस्पष्ट है। प्रतिमा काले बलुआ प्रस्तर पर निर्मित की गई है । द्वितीय विष्णु प्रतिमा (४४x३४x१५ से.मी.) सफेद बलुआ प्रस्तर में निर्मित है । स्थानक मुद्रा में चतुर्भुजी विष्णु की तीन भुजाएं भग्न है । बायीं मुद्रा में चक्र का अंकन है । विष्णुकिरीट मुकुट,

17. उपरोक्त ।

चक्र, कुण्डल, कंठ सूत्र एवं यज्ञोपवती आदि अलंकरणों से विभूषित है । मस्तक के पीछे सादा प्रभामण्डल का अंकन है । तृतीय प्रतिमा (४८x१३x८ से.मी.) काले बलुआ प्रस्तर पर निर्मित देवी प्रतिमा में कटि का भाग ही केवल दृष्टिगत है । कटि के ऊपर का भाग तथा पैर भग्न है । प्रतिमा का अधिकांशतः भाग भग्न होने के कारण भाव-भंगिना अस्पष्ट हैं ।[१८]

भादवामाता - भादवा माता नीमच तहसील में स्थित है । २४°-२९" उत्तरी अक्षांश एवं ७५°-०३" पूर्वी देशान्तर में स्थित है । यह ग्राम सावन विश्रामगृह से ६ कि.मी. पश्चिम उत्तर दिशा की ओर स्थित है । भादवामाता के गर्भगृह के दायीं ओर की देवी कुलिकाओं में उमा-महेश्वर एवं शेषशायी विष्णु की प्रतिमा रखी हैं । उमा-महेश्वर प्रतिमा में वाहन नन्दी पर आरुढ़ महेश की बायी जंघा पर उमा विराजमान है । चतुर्भुजी महेश के आयुध क्रमशः हाथों में पुष्प, त्रिशुल, सर्प तथा एक हाथ में उमा का आलिंगन किये हुए हैं । द्विभुंजी उमा की दायीं भुजा महेश के स्कंन्ध पर आलिंगन किये हुए हैं तथा बायीं भुंजा में दर्पण हैं । महेश जटा मुकुट, पत्र कुण्डल, हारावली, केयूर, कटक बलय धारण किये हैं तथा उमा की कुन्तलित केशराशि, कुण्डल, हारावली, स्तन सूत्र, कटिसूत्र, केयरू, कटक बलय आदि अलंकरणों से सुशोभित है। सफेद बलुआ प्रस्तर पर निर्मित ५०x४०x९ से.मी. आकार की प्रतिमा लगभग ११ वीं १२ वीं शती ईस्वी की हैं । शेषशायी विष्णु प्रतिमा में अर्धार्याकासन में चतुर्भुजी विष्णु के आयुध क्रमशः पुष्प, चक्रष शांत तथा एक हाथ में किरीट मुकुट को स्पर्श कर रहा है। प्रतिमा वितान पर अस्पष्ट आकृति संभवतः भृगु एवं मार्कण्डेय ऋषियों की पूजक रूप में शिल्पांकित है । विष्णु के पैरों के समीप लक्ष्मी का अंकन है। सफेद बलुआ प्रस्तर पर निर्मित ५९x४०x१६ से.मी. आकार की प्रतिमा लगभग ११ वीं १२ वीं शती ईस्वी की प्रतीत होती हैं ।

थड़ौली- ग्राम थड़ौली नीमच तहसील में स्थित है । यह २४°-३३" उत्तरी अक्षांश एवं ७५°-०३" पूर्वी देशांतर पर अवस्थित है । इस ग्राम के पूर्व में रेतम नदी है । ग्राम के मध्य में स्थित लगभग १३ वीं १४ वीं शती ईस्वी में निर्मित शिव मन्दिर है । मन्दिर पूर्णतया भग्न है । मन्दिर के अवशेषों में विद्यमान आइय कुम्भ, खुर का अंकन है । गांव के बाहर लगभग १२ वीं १३ वीं शती ईस्वी की प्रतिमाएं रखी हैं, जिनमें प्रथम लक्ष्मीनारायण (४२x२९x१२ से.मी.) सफेद बलुआ प्रस्तर पर निर्मित स्थानक द्विभंग मुद्रा में अंकित चतुर्भुजी नारायण की तीन भुजायें भग्न हैं तथा एक हाथ देवी को आलिंगन किये हुए है । लक्ष्मी का दयां हाथ भग्न तथा बायां हाथ

18. स्वयं के सर्वेक्षण द्वारा ।

नारायण के स्कंधों पर स्थित है । नारायण किरीट मुकुट, चक्र कुण्डल, हारावली, कटिसूत्र, डरूदाम तथा लक्ष्मी मुकुट, हारावली, स्तनसूत्र, कटिसूत्र अलंकरणों से अलंकृत है। द्वितीय बलुआ प्रस्तर खण्ड पर निर्मित (७४x४४x२१ से.मी.) आकार का स्तम्भ खण्ड है । जिस पर द्विभंग स्थानक मुद्रा में परिचारक तथा परिचारिकाओं का शिल्पांकन है । तृतीय (२५x१३x१३ से.मी.) आकार की चामुण्डा मस्तक, चतुर्थ विष्णु प्रतिमा का पादपीठ (४१x४x११२ से.मी.) इस भाग में द्विभंग मुद्रा में परिचारक तथा आयुथ पुरुष शंख का अंकन है । पंचम चामुण्डा प्रतिमा खण्ड (३२x३०x१० से.मी.) इस प्रतिमा में केवल आयुध के रूप में डमरू ही शेष हैं । जो अवशेष के रूप में दृष्टिगत है । छठी (१६x२०x८ से.मी.) आकार का विष्णु की भग्न प्रतिमा है । सातवी चामुण्डा पीठ में इस शिल्पखण्ड में चामुण्डा की मात्र तीन भुजायें ही दृष्टिगत है । जिसमेंरहस्य मुद्रा, गदा एवं ढाल आयुधों का आलेखन है । आठवीं विष्णु प्रतिमा के परिकर में नृसिंह, असुर हिरण्याकश्यप की अपनी जंघा पर रखकर उसके उधर को विदीर्ण कर रहे हैं । क्षरण के कारण उनकी भाव-भंगिमा अस्पष्ट हैं ।[१९]

दोबड़- ग्राम दोबड़ नीमच तहसील में स्थित है । यह २४°-३०" उत्तरी अक्षांश एवं ७५°-०२" पूर्वी देशान्तर पर अवस्थित है । यह ग्राम रायसिंहपुरा से दो कि.मी. उत्तर की ओर अवस्थित है । इस ग्राम के उत्तर की ओर नीम के पेड़ के नीचे कुछ प्रतिमाएं रखी है, जिनमें प्रथम देवी महिष मर्दिनी (५४x३४x१० से.मी.) असुर महिष का मर्दन करते हुए दिखाया गया है । चतुर्भुजी देवी के आयुधों में क्रमशः त्रिशूल, खड्ग, ढाल तथा बायें नीचे के हाथ से असुर के केश पकड़े हैं । असुर महिष को पीछे से देवी का वाहन सिंह अपने नुकीले दांतों द्वारा प्रहार कर रहा है । महिष मर्दिनी मुकुट, कुण्डल, केयूर, कटक, बलय तथा स्तून सूत्र अलंकरणों से अलंकृत है । यह प्रतिमा तीन खण्डों में है, काले प्रस्तर खण्डों पर निर्मित यह प्रतिमा लगभग १२ वीं १३ वीं शती ईस्वी की अनुमानित हैं । द्वितीय विष्णु प्रतिमा (४३x३५x११ से.मी.) समपाद स्थानक मुद्रा में हैं । विष्णु का सिर भग्न है, चतुर्भुजी विष्णु के आयुधों में अक्षमाला ही केवल दृष्टिगत हैं । विष्णु हारावली, कटिसूत्र, केयूर तथा कटक वलय अलंकरणों से विभूषित है । सफेद बलुआ प्रस्तर पर निर्मित प्रतिमा लगभग १४ वीं १५ वीं शती ईस्वी की अनुमानित है । तृतीय गौरी प्रतिमा (३५x३१x८ से.मी.) दो भागों में भग्न हैं, ऊपर गणेश और शिव दृष्टिगत है । प्रस्तरण क्षरण के कारण इनकी भाव-भंगिमा अस्पष्ट है । सफेद बलुआ प्रस्तर पर निर्मित प्रतिमा लगभग १३ वीं १४ वीं शती ईस्वी की प्रतीत होती है । [२०]

19. स्वयं के सर्वेक्षण द्वारा ।　20. उपरोक्त ।

बिजलवास -बामनियां- बिजलवास-बामनियां नीमच तहसील में स्थित है । यह २४°-२३" पूर्वी उत्तरी अक्षांश ७४°-५८" पूर्वी देशान्तर पर स्थित है। यह ग्राम डसानिया से लगभग २ कि.मी. दक्षिण-पश्चिम दिशा की ओर कच्चे मार्ग पर अवस्थित है । यहां पर लगभग १६ वीं शती ईस्वी में निर्मित एक तालाब भी है । तालाब की दीवारों को काले बलुआ पाषाण खण्डों में निर्मित किया गया है । ग्राम के पश्चिम की ओर बरगद के वृक्ष के समीप चबूतरे पर महिष मर्दिनी एवं गणेश प्रतिमा रखी हैं । यहां देवी महिष मर्दिनी प्रतिमा में देवी असुर महिष का संहार करते हुए उत्कीर्ण किया गया हैं । दसभुजी देवी के आठ हाथ भग्न तथा शेष दो हाथों में खड्ग एवं चक्र का अंकन है । आभूषणों में देवी मुकुट, ताटकचक्र (कुण्डल), हारावली, स्तनसूत्र, कटिसूत्र, डरूदाम तथा केयूर आदि अलंकरणों से सुसज्जित है । काले बलुआ प्रस्तर पर निर्मित ७७x५२x२० से.मी. आकार की प्रतिमा लगभग १३ वीं शती ईस्वी की अनुमानित हैं । गणेश ललितासन मुद्रा में चतुर्भुजी गणेश के नीचे के दो हाथ भग्न तथा ऊपर के दो हाथों में अंकुश एवं परशु का अंकन है । गणेश मुकुट, नाम यज्ञोपवीत, कटिसूत्र, केयूर, कटक बलय तथा दादावलय आभूषणों से सुशोभित है । सफेद बलुआ पत्थर पर निर्मित (७०x४७x१८ से.मी.) आकार की प्रतिमा लगभग १३ वीं शती ईस्वी की अनुमानित है । यहां पर लगभग १९ वीं शती ईस्वी में निर्मित सती स्तम्भ भी प्राप्त हुआ हैं । [२१]

कुचड़ोद- कुचड़ोद नीमच तहसील में स्थित है । यह २४°-१५" उत्तरी अक्षांश एवं ७४°-५६" पूर्वी देशान्तर पर अवस्थित हैं । यह ग्राम जीरण से लगभग ६ कि.मी. दक्षिण की ओर अवस्थित है । इस गांव में लगभग १२ वीं शती ईस्वी का शिव मन्दिर है । इस भग्न मन्दिर में केवल, गर्भगृह का ही भाग जीर्णशीर्ण अवस्था में है । जिसमें जलाधारी में शिवलिंग प्रतिष्ठित है । गर्भगृह में लगभग १३ वीं शती ईस्वी की प्रतिमाऐं प्रतिष्ठापित है, जिसमें प्रथम पूजक प्रतिमा (४२x२५x१६ से.मी.) द्विभंग स्थानक मुद्रा में है । अभयतथा कमण्डलु लिये पूजक अंकित है । द्वितीय देवी पार्वती (२०x२०x११ से.मी.) प्रतिमा के प्रस्तर क्षरण के कारण आयुध, अलंकरण तथा भाव-भंगिमा अस्पष्ट है । तृतीय कीचक (७३x७६ से.मी.) प्रतिमा है । चतुर्थ गणेश प्रतिमा (९०x५५x३४ से.मी.) सफेद बलुआ पत्थर पर निर्मित है । ललितासन मुद्रा में चतुर्भुजी गणेश के आयुध क्रमशः दन्त, परशु, अंकुश तथा मोदक पात्र है । प्रस्तरण चरण के कारण अलंकरण तथा भाव-भंगिना अस्पष्ट है । यहां परमार कालीन एक शिव मन्दिर है । परमार कालीन भूमिज शैली में निर्मित यह मन्दिर का

21. स्वयं के सर्वेक्षण द्वारा ।

कालान्तर में जीर्णोद्धार कराया गया है। मन्दिर के गर्भगृह में आधुनिक संगमरमर में निर्मित नन्दी तथा शिवलिंग प्रतिष्ठित है। इस गांव से हल्केलाल बलुआ पत्थर पर निर्मित कीर्ति स्तम्भ भी हैं। गांव में किवदंत्तियों का गान करता हुआ मूक खडा है। गांव में मस्जिद एवं बावड़ी के आवशेष भी प्राप्त हुए हैं।[२२]

उगरान– ग्राम उगरान नीमच तहसील में स्थित है। यह २४°-१५" उत्तरी अक्षांश एवं ७५°-५४" पूर्वी देशान्तर पर स्थित है। यह ग्राम छछखेड़ी से लगभग ३ कि.मी. दक्षिण की ओर कच्चे मार्ग पर अवस्थित है। गांव के मध्य नीमच के वृक्ष के नीचे गणेश प्रतिमा (५२x४८x३० से.मी.) का उदर से नीचे का भाग भग्न है। चतुर्भुजी गणेश के नीचे दोनों हाथ भग्न है। तथा ऊपरी हाथों में अंकुश तथा परशु का अंकन है। प्रस्तर में निर्मित प्रतिमा के क्षरण के कारण अलंकरण अस्पष्ट है। सफेद बलुआ पाषाण पर निर्मित प्रतिमा लगभग १३ वीं शती ईस्वी की है। ग्राम के पूर्व की ओर चबूतरे पर कुछ कलाकृतियाँरखी है, जिनमें प्रथम यम प्रतिमा (५४x५५x८ से.मी.) वाहन (भैसे) महिष पर आरुड़ द्विभुजी हैं, इनका एक हाथ उदर पर तथा दूसरे में खडग धारण किये हुए है। काले बलुआ प्रस्तर पर अंकित प्रतिमा लगभग १८ वीं शती ईस्वी की अनुमानित है। द्वितीय भैरव प्रतिमा (५५x३०x१५ से.मी.) द्विभंग मुद्रा में चतुर्भुजी भैरव के आयुध क्रमशः भग्न, खडग, ढाल तथा चतुर्थ हाथ से श्वान की रास पकड़े हुए हैं। भैरव पंचकणों के घटाटोप बिखरे आयाम, गोलकुण्ड से विभूषित है। प्रतिमा के दायीं ओर लगभग ७ वीं ८ वीं शताब्दी की ब्राह्मी का ८ शब्दों का एक अभिलेख उत्कर्ण है। सफेद बलुआ पत्थर पर निर्मित प्रतिमा लगभग ७ वीं शती ईस्वी की है। तृतीय विष्णु प्रतिमा खण्ड (१७x१७x६ से.मी.) में विष्णु का केवल उदर भाग ही दृष्टिगत है। चतुर्थ सप्त मातृका समूह में मातृकाओं का क्रमश: ब्राह्मणी ललितासन में अंकित है, जो चतुर्भुजी है। आयुध अभय शचिका, पुस्तक एवं कमण्डलु है, महेश्वरी, चतुर्भुजी है, हाथों में क्रमशः अभय, त्रिशूल, सजाल पद्म तथा कमण्डलु का अंकन है। कौमारी की चतुर्भुजी प्रतिमा के हाथों में अभय, सनाल पद्, कुक्कुट, तथा कमण्डलु आयुधों के साथ सुसज्जित है। वैष्णवीं विष्णु का अंकन है। चतुर्भुजी विष्णु के दो हाथ भग्न तथा दो हाथ वरद मुद्रा में एवं एक हाथ में शंख का आलेखन है। विष्णु किरीट मुकुट, चक्र कुण्डल, हारावली, कटिसूत्र तथा अधोवस्त्र आदि आभूषणों से सुशोभित है। पादपीठ पर शंख चक्र, आयुष पुरुष शिल्पांकित है। ग्रेनाइट प्रस्तर पर (१३x१०x३ से.मी.) आकार में निर्मित यह प्रतिमा लगभग १८ वीं शती ईस्वी की अनुमानित है। यहां पर शिव के

22. स्वयं के सर्वेक्षण द्वारा।

वाहन की प्रतिमा (२१x२५x१२ से.मी.) आकार में सफेद बलुआ प्रस्तर खण्ड पर निर्मित है । नन्दी के गले में घण्टी का आलेखन है तथा मुख के पास मोदक पात्र शिल्पांकित हैं । [२३]

चल्दू- ग्राम चल्दू नीमच तहसील में स्थित है । यह २४°-१९" उत्तरी अक्षांश एवं ७४°-५७" पूर्वी देशान्तर पर रेतम नदी के पश्चिम दिशा की ओर अवस्थित है । इस गांव में पाषाण प्रतिमायें प्राप्त हुई हैं जिनमें प्रथम महिष मर्दिनी (७७x४३x१८ से.मी.) प्रतिमा में असुर महिष का संहार करते हुए दिखाया गया है। षडभुजी देवी के आयुध क्रमशः गदा, बाण, खड्ग, ढाल तथा दो हाथ भग्न है । द्विभागों मे विभाजित प्रतिमा के वितान पर विद्याधर अंकित है । मस्तक के पीछे अलंकृत पत्रावली प्रभा मण्डल का रेखांकन है । सफेद बलुआ प्रस्तर खण्ड पर निर्मित प्रतिमा लगभग १२ वीं शती ईस्वी की अनुमानित है । द्वितीय नन्दी प्रतिमा (४३x९३x३२ से.मी.) आकार की लगभग १३ वीं १४ वीं शती ईस्वी की है । तृतीय सूर्य प्रतिमा (४०x३५x१७ से.मी.) समभंग स्थानक मुद्रा में अंकित है । सूर्य का सिर तथा भुजाएं भग्न है । अलंकरणों में कटिसूत्र, उपानह तथा उदीच्य वेशभूषा दृष्टिगत हैं । पार्श्व में द्विभंग मुद्रा में परिचारक एवं पारिचारिकाएं शिल्पांकित है । सफेद बलुआ प्रस्तर खण्ड पर निर्मित प्रतिमा लगभग १३ वीं १४ वीं शती ईस्वी की अनुमानित है । चतुर्थ पूजक प्रतिमा बलुआ प्रस्तर खण्ड पर निर्मित (१००x३८x२४ से.मी.) आकार की प्रतिमा लगभग १८ वीं शती ईस्वी की अनुमानित हैं । चतुर्भुजी हाथों में अभय गदा, तथा चक्र धारण किये हैं । देवी का चौथा हाथ भग्न है । वराही विष्णु के दशावतारों में वराह की शक्ति वराही अपने हाथ में अभय, भग्न, दण्ड तथा कमण्डलु धारण किये है । इन्द्राणी के हाथों में अश्य खड्ग, भग्न तथा घट आयुध धारण किये हुए है, वे समस्त अलंकरणों से सुशोभित है । सरस्वती श्वेत थवला ज्ञान देवी सरस्वती के हाथों में केवल वीणा ही दृष्टिगत है, अन्य आयुध अस्पष्ट है । तथा भग्न है, इस मातृका पट्ट पर चामुण्डा के स्थान पर सरस्वती का अंकन है । सफेद बलुआ प्रस्तर पर निर्मित (९०x३०x१८ से.मी.) आकार की प्रतिमा में यह मातृका समूह लगभग १३ वीं शती ई. की अनुमानित है । पांचवी महिष मर्दिनी प्रतिमा (७५x४२x१७ से.मी.) असुर का संहार करते हुए चतुर्भुजी देवी त्रिशूल, खड्ग, भग्न तथा एक हाथ में असुर का मुण्ड पकड़े हुए है । प्रस्तर क्षरण के कारण भाव भंगिमा अस्पष्ट हैं । सफेद बलुआ प्रस्तर पर निर्मित प्रतिमा १३ वीं शती ईस्वी की हैं । छठी विष्णु प्रतिमा (४२x३०x२० से.मी.) समभंग स्थानक मुद्रा में चतुर्भुजी है, हाथों में दक्षिणाधः क्रम से वरद, गदा, चक्र

23. स्वयं के सर्वेक्षण द्वारा ।

एवं शंख है । विष्णु किरीट मुकुट, कुण्डल, हारावली, केयूर कटक वलय तथा पाद वलय अलंकरणों से विभूषित है । सफेद बलुआ पत्थर पर निर्मित प्रतिमा लगभग १२ वीं शती ईस्वी की अनुमानित हैं । उपर्युक्त प्रतिमाओं के अतिरिक्त इस ग्राम में ताम्राश्म युगीन बस्ती के अवशेष प्राप्त हुए हैं । इसमें काले और लाल मृदभाण्ड, लाल मृदभाण्ड आदि मिट्टी के पात्रावशेष प्राप्त हुये हैं । [२४]

दीपूखेड़ी- ग्राम दीपूखेड़ी नीमच तहसील में स्थित है । यह २४°-२१" उत्तरी अक्षांश एवं ७५°-०४" पूर्वी देशान्तर पर अवस्थित है । यह ग्राम विसनिया से २ कि.मी. पूर्व की ओर स्थित है । इस ग्राम के मध्य में शिव मन्दिर हैं, जो मराठाकालीन है। मन्दिर योजना में केवल गर्भगृह है । जिसमें समकालीन शिवलिंग प्रतिष्ठित है । शिवलिंग के समीप समभंग स्थानक मुद्रा में है ।[२५]

ढाबा- ग्राम ढाबा नीमच तहसील में स्थित है । यह २४°-२५" उत्तरी अक्षांश एवं ७५°-०२" पूर्वी देशांतर पर स्थित है । यह ग्राम लसूड़ी से एक कि.मी. दक्षिण की ओर कच्चे मार्ग पर स्थित है । इस ग्राम में आधुनिक हनुमान मन्दिर केपीछे देवी प्रतिमा रखी है । प्रतिमा भग्न होने के कारण भाव भंगिमा अस्पष्ट है । बलुआ पत्थर पर निर्मित (३०x३६x१२ से.मी.) आकार की प्रतिमा लगभग १२ वीं शती ईस्वी की प्रतीत होती हैं ।[२६]

लसूड़ी - ग्राम लसूड़ी नीमच तहसील में स्थित है । यह २४°-२६" उत्तरी अक्षांश एवं ७५°-०३' पूर्वी देशांतर पर अवस्थित हैं । यह ग्राम नीमच मनासा मुख्य मार्ग पर जवासा से तीन कि.मी. दक्षिण की ओर स्थित हैं । इस ग्राम में आधुनिक विष्णु मन्दिर में एक अस्पष्ट देवी प्रतिमा है। इस प्रतिमा में देवी का केवल पैर का भाग ही दृष्टिगत है । नीचे पुरुष का अंकन है । बायीं ओर भग्न वाहन का अंकन है । बलुआ पाषाण पर निर्मित (२०x२२x१३ से.मी.) आकार की प्रतिमा लगभग १२ वीं १३ वीं शती ईस्वी की हैं । [२७]

कानाखेड़ा - ग्राम कानाखेड़ा नीमच तहसील में स्थित है । यह २४°-२६" उत्तरी अक्षांश एवं ७४°-५७" पूर्वी देशान्तर पर अवस्थित है । यह ग्राम मनासा नीमच मुख्य मार्ग से लगभग ३ कि.मी. दक्षिण की ओर कच्चे मार्ग पर स्थित है । ग्राम में नीम वृक्ष के नीचे विष्णु परिकर खण्ड एवं स्तम्भ खण्ड रखें है, विष्णु परिकर खण्ड में ललितासन में चतुर्भुजी शिव तथा ब्रह्मा का अंकन है । शिव के आयुध क्रमशः वरद, त्रिशूल, सर्प तथा एक हाथ भग्न है । ब्रह्मा, वरद शुचिका, पुस्तक तथा

24. स्वयं के सर्वेक्षण द्वारा ।
25. उपरोक्त ।
26. उपरोक्त ।
27. उपरोक्त ।

कमण्डलु धारण किये हुए हैं । इनमें बांयी ओर चतुर्भुजी विष्णु अक्षमाला, गदा, चक्र तथा शंख आयुधों सहित पद्म पर ललितासन मुद्रा में आसीन है । वितान पर वाद्य पुरुष तथा नृत्यागनाएं एवं विष्णु के दशावतारों में मत्स्य तथा कच्छप अवतार की लघु आकृतियाँ शिल्पांकित हैं। सफेद बलुआ प्रस्तर पर निर्मित (४२x९५x१६ से.मी.) आकार का परिकर खण्ड १३ वीं शती ईस्वी का प्रतीत होता है । द्वितीय स्तम्भ खण्ड शिव द्वारपाल के एक हाथ में शूल तथा दूसरा हाथ कटिहस्त मुद्रा में है । घट धारिणी परिचारिका का दायां हाथ कटयावलम्बित मुद्रा में तथा बायें हाथ में घट अंकन है । लाल बलुआ प्रस्तर पर (५८x३५x२० से.मी.) आकार में निर्मित .यह स्तम्भ खण्ड लगभग १४ वीं शती ईस्वी का अनुमानित हैं । इन प्रतिमाओं के अतिरिक्त यहां से नायक-नायिकाओं की प्रतिमाएं भग्नावशेष आदि प्राप्त हुई हैं ग्राम के पूर्व की ओर भग्न मन्दिर तथा जलाधारी का अंकन है । इसके अतिरिक्त ग्राम के पश्चिमी ओर नीम के वृक्ष के नीचे चतुर्भुजी देवी गन्धर्व युगल तथा शंख आयुध पुरुष प्रतिमाऐं है । गांव के बाहर नदी के किनारे एक जैसे चबूतरे पर सफेदबलुआ प्रस्तर पर निर्मित १३ वीं १४ वीं शती ईस्वी की प्रतिमा रखी हैं, जिनमें प्रथम चामुण्डा की भग्न प्रतिमा (३७x१७x१५ से.मी.) में देवी के केवल तीनहाथ ही दृष्टिगत है, जो वितर्क मुद्रा में है एवं शेष दो हाथों में गदा तथा ढाल धारण किये है । द्वितीय विष्णु प्रतिमा परिकर (४०x१४x१५ से.मी.) भाग में विष्णु नृसिंह अवतार में असुर हिरण्याकश्यप का वध करते हुए अंकित किया गया है, नृसिंह के दो हाथ भग्न तथा नीचे के दोनों हाथों में हिरण्याकश्यप के हृदय को विदीर्ण कर रहे हैं । प्रस्तर क्षरण के कारण प्रतिमा की भाव भंगिमा अस्पष्ट है । तृतीय स्तम्भ खण्ड (५६x२३x८ से.मी.) भाग में द्विभंग मुद्रा में परिचारिकाऐं शिल्पांकित हैं । दो भुजी परिचारिका के एक हाथ में चंवर तथा दूसरा हाथ कटि हस्त मुद्रा में है । चतुर्थ (१६x२०x८ से.मी.) आकार में विष्णु प्रतिमा खण्ड भाग प्राप्त है।[२८]

सिरखेड़ा - ग्राम सिरखेड़ा नीमच तहसील के अंतर्गत स्थित हैं । यह २४°-२५" उत्तरी अक्षांश एवं ७५°-०३" पूर्वी देशान्तर पर स्थित है । यह ग्राम ढाबा से दक्षिण की ओर लगभग २ कि.मी. की दूरी पर अवस्थित है ।

गांव में शिव मन्दिर है । यह परमारयुगीन निर्मित यह मन्दिर भूमिज शैली में है । इसमें खुरक तथा कुम्भ का अंकन है । यह मन्दिर नौ स्तम्भों पर आधारित है । प्रतिमाविहीन मन्दिर गर्भगृह तथा वितान चतुष्कोणीय है । प्रवेश द्वार के ललाट बिम्ब पर गणेश अंकित है । मन्दिर का मण्डप नौ स्तम्भों पर आधारित है । मन्दिर की जंघा

28. स्वयं के सर्वेक्षण द्वारा ।

भाग पर दायीं ओर चतुर्भुजी शिव तथा ब्रह्मा ललितासन में शिल्पांकित है । इनके मध्य विद्याधर की लघु आकृतियों का आलेखन है । मन्दिर जंघा के पृष्ठ भाग में समपाद स्थानक मुद्रा में विष्णु दक्षिणार्धः क्रम से अक्षमाला, चक्र, गदा हाथ कमण्डलु आयुधों सहित प्रतिष्ठित है । तथा बायीं भित्ती पर समपाद मुद्रा में चतुर्भुजी ब्रह्मा हाथों में क्रम से वरद मुद्रा, पद्, पुस्तक तथा कमण्डलु धारण किये हुए अंकित है । प्रतिमा में वाहन हंस का अंकन है । मन्दिर के शिखर पर आमलक का अंकन है । इस मन्दिर का मराठा काल में पुनरूद्धार कराया गया । मन्दिर के समीप आधुनिक माता का मन्दिर है, मन्दिर परिसर में सफेद बलुआ पाषाण पर निर्मित लगभग १३ वीं शती ईस्वी की गौरी एवं विष्णु प्रतिमा खण्ड है । गौरी (२१x१६x११ से.मी.) प्रतिमा ललितासन में अंकित चतुर्भुजी देवी के आयुधों में क्रमशः वरद, त्रिशूल, सर्प तथा घट है । प्रस्तर चरण के कारण अलंकरण तथा भाव भंगिमा अस्पष्ट है । विष्णु प्रतिमा खण्ड (३०x३२x७ से.मी.) में केवल विष्णु के आयुध शंख एवं चक्र ही दृष्टिगत हैं।

सिरखेड़ा ग्राम से पश्चिम की ओर लगभग एक कि.मी. की दूरी पर कच्चे मार्ग पर १००x१०० मीटर आकार का आवासीय टीला रेतम नदी के किनारे पर स्थित है । इस टीले को स्थानीय निवासी खेड़ा नाम से जानते हैं । टीले में काले एवं भूरे रंग की मिट्टी की परते हैं । इस टीले में पात्रावशेष प्राप्त हुए हैं, जिनमें ब्लेक स्पी, केयर, ब्लेक एवं रेड वैयर आदि मृदभाण्ड प्राप्त हुए हैं । पात्रावशेषों के आधार पर यह आवासीय टीला ताम्रश्म युगीन संस्कृति का प्रतीत होता है । इस टीले के उत्खनन से अन्य पुरावशेषों के आधार पर ऐतिहासिक दृष्टिकोण से नवीन अध्याय का समावेश किया जा सकता है ।[२९]

पालसोड़ा – ग्राम पालसोड़ा नीमच तहसील में स्थित है । यह ७५°-५६" उत्तरी अक्षांश एवं २४°-२२" पूर्वी देशान्तर पर अवस्थित है । यह ग्राम सेमली मेवाड़ से २ कि.मी. पश्चिम की ओर कच्चे मार्ग पर स्थित है । पालसोड़ा गांव के पश्चिम की ओर लगभग १८ वीं शती ईस्वी में मन्दिर निर्मित किया गया है मन्दिर के गर्भगृह की लघु मंचिका पर निम्न कलाकृतियाँ रखी हैं । प्रथम देवी महिष मर्दिनी असुर महिष का संहार करते हुए दिखाया गया है । चतुर्भुजी देवी के दायें हाथ में शूल तथा खड्ग तथा बायीं ओर के दोनों हाध भग्न हैं । प्रस्तरण क्षरण के कारण भाव-भंगिमा अस्पष्ट हैं, काले बलुआ पत्थर खण्ड पर (७५x४८x६७ से.मी.) आकार में निर्मित यह प्रतिमा लगभग १२ वीं शती ई. की अनुमानित है । द्वितीय देवी गौरी प्रतिमा समभंग स्थानक मुद्रा में चतुर्भुजी देव के आयुधः क्रमशः वरद, भग्न गणेश, एवं

29. स्वयं के सर्वेक्षण द्वारा ।

कमण्डलु हैं। गौरी जटा मुकुट, हारावली, स्तनसूत्र, कटिसूत्र, केयर वलय अलंकरणों से विभूषित हैं। पार्श्व में दोनों ओर पूजक तथा पूजिकाओं का अंकन है, सफेद बलुआ प्रस्तर खण्ड पर (५०x२३x१० से.मी.) आकार में निर्मित यह प्रतिमा लगभग १२ वीं शती ई. की अनुमानित है। तृतीय मन्दिर के बाहर दायीं ओर गणेश (३८x२७x२६ से.मी.) भुजाओं में दक्षिणाधःक्रम से पशु, अंकुश तथा मोदक पात्र धारण किये हुए प्रतिष्ठित हैं। इसके अतिरिक्त मालाधारी तथा परिचारिकाओं की आकृतियां शिल्पांकित है। चतुर्थ ब्रह्मा की प्रतिमा समभंग स्थानक मुद्रा में है। चतुर्भुजी ब्रह्मा के दो हाथ भग्न तथा दो में वरद एवं श्रुव का अंकन हैं। ब्रह्मा अधोवस्त्र, कटिसूत्र, हारावली, यज्ञोपवीत तथा वनमाला आदि अलंकरणों से विभूषित है। सफेद बलुआ प्रस्तर खण्ड पर (९१x४८x२८ से.मी.) आकार में निर्मित यह प्रतिमा लगभग १२ वीं शती ईस्वी की प्रतीत होती हैं। पांचवी तक्षक प्रतिमा है, इस प्रतिमा में सप्तफणी नाम का अंकन है। उक्त प्रतिमा नीले परतदार पाषाण पर (९७x५९x१० से.मी.) आकार से निर्मित है। प्रतिमा पर अभिलेख हैं, परन्तु स्पष्ट नहीं है। पुराविदों ने इस प्रतिमा को तक्षक से समीकृत किया है तथा प्रतिमा पर उत्कीर्ण अभिलेख के १८ शब्दों को गुप्त ब्राह्मी लिपि में अंकित किया है। डॉ. वि. श्री वाकणकर ने अभिलेख का वाचन '**समुद्रपुत्र हिस चक्रेन सोम चक्रेन कादितं**' का उल्लेख किया हैं। मन्दिर के समक्ष एक स्तम्भ पर लगभग १३ वीं शती ईस्वी का लेख हैं। जिस पर चूने का लेप होने के कारण स्पष्ट नहीं है। उपर्युक्त प्रतिमाओं के अतिरिक्त ग्राम में कीर्ति स्तम्भ ग्राम का कीर्तिगान करता हुआ मूक खड़ा हैं।[३०]

हड़न्तिया - ग्राम हड़न्तिया नीमच तहसील में स्थित है। यह २४°-३२" उत्तरी अक्षांश एवं ७५°-०१" पूर्वी देशान्तर पर अवस्थित है। यह ग्राम किशनपुरा से २ कि.मी. पश्चिम दिशा की ओर कच्चे मार्ग पर अवस्थित हैं। ग्राम के पूर्वी ओर चबूतरे पर दो चामुण्डा प्रतिमा रखी है। प्रथम चामुण्डा प्रतिमा (४०x४४x१३ से.मी.) में षड्भुजी देवी का अधोभाग भग्न है। आयुधों में क्रमशः त्रिशूल, डमरू, कृपाण, खेटक, खटवांग तथा एक हाथ चितर्क मुद्रा में है। अलंकरणों में मुकुट, कुण्डल, एकावली स्तनसूत्र तथा कटिसूत्र का अंकन है। काले बलुआ प्रस्तर खण्ड पर निर्मित यह प्रतिमा लगभग १२ वीं शती ईस्वी की अनुमानित है। द्वितीय चामुण्डा का पादपीठ (२३x४४x१५ से.मी.) प्रतिमा में देवी के अधोभाग में मात्र पैर ही शेष है। जिसमें वे शव पर आसीन है। सफेद बलुआ पाषाण पर निर्मित प्रतिमा लगभग १२ वीं शती ईस्वी की निर्धारित की जा सकती हैं।

30. स्वयं के सर्वेक्षण द्वारा।

हड़न्तिवा- ग्राम हड़न्तिवा नीमच तहसील में स्थित है। यह २४°-२४" अक्षांश एवं ७०°-५६" पूर्वी देशान्तर पर स्थित है। यह ग्राम सीरखेड़ा से २ कि.मी. दक्षिण की ओर अवस्थित है। हड़न्तिवा ग्राम के मध्य में आधुनिक मन्दिर के समक्ष स्थित चूबतरे पर काले बलुआ प्रस्तर पर निर्मित लगभग ११ वीं १२ वीं शती ईस्वी की प्रतिमाएं रखी है। प्रथम विष्णु (२५x३३x१७ से.मी.) प्रतिमा में ललितासन मुद्रा में अंकित चतुर्भुजी विष्णु के दो हाथ भग्न तथा दो हाथ वरद मुद्रा में (अक्षतः भग्न) एवं गदा का अंकन है। प्रस्तरण क्षरण के कारण भाव-भंगिमा अस्पष्ट है। द्विती.य ब्रह्मा (१३x८x६ से.मी.) प्रतिमा में ब्रह्मा का अर्धाभाग भग्न है। मुख का भाग ही केवल दृष्टिगत है। जटा, मुकुट, दाढ़ी तथा गले में पड़ी हारावली का अलंकरण अनुपम है। तृतीय गणेश (११x१६x८ से.मी.) प्रतिमा में गणेश की मुखाकृति भग्न है। ललितासन में अंकित यज्ञोपवीत अलंकरण दृष्टिगत है। गांव के पश्चिम दिशा में सूर्य की प्रतिमा का अधोभाग भूमि में है। प्रतिमा का भाव-भंगिमा अस्पष्ट हैं। काले बलुआ पाषाण पर निर्मित (२९x२०x९ से.मी.) आकार की प्रतिमा लगभग ११ वीं १२ वीं शती ईस्वी की प्रतीत होती हैं।[३१]

बड़ोली - ग्राम बड़ोली नीमच तहसील में स्थित है। यह २४°-३१" अक्षांश एवं ७५°-०३" पूर्वी देशान्तर पर अवस्थित है। यह ग्राम बोरखेड़ा कला से एक कि.मी. पश्चिम दिशा की ओर अवस्थित है। इस ग्राम के उत्तर में विष्णु एवं नन्दी की प्रतिमाएं रखी हैं। विष्णु (२१x२४x६ से.मी.) प्रतिमा समभंग स्थानक मुदा में है। चतुर्भुजी विष्णु के आयुध दक्षिणाधःक्रम से अधनाला, भग्न, गदा एवं कमण्डलु है। अलंकरण तथा भाव-भंगिमा अस्पष्ट है। सफेद बलुआ प्रस्तरण खण्ड पर निर्मित यह प्रतिमा लगभग १३ वीं शती ईस्वी की है। नन्दी (३५x५५x१९ से.मी.) यह प्रतिमा काले बलुआ प्रस्तर खण्ड पर निर्मित है। प्रतिमा लगभग १८ वीं शती ईस्वी की है।[३२]

आकिया (आक्या) - ग्राम आक्या नीमच तहसील में स्थित है। यह २४°-२८" उत्तरी अक्षांश एवं ७५°-०१" पूर्वी देशान्तर पर स्थित है। यह ग्राम नीमच मनासा मुख्य मार्ग से २ कि.मी. उत्तर दिशा की ओर अवस्थित है। ग्राम के पूर्वी और चबूतरे पर प्रतिमाएं रखी है जिनमें प्रथम महिष मर्दिनी (३३x२४x१४ से.मी.) प्रतिमा में केवल देवी का पैर तथा महिष का भाग ही दृष्टिगत है। महिष के बायीं ओर देवी का वाहन सिंह अंकित है, जो महिष पर अपने नुकीले दाँतों से प्रहार कर रहा है।

31. स्वयं के सर्वेक्षण द्वारा। 32. उपरोक्त।

सफेद बलुआ प्रस्तर खण्ड पर निर्मित प्रतिमा लगभग १३ वीं १४ वीं शती ईस्वी की है । द्वितीय गणेश (३०x१४x१५ से.मी.) ललितासन मुद्रा में अंकित गणेश का केवल अधोभाग ही दृष्टिगत है । चतुर्भुजी गणेश के तीन हाथ भग्न है तथा एक हाथ में मोदक पात्र का आलेखन है । सफेद बलुआ प्रस्तर पर निर्मित प्रतिमा लगभग १३ वीं १४ वीं शती की अनुमानित है । तृतीय नन्दी (२५x१३ से.मी.) आकार की प्रतिमा लगभग १३ वीं १४ वीं शती ईस्वी की है। चतुर्थ विष्णु प्रतिमा खण्ड में विष्णु की मुखाकृति, गदा तथा चक्र आयुध हैं । लगभग १३ वीं १४ वीं शती ईस्वी की प्रतिमा (१३x१४x१० से.मी.) आकार की हैं । [३३]

बोरदिया कला - ग्राम बोरदिया कला नीमच तहसील में स्थित है । यह २४°-२२" उत्तरी अक्षांश एवं ७५°-०२" पूर्वी देशान्तर पर अवस्थित है । यह ग्राम पिपलिया मिर्च से २ कि.मी. दक्षिण पूर्व दशा की ओर कच्चे मार्ग पर स्थित है । इस ग्राम में एक मन्दिर है जिसमें तीर्थंकर पार्श्वनाथ प्रतिमा में पार्श्वनाथ को योग मुद्रा में शिल्पांकित किया गया है, इनके मस्तक पर सप्तगण चारी सर्प का अंकन है । बेसाल्ट प्रस्तर खण्ड पर (४८x२४x१० से.मी.) आकार में निर्मित प्रतिमा लगभग १४ वीं शती ईस्वी की अनुमानित है । उपरोक्त प्रतिमा के अतिरिक्त मन्दिर में स्थित संगमरमर प्रस्तर पर निर्मित शान्तिनाथ, सम्भवनाथ की प्रतिमाएं भी स्थित है, इन प्रतिमाओं के अतिरिक्त इस ग्राम में महिष मर्दिनी शिवलिंग, योनिपाद तथा विष्णु की प्रतिमाएं आदि प्राप्त हुई हैं । जिन पर क्षरण का अत्यधिक प्रभाव हैं ।

मालखेड़ा - ग्राम मालखेड़ा नीमच तहसील में स्थित है । यह २४°-२९" उत्तरी अक्षांश एवं ७५°-०२" पूर्वी देशान्तर पर अवस्थित है । यह ग्राम नीमच बांसवाड़ा मार्ग पर विद्यमान है । ग्राम के मध्य आधुनिक मन्दिर में महिष मर्दिनी की प्रतिमा प्रतिष्ठत है। बारह भुजी देवी की पांच भुजायें भग्न है । शेष भुजाओं में त्रिशूल, चक्र, बाण, खड्म एवं असुर का हाथ एवं एक हाथ में मुण्ड को पकड़े हुए हैं । देवी का मुकुट, कुण्डल, कटिसूत्र, केयूर, कटक बलय तथा पादबलय अलंकरणों से सुसज्जित है । पैरों के समीप असुर महिम अंकित है । पार्श्व में देवी का वाहन सिंह दृष्टिगत है । प्रतिमा पर प्रस्तर क्षरण का प्रभाव अत्यधिक है । मन्दिर के प्रवेश द्वार के निकट नन्दी, चामुण्डा, घट, चारिणी नृवराह तथा मालाधारी की भग्न प्रतिमाएं प्रतिष्ठित है । मन्दिर के प्रवेश द्वार के बायीं ओर स्तम्भ में उत्कीर्ण अभिलेख है जो चूने के लेप की अधिकता के कारण पढ़ा नहीं जा सकता । गांव में बरगद वृक्ष के नीचे गणेश ललितासन मुद्रा में अंकित है । चतुर्भुजी गणेश की मुखाकृति दायां पैर तथा दायीं ओर

33. उपरोक्त ।

की भुजाऐं भग्न हैं। बायें हाथों में क्रमशः अंकुश, तथा मोदक पात्र का अंकन है। गणेश मणिमाला, मेखला, केयूर, कटक बलय एंव पाद वलय आभूषणों से अलंकृत है। सफेद बलुआ प्रस्तर खण्ड पर ५१x३७x२३ से.मी. आकार में निर्मित यह प्रतिमा लगभग १३ वीं १४ वीं शती ईस्वी की है। इस प्रतिमा के समीप प्रस्तर खण्ड पर देव बामरी लिपि में अस्पष्ट लेख उत्कीर्ण है। उपर्युक्त प्रतिमाओं के अतिरिक्त यहां कीचक तथा मंजरी के शिल्प खण्ड बिखरे पड़े हैं।[३४]

छायन - ग्राम छायन नीमच तहसील में स्थित है। यह २४°-२१" उत्तरी अक्षांश एवं ७५°-६२" पूर्वी देशान्तर पर अवस्थित है। यह ग्राम सेमली मेवाड़ से २ कि.मी. उत्तर दिशा की ओर कच्चे मार्ग के किनारे स्थित है। ग्राम के मध्य माता के चबूतरे पर महिष मर्दिनी की चतुर्भुजी प्रतिमा प्रतिष्ठित है। आयुधों में देवी ने त्रिशूल, खड्म, ढाल एवं मुण्ड धारण किये हैं। प्रस्तर क्षरण के कारण भाव-भंगिमा अस्पष्ट है। सफेद बलुआ प्रस्तर खण्ड पर ३५x२५x१०से.मी. आकार में निर्मित यह प्रतिमा लगभग १४ वीं १५ वीं शती ईस्वी की अनुमानित हैं।[३५]

रेवली-देवली - ग्राम रेवली देवली नीमच तहसील में स्थित है। यह २४°-२८" उत्तरी अक्षांश एवं ७४°-८८" पूर्वी देशान्तर पर अवस्थित हैं। यह ग्राम नीमच मनासा मुख्य मार्ग पर स्थित है। इस गांव के मध्य में शिव मन्दिर स्थित है। जो मराठा कालीन ईंटों से निर्मित है। कालान्तर में इस मन्दिर का जीर्णोद्धार कराकर इसके ऊपर प्लास्टर चढ़ाया गया है। मन्दिर के गर्भगृह में महिष-मर्दिनी की चतुर्भुजी प्रतिमा प्रतिष्ठापित है। असुर महिष का संहार करते हुए देवी के हाथों में क्रमशः खड्ग, अंकुश तथा एक हाथ से असुर का मुण्ड को पकड़े हुए है। प्रतिमा का अलंकरण स्पष्ट है। काले बलुआ प्रस्तरखण्ड पर निर्मित १००x६०x१५ से.मी. आकार में यह प्रतिमा लगभग १८ वीं शती ईस्वी की अनुमानित है। गांव मे एक अन्य महिष मर्दिनी की प्रतिमा प्राप्त हुई हैं। इस प्रतिमा में बारह भुजी देवी के सभी हाथ भग्न हैं। देवी के पैरों के नीचे असुर महिष अंकित है। सिर भग्न है एवं महिष का रूप भावाकार है। महिम के पीछे से देवी का वाहन सिंह प्रहार कर रहा है। प्रस्तर क्षरण के कारण भाव-भंगिमा अस्पष्ट है। सफेद बलुआ प्रस्तर खण्ड पर ६०x६०x२५ से.मी. आकार में निर्मित यह प्रतिमा लगभग १२ वीं शती ईस्वी की अनुमानित है।[३६]

सरवानिया बोर - ग्राम सरवानिया नीमच तहसील में स्थित है। यह २४°-३२" उत्तरी अक्षांश एवं ७४°-५६" पूर्वी देशान्तर पर स्थित है। यह ग्राम

34. स्वयं के सर्वेक्षण द्वारा। 35. उपरोक्त। 36. स्वयं के सर्वेक्षण द्वारा।

पिपलिया चारण से ३ कि.मी. दक्षिण की ओर कच्चे मार्ग पर अवस्थित है । इस ग्राम के मध्य में महिम मर्दिनी एवं ब्रह्मा की प्रतिमा प्राप्त हुई है । देवी महिष मर्दिनी असुर महिष का संहार करते हुए चतुर्भुजी देवी के आयुध क्रमशः त्रिशूल, खड्ग, ढाल तथा एक हाथ में असुर का मुण्ड है । पैरों के नीचे से असुर महिष मानव रूप में प्रकट हो रहा है । प्रस्तर चरण के कारण अलंकरण तथा भाव-भंगिमा अस्पष्ट है । सफेद बलुआ प्रस्तर पर निर्मित ५८x३२x१२ से.मी. आकार की प्रतिमा लगभग १४ वीं शती ईस्वी की अनुमानित है। द्वितीय शिल्प खण्ड में त्रिमुखी ब्रह्मा ललितासन में विराजमान है । इनके पार्श्व में चंवरधारिणी परिचारिकाऐं शिल्पांकित है । प्रस्तर क्षरण के कारण अलंकरण तथा भाव-भंगिमा अस्पष्ट है । सफेद बलुआ प्रस्तर खण्ड पर ५८x३२x१२ से.मी. आकार में निर्मित यह प्रतिमा लगभघ १४ वीं शती ईस्वी की अनुमानित हैं ।[३७]

अमली खेड़ा - ग्राम अमली खेड़ा नीमच तहसील में स्थित है । यह ग्राम २४°-२६" उत्तरी अक्षांश एवं ७५°-०३" पूर्वी देशान्तर पर अवस्थित है । यह ग्राम सावन विश्रामगृह से ३कि.मी. दक्षिण की ओर कच्चे मार्ग पर स्थित है । ग्राम के उत्तर की ओर वीरान स्थल पर लगभग १२ वीं १३ वीं शती ईस्वी की प्रतिमाऐं रखी हैं, जिनमें प्रथम शिव प्रतिमा (२४x१६x२० से.मी.) में केवल ग्रीवा भाग ही शेष हैं । सफेद बलुआ प्रस्तर पर निर्मित की गई हैं । द्वितीय उमा-महेश्वर की प्रतिमा (४८x३४x१६ से.मी.) सफेद बलुआ प्रस्तर पर निर्मित की गई है । प्रतिमा का ऊपरी भाग भग्न है । प्रतिमा में उमा-महेश्वर नन्दी पर आरुढ़ है । प्रतिमा पादपीठ पर गणेश एवं कार्तिकेय तथा पैरों के समीप कृशकार्य श्रृंगी ऋषि का अंकन है । प्रस्तर क्षरण के कारण अलंकरण एवं भाव-भंगिमा अस्पष्ट है । तृतीय गणेश प्रतिमा (४५x३४x१६ से.मी.) आकार प्रतिमा ललितासन मुद्रा में चतुर्भुजी गणेश के आयुधों में क्रमशः अंकुश तथा मोदक पात्र ही दृष्टिगत है । प्रस्तर क्षरण होने के कारण भाव भंगिमा तथा अन्य अलंकरण अस्पष्ट है । प्रतिमा काले बलुआ प्रस्तर खण्ड पर निर्मित है । चतुर्थ लक्ष्मी-नारायण (३४x३०x१४से.मी.) सफेद बलुआ पाषाण पर निर्मित प्रतिमा दो भागों में विभाजित है । स्थानक मुद्रा में आलिंगबद्ध लक्ष्मीनारायण की भुजायें भग्न है। आयुधों में केवल शंख का आलेखन ही शेष हैं । प्रस्तर क्षरण के कारण प्रतिमा की भाव-भंगिमा तथा अलंकरण अस्पष्ट हैं । पांचवी प्रतिमा (४२x२९x१३ से.मी.) सफेद बलुआ पाषाण पर निर्मित हैं । षष्टभुजी देवी की केवल दो ही भुजाऐं वर्तमान में शेष हैं, जिसमें एक हाथ में खप्पर दूसरे हाथ का आयुध अस्पष्ट है । प्रस्तर क्षरण के कारण भाव-भंगिमा स्पष्ट नहीं है ।

37. उपरोक्त ।

गांव में रावरी नामक बावड़ी है, इसे संवत १९४५ ईस्वी सन् १९८८ में पासवानी में निर्मित कराया था। इकतालीस सोपानों से युक्त श्वेत चूनाश्म पट्टियों से निर्मित बावड़ी के बाहर की ओर लगे अभिलेखों से ज्ञात होता है कि जेतूसिंह के पासवान द्वारा १९४५ की वैशाख सुदी नवमी को इस बावड़ी का उदघाटन कराया गया था। रावरी बावड़ी के समीप एक अष्टकोणीय अधिष्ठान पर आठ स्तम्भों में निर्मित छत्री है। इसका गुम्बद ईटों के द्वारा निर्मित किया गया है तथा अधिष्ठानों पर पहुंचने के लिये सोपान निर्मित किये गये थे, जो वर्तमान में भग्न है। शिलालेख एवं प्रतिमा का अभाव है। छत्री के समीप बावड़ी एवंपन्थरवारी पर लगे अभिलेखों से ज्ञात होता है कि सलुम्बर से निकले चन्द्रावत ठाकुर रावत किशोरसिंह के कुंवर जेतुसिंह पासवान की होगी। स्थानीय निवासियों से छत्री के विषय में विस्तृत जानकारी उपलब्ध नहीं हुई हैं।[३८]

सावन – ग्राम सावन नीमच तहसील में स्थित है। यह ग्राम ७५°-०४" उत्तरी अक्षांश एवं २४°-२८" पूर्वी देशान्तर पर स्थित है। ग्राम सावन विश्रामगृह से एक कि.मी. पूर्व दिशा की ओर स्थित है। गांव के दक्षिण में महादेव मन्दिर है। यह मन्दिर उत्तराभिमुखी है। मन्दिर मराठाकालीन ईटों से निर्मित किया गया है। मन्दिर की दीवारों पर चूने का प्लास्टर किया गया हैं। योजना में मन्दिर में केवल गर्भगृह ही शेष है। जिसमें समकालीन जलाधारी शिवलिंग प्रतिष्ठित है। मन्दिर के ललाटबिम्ब पर गणेश का अंकन है। शिखर गुम्बदाकार है। गर्भगृह के समय मराठाकालीन नन्दी का भी अंकन है। महादेव मन्दिर के बायीं ओर शिव मन्दिर अवस्थित है। यह मन्दिर महादेव मन्दिर के समकालीन है, जो उपरोक्त मन्दिर की भांति ईट और चूने से निर्मित है। मन्दिर के शिखर पर आमलक का अंकन है। इस ग्राम में सफेद बलुआ प्रस्तर पर ७४x३१x३४ से.मी. आकार की एक शिला में लगभग ५-६ वीं शताब्दी का मालवा के गुप्त औलिकर ब्राह्मीलिपि में १९ पंक्तियों का संस्कृत भाषा में अभिलेख उत्कीर्ण है। यह अभिलेख संवत् ७०५ में स्थापित किया गया एक दूसरा अभिलेख है। जिसमें भूमि दान देने का उल्लेख किया गया है। इस गांव में अनेक प्रतिमाएं प्राप्त हुई है। जिनमें प्रथम महिष मर्दिनी की प्रतिमा है। जिसमें असुर महिष का मर्दन करते हुए उत्कीर्ण किया गया है। बीस भुजी देवी के आयुधों में क्रमशः अक्षमाला, त्रिशूल, गदा, वज्र, गदा दो हाथों से परशु पकड़े हुए हैं। एवं धुरिका चक्र, खड्म तथा घंटी हैं। बायें हाथों में शूल, ढाल, खप्पर, धनुष दो हाथों में अंकुश पकड़े हुए, असुर के केशों को पकड़े हुए दिखाया गया है एवं दूसरे हाथ में शंख तथा असुर की भुजा पकड़े

38. उपरोक्त।

हैं। एक हाथ में त्रिशूल की मुंठिका पकड़े हुए हैं। पादपीठ पर महिष का सिर धड़ से पृथक होने के पश्चात् भी असुर मानव के रूप में अवतारित होते हुए दिखाया है। असुर के दायें हाथ में खड्ग का अंकन है। देवी का वाहन सिंह महिष के पीछे से अपने तेज दांतों द्वारा प्रहार करते हुए प्रतिमा में दिखलाया गया है। आभूषणों महिष मर्दिनी मुकुटक कुण्डल, कंठसूत्र, हारावली, स्तनसूत्र, केयूर, कटक बलय, कटिसूत्र, पादजालक अलंकरणों से अलंकृत है। सफेद वित्तीदार बलुआ प्रसतर खण्ड पर १०७x७१x२३ से.मी. आकार की एक और प्रतिमा निर्मित की गई है। शास्त्रीय मापदण्डों के आधार पर यह लगभग ११ वीं १२ वीं शती ईस्वी की प्रतीत होती है। यह सम्पूर्ण प्रतिमा अत्यंत प्रभावोत्पादक है। प्रतिमा में अलंकृत सभी अलंकरणों तथा आयुधों का अंकन मनोहारी है। देवी के अद्धेशभाग से देवी की क्रोधाग्नि स्पष्ट हो जाती है। प्रतिमा को लेकर शिल्पकार की निपुणता का आभास हो जाता है। बीस भुजी महिष मर्दिनी की इतनी सुन्दर प्रतिमा मिलना दुर्लभ है। [३९]

द्वितीय शेषशायी विष्णु की प्रतिमा अनन्त नामकी शैय्या पर शयन मुद्रा में उत्कीर्ण किया गया है। चतुर्भुजी विष्णु के दायें हाथों में चक्र, गदा तथा बायें हाथों में एक हाथ में मस्तक को सहारा देते हुए तथा दूसरा हाथ जंघा पर स्थित है। विष्णु की नाभि से उत्पन्न कमल पर ब्रह्मा की भग्न आकृति है। विष्णु के पैरोंके समीप देवी लक्ष्मी विराजमान है। आभूषणों में विष्णु किरीट मुकुट, कुण्डल, हारावली, केयूर, कटक बलय, लम्बी वनमाला तथा उत्तरी वेशभूषा से अलंकृत है। पैरों के समीप बैठी लक्ष्मी के आभूषणों में मुकुट कुण्डल, हारावली, स्तनसूत्र, कटीसूत्र, अलंकरणों से सुसज्जित है। वितान पर विद्याधर तथा कुछ अस्पष्ट कलाकृतियों का अंकन है। बलुआ प्रस्तर खण्ड पर ३९x५०x१८ से.मी. आकार में निर्मित प्रतिमा शास्त्रीय मापदण्डों के आधार पर लगभग ११ वीं १२ शती ईस्वी की प्रतीत होती है। तृतीय नन्दी प्रतिमा का मुख भग्न है। नन्दी का कुछ भाग भूमि के अन्दर धसा हुआ है। नन्दी के गले में घंटिकाओं की माला का अंकन है। मुख के समीप भग्न मानवाकृति है, जो नन्दी को मोदक खिला रहा है। तृतीय विष्णु प्रतिमा में विष्णु का केवल पैर का भाग ही दृष्टिगत है। जिसमें लम्बी वनमाला का स्पष्ट अलंकरण है। पादपीठ पर दोनों और द्विभंग मुद्रा में शंख तथा चक्र पुरुष का अंकन है। सफेद बलुआ प्रस्तर पर ३७x४९x१७ से.मी. आकार में निर्मित प्रतिमा लगभग १३ वीं शती ईस्वी की अनुमानित है। चतुर्थ सती स्तंभ के चारों और पुरुष तथा स्त्री आकृतियां पशु पर आरुढ़ मानव, शिवलिंग, पूजक था। पूजिका तथा अग्नि कुण्ड में हवन करते हुए मानव तथा स्त्री

39. स्वयं के सर्वेक्षण द्वारा।

आकृतियों का शिल्पांकन है । बलुआ प्रस्तर खण्ड पर ५८x२४x२४ से.मी. आकार में निर्मित यह सती स्तम्भ लगभग १५-१६ वीं शती ईस्वी की अनुमानित हैं । पांचवी रेवन्त की प्रतिमा है, जिसका सिर भग्न है । प्रतिमा में रेवन्त गतिमान अश्व पर आरुढ़ है । चतुर्भुजी रेवन्त के दांये हाथ में लगाम तथा बांये हाथ में चषक पात्र का अंकन है । पादपीठ पर शिकारी श्वान जंगली सुअरों पर आक्रमण करता हुआ तथा बांयी ओर द्विभंग मुद्रा में दण्ड तथा पिंगल अंकित है । अलंकृत अश्व के पीछे एक स्त्री का शिल्पांकन है, जिसके हाथों में सम्भवतः छत्र का आलेखन रहा होगा । सफेद बलुआ प्रस्तर खण्ड पर ८४x१३x२४ से.मी. आकार में निर्मित प्रतिमा है । शास्त्री मापदण्डों के आधार पर यह प्रतिमा लगभग ९ वीं १० वीं सती ईस्वी की प्रतीत होती है । रेवन्त प्रतिमा को अहीर समाज के लोग जुझार के रूप में पूजते हैं । उनकी धारणा है,कि वे उनके पूर्वज सूरजमली है, जो जीरण ग्राम में डाकुओं से मवेशियों को छुड़ाते समय मारे गये थे । इनका सिर जीरण तालाब में गिर गया था वे मात्र धड़ से सावन चले गये। और वे पनघट पर पानी भरती हुई स्त्रियों द्वारा टोंक देने पर पाषाण के हो गये है। उपर्युक्त प्रतिमाओं के अतिरिक्त यहां लिग प्रतिमा, नटेश तथा द्वारपालकों की भी भग्न है प्रतिमायें यंत्र-तंत्र प्राप्त हुई है ।[४०]

बोरखेड़ा खुर्द- बोरखेड़ा खुर्द ग्राम नीमच तहसील में स्थित है । यह २४°-२९" उत्तरी अक्षांश एवं ७५°-०१" पूर्वी देशान्तर पर स्थित है । यह ग्राम दोबड़ से तीन कि.मी. पश्चिम दिशा की ओर अवस्थित है । इस ग्राम में लक्ष्मीनारायण का मन्दिर है, जिसमें संगमरमर से निर्मित लक्ष्मीनारायण की मराठा कालीन प्रतिमा रखी हुई है ।[४१]

दारू - ग्राम दारू नीमच तहसील में स्थित है । यह २४°-२९" उत्तरी अक्षांश ७५°-४५" पूर्वी देशांतर पर अवस्थित है । यह ग्राम नीमच से लगभग १५ कि.मी. पश्चिम दिशा की ओर स्थित है । ग्राम में एक किला स्थित है । इस किले के अवशेष बहुत कम मात्रा में दृष्टिगोचर होते हैं । राव साहब की गढ़ी अवश्य अपनी विशालता को प्रदर्शित करती है। ओझा ने राजपूताने के इतिहास में प्रतापसिंह द्वितीय (सं. १८०८-१८१०) द्वारा अपने राज्यारोहण के पश्चात शीघ्र ही सूरजसिंह के पोते व उम्मेदसिंह शक्तावत को दारू, ग्राम की जागीर प्रदान करने का उल्लेख किया है । दारू साहब के वंशजों का कहना है, कि पूर्व में यहां डाड़ियां राजपूतों का राज्य था। वर्तमान में गढ़ का बायां भाग उन्हीं के द्वारा निर्मित किया गया । पूर्व में इस का नाम दूधा नगरी था । दारू अधिक निकलने के कारण बाद में दारू के रूप में

40. स्वयं के सर्वेक्षण द्वारा ।

41. स्वयं के सर्वेक्षण द्वारा ।

परिवर्तित हो गया । दारू गढ़ी में लगे अभिलेखों से ज्ञात होता है कि डोडियों की गढ़ी के दाहिने ओर नीचे की पायगा का निर्माण सवत् १९४१ में तख्तसिंह के पुत्र मदनसिंह के दरबार में हुआ । इसका ऊपरी हिस्सा सन् १९४६ में इस वंश के अंतिम राव हिम्मतसिंह ने बनवाया था । गढ़ी के बाहर दायें ओर विशाल बुर्ज हैं । बायीं ओर का बुर्ज १९३९ में निर्मित किया गया था, जिसमें अन्तिम राव साहब का ड्राइंग रूम था । गढ़ी के सामने एक वटवृक्ष के नीचे मदनसिंह के पुत्र देवीसिंह ने सम्वत् १९४० में निर्मित कराया हुआ एक चबूतरा है । इन्हीं के काल में नगर का प्रवेश द्वार व श्मशान घाट के समीप एक लघु शिव मन्दिर निर्मित किया गया है । जिसका उदयापन बैरागी श्री गोपीदास ने संवत् १९४२ में कियां था ।[४२]

गांव में दो शिव मन्दिर है, शिव मन्दिर क्रमांक -१ लगभग १४ वीं शती ईस्वी का निर्मित है । सफेद बलुआ प्रस्तर खण्डों में नागर शैली तथा त्रिरथी योजना में निर्मित इस मन्दिर में गर्भगृह तथा मण्डप है । मन्दिर का गर्भगृह षष्ठकोणीय तथा गुम्बदाकार है । वितान पर विकसित कमल दल का अंकन है । गर्भगृह में लघु मंचिका तथा दायीं और बायीं भित्ती पर प्रतिमा विहीन देव कुलिकाऐं है । प्रवेश द्वार के ललाट बिम्ब पर चतुर्भुजी गणेश अंकित है । नीचे देहरी पर मकर मुख का अंकन है । गर्भगृह के समय चार स्तम्भों पर आधारित मण्डप है । इसका वितान चतुष्कोणीय तथा ऊपर विकसित कमलदल का अंकन है । जंघा भाग पर तीन ओर देवकुलिकाऐं निर्मित है । उत्तरी और पश्चिमी ओर की देव कुलिका में प्रतिमा तथा दक्षिणी ओर की देव कुलिका में चतुर्भुजी गणेश है । इनके आयुधः क्रमशः भग्न है, वे परशु, अंकुश, तथा मोदक पात्र लिये है । गणेश हारावली केयूर कटक लय, पाद बलय, आभूषणों से सुसज्जित है । शिव मन्दिर क्रमांक दो मराठा कालीन स्थापत्य कला में निर्मित किया गया है । यह मन्दिर योजना केवल गर्भगृह शेष बचा है । गर्भगृह चतुष्कोणीय है तथा वितान पर विकसित कमल दल का अंकन है । गर्भगृह में जलाधारी शिवलिंग प्रतिष्ठित है । गर्भगृह में तीन देव कुलिकाऐं अंकित है । सामने की देव कुलिका में द्विभंग मुद्रा में चंवरधारिणी का शिल्पांकन है । गर्भगृह के समय दो स्तम्भों पर आधारित मण्डप है, जिसमें समकालीन नन्दी का अंकन है । मन्दिर के गुम्बदाकार शिखर पर विकसित कमल दल का अंकन है। उपर्युक्त मन्दिर के नीचे एक लघु देवालय है । इसके गर्भगृह में शिवलिंग प्रतिष्ठित है । इसके गुम्बदाकार शिखर पर उल्टे कलाकृति तथा कलश का अंकन है । मन्दिर के दायीं ओर एक दीर्घ गुफा तथा एक लघु गुफा निर्मित है, जो सम्भवतः तपस्वियों के तपस्या करने हेतु बनायी गयी होगी ।

42. स्वयं के सर्वेक्षण द्वारा ।

मन्दिर के समय दो छत्रियां निर्मित है, छत्री क्रमांक एक ऊंचे चबूतरे पर निर्मित यह छत्री चार स्तम्भों पर आधारित है । एक स्तम्भ को दूसरे स्तम्भों परसे जोड़ने के लिये डिण्डोलिका तोरण का प्रयोग किया गया है । छत्री में ढाल तथा तलवार से सुज्जित योद्धा तथा अंज्जलिबद्ध मुद्रा में मराठा कालीन वेशभूषा में नायिका अंकित है । छत्री क्रमांक दो किसनलाल के खेत में चूनाश्म पट्टियां कलात्मक कढंग से निर्मित सात स्तम्भों पर आधारित हैं । इनका शिखर गुम्बदाकार था, जो अब टूट चुका है । गुम्बद के वितान पर बेलबूटे बने हैं । यहां पर चित्रकार ने अपना नाम रादास संवत् १७७० अंकित कर रखा है । इसके आसपास अनेक समाधि स्थल के रूप में निर्मित किया गया है । इसके अतिरिक्त ग्राम में क्षरित अवस्था में नटराज की प्रतिमा है । इस स्तम्भ पर १८८० ईस्वी का लेख अंकित है। उपर्युक्त प्रतिमाओं के अतिरिक्त गांव में मुस्लिम पुरावशेष (मस्जिद) के अवशेष अभी विद्यमान है ।[४३]

नीलकंठपुरा – ग्राम नीलकंठ पुरा नीमच तहसील में स्थित है । यह २४°-२७" उत्तरी अक्षांश एवं ७५°-०१" पूर्वी देशान्तर पर स्थित है । यह ग्राम नीमच मनासा मुख्य मार्ग से एक कि.मी. ऊपरी सतह पर अवस्थित है । इस गांव में नीमच मनासा मार्ग में उत्तर की ओर एक प्राचीन टीला स्थित है । जिसका मात्र १००x१०० मीटर आकार का है । टीला काली एवं भूरी मिट्टी की परतों से निर्मित है । इस टीले से पात्रावशेष प्राप्त हुए हैं, जिसमें ब्लेक, सीप्ड, वेयर, ब्लेक एण्ड रेड वेयर, आदि मृदभाण्ड प्राप्त हुए हैं । पात्रावशेषों के आधार पर यह आवासीय टीला ताम्राश्य युगीन संस्कृति का प्रतीत होता है । नीमच तहसील में स्थित इस ग्राम के टीले का यदि उत्खनन किया जाता है तो प्राप्त पुरावशेषों के आधारा पर ऐतिहासिक दृष्टिकोण के नवीन अध्यायों का समावेश किया जा सकता है । अतः इस स्थल का उत्खनन किया जाना प्रस्तावित हैं । इस गांव में आधुनिक शिव मन्दिर के पास सोपानों पर प्रतिमा रखीं हैं । जिनमें प्रथम भैरव प्रतिमा जो द्वभंग मुद्रा में अंकित है चतुभुंजी भैरव के दो हाथों के आयुध अस्पष्ट तथा दो में खटवांग एवं खप्पर का अंकन है । प्रस्तरण क्षरण के कारण प्रतिमा की भाव-भंगिमा अस्पष्ट है । सफेद बलुआ प्रस्तर खण्ड पर ४०x२४x२४ से.मी. आकार में निर्मित यह प्रतिमा लगभग १० वीं ११ शती ईस्वी की है। द्वितीय प्रतिमा नायक-नायिका एवं शिशु की प्रतिमा है, द्विभंग मुद्रा में अंकित द्विभुजी नायक और नायिका के एक हाथ में पुष्प तथा दूसरा कटयावलम्बिद मुद्रा में है। पादपीठ पर शिशु का अंकन है । सफेद बलुआ प्रस्तर खण्ड पर ६०x३८x१४ से.मी. आकार में यह प्रतिमा लगभग १० वीं ११ वी शती ईस्वी की अनुमानित हैं।[४४]

43. स्वयं के सर्वेक्षण द्वारा ।
44. स्वयं के सर्वेक्षण द्वारा ।

जीरण - ग्राम जीरण नीमच तहसील में स्थित है । यह ग्राम २४°-१९" उत्तरी अक्षांश एवं ७४°-५४" पूर्वी देशान्तर पर अवस्थित है । यह अरनिया ग्राम के पश्चिम दिशा से ७ कि.मी. दूरी पर स्थित है । गांव से दक्षिण पश्चिम में तालाब है, जिसके किनारे पंचदेवल मन्दिर स्थित है । गुहिल युगीन स्थापत्य कला की दृष्टि से यह मन्दिर सप्तरथी योजना में निर्मित किया गया है । इसके सभा मण्डप में स्थित चार स्तम्भ है, जो १०४५३ एवं १०६५ में गुहिल वंशीय विग्रह पाल की पत्नी एवं उनके पुत्र द्वारा दान स्वरूप भेंट किये गये हैं। कालान्तर में मुस्लिम आक्रमणकारियों के द्वारा यह मन्दिर नष्ट कर दिया गया था । संवत् १६०८ में महाराजा जगतसिंह प्रथम के समय जीर्णोद्वार कराया गया । इस आशय का एक अभिलेख गर्भगृह के उथ्तरंग के बायीं ओर स्थित है । बलुआ प्रस्तर खण्डों से निर्मित यह मन्दिर भगवान शिव को समर्पित किया गया है । मन्दिर की द्वारा शाखाएं जगती पीठिका, आड़म कुम्भ, कर्णिका ही प्राचीन मन्दिर के शेष अवशेषों के रूप में विद्यमान है । शिखर व सभामण्डप भग्न कर दिये गये थे । मन्दिर का गर्भगृह तथा वितान पर विकसित कमल दल का रेखांकन है । गर्भगृह से पंचमुखी शिवलिंग (लगभग ६ वीं ७ वीं शती ई.) प्रतिष्ठित है । शिवलिंग के पीछे ६३x४५x७५ से.मी. आकार में निर्मित चतुर्भुजी गणेश का अंकन है । ललाट बिम्ब पर समभंग स्थानक मुद्रा में चतुर्भुजी शिव हैं । शिव अपने हाथो में क्रमशः अक्षमाला, त्रिशूल, सर्प तथा कमण्डलु धारण किये हुए हैं । त्रिमुखी ब्रह्मा तथा बायीं और अक्षमाल, गदा, चक्र एवं शंख आयुधों से युक्त चतुर्भुजी विष्णु का आलेखन है । प्रवेश द्वार के स्तम्भ पर द्विभंग स्थानक मुद्रा में नेटश, मकर पर आरुढ गंगा तथा कूर्म पर आसीन यमुना की प्रतिमायें है । प्रवेश द्वार की चन्द्रशिला पर वीणाधारी व्यालकृतियां तथा लता बल्लरियों का शिल्पांकन हैं । गर्भगृह के समय दो स्तम्भों पर आधारित अन्तराल है । इसके स्तम्भों पर व्यालाकृतियाँ तथा लता बल्लरी व पुष्पों का सुन्दर आलेखन है । एवं चतुष्कोणीय वितान पर कमल दल का अंकन है । अन्तराल के बायीं ओर स्थित रथिका में गौरी एवं लक्ष्मी-नारायण की प्रतिमाएं अंकित है । प्रथम गौरी प्रतिमा समभंग स्थानक मुद्रा में उत्कीर्ण है । चतुर्भुजी भैरव गौरी के आयुधों में क्रमशः अभय (अक्षमाला) दो हाथों में कमल पुंज एवं कमण्डलु हैं । गौरी जटा मुकुट, चक्र कुण्डल, कंठसूत्र, हारावली, कटिसूत्र, केयूर, कटल बलय, परद बलय एवं लम्बी वनमाला अलंकरणों से सुशोभित हैं । पाद पीठ पर दोनों और अग्निकुण्ड अंकित है । लाल बलुआ प्रस्तर खण्ड पर ५१x३४x६ से.मी. आकार में निर्मित यह प्रतिमा शास्त्रीय मापदण्डों के अनुसार लगभग ६ वीं ७ वीं शती ईस्वी की अनुमानित है । द्वितीय लक्ष्मी नारायण की प्रतिमा है । ललितासन

मुद्रा में मानवाकार गरुढ़ पर आरुढ़ नारायण की बांयी जंघा पर लक्ष्मी विराजमान हैं। चतुर्भुजी नारायण के आयुधों में क्रमशः शंख, चक्र, गदा है वे आलिंगन बद्ध है। द्विभुजी लक्ष्मी का एक हाथ नारायण के स्कन्धों पर तथा दूसरे में चक्र का अंकन है। विष्णु किरीट मुकुट, हारावली, श्रीवत्स, केयूर, कटक बलय आदि से सुसज्जित है। इसी प्रकार लक्ष्मी भी सम्मत आभूषणों से अलंकृत है। प्रतिमा का प्रस्तर पर क्षरण का प्रभाव अधिक है। काले ब्रलुआ प्रस्तर खण्ड पर ६३x३७x१५ से.मी. आकार में निर्मित यह प्रतिमा लगभग ११ वीं १२ वीं शती ईस्वी की अनुमानित हैं।[४५]

मन्दिर के अन्तराल के समय दो स्तम्भों पर आधारित सभा मण्डप है, जिसमें वीरासन मुद्रा में मानवाकार गरुढ़ की प्रतिमा प्रतिष्ठित है। लगभग ११ वीं शती ईस्वी ९०x५०x१० से.मी. आकार में अंजलिबद्ध मुद्रा में गुरूड़, मुकुट, कुण्डल, एकावली मणि, मुक्ताहार, केयूर, कटक, बलय, कटिसूत्र, उरूदाम पादवलय अलंकरणों से अलंकृत है। गरुड़ अपनी दोनों भुजाओं में सर्पन को लपेटे हुए है। यह सम्पूर्ण प्रतिमा अत्यन्त प्रभावोत्पादक तथा मनोहारी है। गरुड़ के नीचे स्थित अभिलेख से ज्ञात होता है कि यह मन्त्रि राल्हा के पुत्र राघव द्वारा निर्मित कराया गया है। सभा मण्डप की भित्ती पर वादक एवं नायक नायकियाएं शिल्पांकित है। मन्दिर के समय नन्दी प्रतिमा (९६x४८x२८ से.मी.) स्थित है। नन्दी के मुख के समक्ष मोदक पात्र का अंकन है। प्रतिमा लगभग ११ वीं शती ईस्वी की प्रतीत होती है। मन्दिर के कटि भाग पर इन्द्र, यम बैसृति, वरुण, वायु, कुबेर तथा ईशान अष्ट दिक्पालों की प्रतिमाएं लघु मंचिका में प्रतिष्ठित हैं। वैश्रुति प्रतिमा में पार्श्व वे नृसिंह प्रतिमा का अंकन हैं।[४६]

नन्दी मंदिर शिखर पर लगभग ११ वीं १२ वीं शती ईस्वी की लाल बलुआ प्रशतर खण्ड पर निर्मित प्रतिमा विद्यमान है। जिनमें प्रथम विष्णु विश्वरूप प्रतिमा में विश्व पद्म पर समभंग स्थानक मुद्रा में बीस भुजी विष्णु की समस्त भुजायें एवं मुखाकृति भग्न हैं। पादपठ पर शंख, चक्र आयुध पुरुष का अंकन है। प्रतिमा ८०x६२ से.मी. आकार की है। द्वितीय शेषशायी विष्णु (४४x४५ से.मी.) शेषशैय्या पर पर्यकासन मुद्रा में चतुर्भुजी के दो हाथ भग्न दायें एक हाथ मस्तक को सहारा दिये हुए हैं तथा एक हाथ में चक्र का अंकन है। पैरों के समीप लक्ष्मी विराजमान है। पार्श्व में चांवरधारिणी परिचारिकाओं का अंकन है। तृतीय बलराम एवं श्रशेष नारायण) विश्व पद्म पर ललितासन मुद्रा में चतुर्भुजी बलराम के दो हाथ भग्न में तथा दो में अक्षमाला एवं कमण्डलु का अंकन है। पादपीठ पर शंख व चक्र पुरुष पद्म धारिणी नायिकाओं तथा पूजिकाओं की लघु आकृतियों का आलेखन है, चतुर्थ

45. स्वयं के सर्वेक्षण द्वारा। 46. स्वयं के सर्वेक्षण द्वारा।

नृसिंह (३७x५४ से.मी.) प्रतिमा में नृसिंह का केवल अधोभाग ही दृष्टिगत है। नृसिंह अपनी जंघाओं पर हिरण्याकश्यप के उधर को विदीर्ण कर रहे है। पादपीठ पर शंख, चक्र, आयुध पुरुष तथा परिचारिकाऐं दृष्टिगत है। पांचवी त्रिदेव (५८x११३ से.मी.) प्रतिमा के समभंग स्थानक मुद्रा में त्रिदेव के पार्श्व के दोनों मुख भग्न तथा पुरुष मुखाकृति ही दृष्टिगत हैं, प्रस्तरण क्षरण के कारण भाव-भंगिमा अस्पष्ट है। छठी गौरी की प्रतिमा पूर्णतः भग्न है। प्रतिमा के दायीं और गणेश तथा बायीं ओर कार्तिकेय का अंकन है। वितान पर मालाधारी आकृतियों का आलेखन हैं। सातवीं मातृका कौमारी (५०x४८ से.मी.) प्रतिमा वाहन मयूर पर त्रिभंग मुद्रा में चतुर्भुजी कोमारी के तीन हाथ भग्न एवं एक हाथ कटयावलम्बित मुद्रा में हैं। आठवी मातृका माहेश्वरी की प्रतिमा ललितासन मुद्रा में चतुर्भुजी माहेश्वरी के आयुध क्रमशः अक्षमाला, भग्न, सजाल पद्म तथा एक हाथ कटयावलम्बित मुद्रा में है।[४७]

मन्दिर के परिसर में स्थित कुछ प्रतिमायें रखी है, जिनमें प्रथम नंदी प्रतिमा लगभग १३ वीं शती ईस्वी की १०५x५०x३७ से.मी. आकार की हैं। द्वितीय नन्दी प्रतिमा जिसका मुख भग्न है। लगभग १५ वीं शती ईस्वी में निर्मित प्रतिमा का आकार ८५x५०x३५ से.मी. है। तृतीय कीचक की प्रतिमा लगभग ११ वीं शती ईस्वी की जो १०६x३० से.मी. आकार की है। चतुर्थ स्तम्भ खण्ड हेतु जिसमें स्तम्भ खण्ड भाग में आलिंगबद्ध नायक-नायिका वादक स्त्री पुरुष, नृत्यरत नायिका, द्वारपाल तथा पूजक आकृतियाँ शिल्पांकित है। पांचवा तोरणाद्वार (११९x२९x२० से.मी.) आकार में है। तोरण द्वार में नृत्यरत मानवाकृति मृदंग वादक की प्रतिमाएं शिल्पांकित है। प्रतिमा लगभग १२ वीं शती ईस्वी की हैं। छठी विष्णु प्रतिमा का परिकर खण्ड लगभग ११ वीं शती ईस्वी ७०x५५x९ से.मी. आकार की है। इस भाग में विष्णु के चौबीस अवतारों की पांच आकृतियों का आलेखन है। सातवीं नृसिंह प्रतिमा का अद्योभाग भग्न हैं। नृसिंह की केश राशि एवं हारावली दृष्टिगत है। वितान पर मालाधारियों का अंकन है। लाल बलुआ प्रस्तर खण्ड पर २८x४०x१७ से.मी. आकार में निर्मित यह प्रतिमा लगभग ११ वीं शती ईस्वी की अनुमानित हैं। आठवीं देवी पार्वती (४०x२० से.मी.) ललितासन मुद्रा में अंकित पार्वती का मुख एवं तीन भुजायें तथा उदर भाग भग्न है। एक हाथ में पद्म का अंकन है। प्रस्तर क्षरण के कारण प्रतिमा की भाव-भंगिमा अस्पष्ट है। लाल बलुआ प्रस्तर पर निर्मित प्रतिमा लगभग ११ वीं शती ईस्वी की है। नवमी विष्णु प्रतिमा का परिकर खण्ड (७०x४५x७२ से.मी.) भाग में विष्णु के चौबीस अवतारों से संबंधित दो आकृतियां अंकित है।

47. उपरोक्त।

प्रतिमा लगभग ११ वीं शती ईस्वी की है । दसवी स्तम्भ खण्ड (११५x३१x३० से.मी.) में नृत्यरत मानवाकृति मृदंग वादक ढपली वादक, का शिल्पांकन है । प्रतिमा लगभग ११ वीं १२ वीं शती ईस्वी की है । ग्यारहवां स्तम्भ खण्ड (४८x५२x७५ से.मी.) भाग में ब्रह्मा कृष्ण, नृसिंह, वामन तथा विष्णु के कर्मा प्रतिमा १२ वीं शती इस्वी की है।[४८]

बारहवा स्तम्भ खण्ड (१३०x३०x३२ से.मी.) उमा-महेश्वर नायिका है । इस स्तम्भ खण्ड में शिल्पांकित उमा-महेश्वर ललितासन मुद्रा में अंकित है । महेश्वर की बायीं जंघा पर उमा विराजमान है । चतुर्भुजी महेश्वर के आयुध अभय त्रिशूल, आलिंगनबद्ध एवं सर्प तथा उमा का बायां हाथ महेश्वर के स्कन्धों पर तथा बायें हाथ में दर्पण है । देवी पार्वती ललितासन में चुतुर्भुजी पार्वती के आयुध क्रमशः अभय, शिवलिंग, त्रिशूल तथा कमण्डलु है । नायक प्रतिमा द्विभंग मुद्रा में अंकित है । स्तम्भ लगभग ११ वीं १२ वीं शती ईस्वी का है । इस भाग में अश्वारुढ़ कालिका कूर्म तथा वितान पर विष्णु की लघु आकृतियों का अंकन है । चौदहवी विष्णु प्रतिमा (३०x२७x८ से.मी.) के वक्ष स्थल से अधोभाग भग्न हैं । अलंकरणों में मुकुट, हारावली एवं आयुधों में गदा व चक्र दृष्टिगत है । काले बलुआ प्रस्तर कण्ड पर निर्मित प्रतिमा ११ वीं १२ वीं शती ईस्वी की है। पन्द्रहवी उमा-महेश्वर प्रतिमा (५०x४१x१५ से.मी.) भग्न स्तम्भ खण्ड में ललितासन मुद्रा में उमा-महेश्वर अंकित हैं । महेश्वर की बायीं जंघा पर उमा विराजमान है । चतुर्भुजी महेश्वर के आयुध क्रमशः भग्न है । त्रिशलु तथा सर्प हैं । आलिंगन मुद्रा में द्विभुजी उमा का एक हाथ महेश्वर के स्कंध पर एवं दूसरे में पद्म का अंकन है । काले बलुआ प्रस्तर खण्ड पर निर्मित प्रतिमा लगभग ११ वीं १२ वीं शती ईस्वी की है । सोलहवां स्तम्भ खण्ड (११८x३०x३३ से.मी.) में ब्रह्मा, विष्णु तथा शिव का शिल्पांकन है । स्तम्भ ११ वीं १२ वीं शती ईस्वी का है । सत्रहवं गरुड़ासीन लक्ष्मी-नारायण प्रतिमा (६४x५०x१५ से.मी.) मानवाकार गरुड़ पर ललितासन मुद्रा में आरुढ़ नारायण की बायी जंघा पर लक्ष्मी विराजमान है । चतुर्भुजी नारायण के आयुध क्रमशः गदा एवं चक्र है । द्विभुजी लक्ष्मी का एक हाथ भग्न तथा दूसरे हाथ से विष्णु का आलिंगन किये हुये हैं । प्रतिमा में प्रस्तर क्षरण का काफी प्रभाव है । लाल बलुआ प्रस्तर खण्ड पर निर्मित प्रतिमा लगभग ११ वीं १२ वीं ईस्वी अनुमानित है । अठारहवीं मन्दिर वितान खण्ड (६१x३६x२२ से.मी.) के भाग में उमा-महेश्वर, लक्ष्मी-नारायण की प्रतिमाएं उकेरी गयी हैं । प्रतिमा लगभग ११ वीं १२ वीं शती ईस्वी की है। उन्नीसवी कीचक्र प्रतिमा ६०x४८ से.मी. आकार की

48. स्वयं के सर्वेक्षण द्वारा ।

लगभग ११ वीं १२ वीं शती की हैं । बीसवीं योग पट्ट ५८x५०x२८ से.मी. आकार की प्रतिमा लगभग ११ वीं १२ वीं शती ईस्वी की हैं । इक्कीसवी की चक्र प्रतिमा १००x७८x२५ से.मी. आकार की प्रतिमा लगभग ११ वीं १२ वीं शती ईस्वी की है । बाईसवीं ललितासन मुद्रा में चतुर्भुजी शक्ति गणेश अंकित है । भुजाओं में आयुध क्रमशः भग्न, देवी के उरोज को स्पर्श करते हुए अंकुश एवं मोदक पात्र है । द्विभुजी देवी के साथ भग्न हैं । तेईसवां स्तम्भ खण्ड ५०x२३x२० से.मी. आकार लगभग ११ वीं १२ वीं शती ईस्वी का है, इस भाग में पूजक की आकृति शिल्पांकित हैं । चौबीसवां स्तम्भ खण्ड (१००x५५x२० से.मी.) भाग में नृत्य नायिका, मृदंगवादक, ढपली वादक की लघु आकृतियाँ उकेरी गयी है । स्तम्भ लगभग ११ वीं १२ वीं शती ईस्वी का है । पच्चीसवां प्रतिमा खण्ड (३०x१८x६ से.मी.) में कमण्डलु लिये पूजक दर्पण लिये हुए नायिका एवं माला धारिणी का आलेखन हैं। छब्बीसवीं नन्दी प्रतिमा जिसका मुख भग्न है । लगभग ११ वीं १२ वीं शती ईस्वी की यह प्रतिमा ७७x६०x४० से.मी. आकार की हैं । सत्ताईवीं नन्दी ९०x५५x३८ से.मी. प्रतिमा लगभग ११ वीं १२ वीं शती ईस्वी की है। अट्ठाईसवीं शिवलिंग प्रतिमा ११०x११५ से.मी. आकार की हैं । उन्तीसवीं ब्रह्मा सवित्री ९०x५५x१० से.मी. प्रतिमा ललितासन मुद्रा में अंकित ब्रह्मा की बायीं जंघा पर सावित्री विराजमान है । त्रिमुखी ब्रह्मा के आयुंध क्रमशः युवा, आलिंगनबद्ध तथा पुस्तक है । लाल बलुआ प्रस्तर खण्ड पर निर्मित प्रतिमा लगभग ११ वीं १२ वीं शती ई. की है। तीसवीं योगनारायण प्रतिमा में प्रतिष्ठित चतुर्भुजी योग नारायण के ऊपर की दो भुजाओं में सनाल पदम तथा नीचे के हाथ ध्यान मुद्रा में है । पार्श्व ने दोनों ओर मालाधारी परिचारिकाओं को अंकित किया गया हैं । [४९]

पंचदेवल मन्दिर के दायीं ओर लगभग १०० मीटर की दूरी पर शिव मन्दिर स्थित है । लगभग ११ वीं शती ईस्वी में निर्मित यह मन्दिर पूर्णतया भग्न है । अवशेष के रूप में मन्दिर के गर्भगृह को प्रस्तर खण्डों से जोड़ा गया है, जो चतुष्कोणीय तथा वितान पर विकसित कमल दल का अंकन है । प्रवेश द्वार के ललाट बिम्ब परसमभंग स्थानक मुद्रा में त्रिमुखी ब्रह्मा, विष्णु तथा नटेश का आलेखन है । नीचे दोनों और नृत्यरत मानवाकृति वादक तथा नायक-नायिकायें शिल्पांकित है । मन्दिर के समीप पीपल के वृक्ष के नीचे लगभग ११ वीं १२ वीं शती ईस्वी की प्रतिमा रखी है, जिसमें प्रथम मातृका चामुण्डा (७८x४५x१२ से.मी.) प्रतिमा शवासीन चामुण्डा का प्रस्तरण क्षरम के कारण प्रतिमा की भाव-भंगिमा अस्पष्ट है । द्वितीय शिव (६०x५०x२०

49. स्वयं के सर्वेक्षण द्वारा ।

से.मी.) प्रतिमा काले बलुआ प्रस्तर खण्ड पर निर्मित चतुर्भुजी शिव का उर्ध्व भाग भूमिगत है । दायें हाथ में केवल त्रिशूल आयुध ही दृष्टिगत है । तृतीय नन्दी (१००x८८x४६ से.मी.) प्रतिमा का मुख भग्न है । चतुर्थ नन्दी (६८x६२x२६ से.मी.) प्रतिमा का मुख भग्न है । पांचवी द्वार पाल की प्रतिमा ८०x३८x२० से.मी. आकार की है ।[५०]

गांव में एक किला विद्यमान है, यह किला स्थापत्य कला की दृष्टि से लगभग १५ वीं १६ वीं शती ईस्वी में निर्मित प्रतीत होता है । स्थानीय निवासियों द्वारा यह किला आमेर रावजी द्वारा निर्मित किया गया था । बाद में जाते समय इस दुर्ग के दरवाजे आमेर ले गये । इस दुर्ग में चार परकोटे निर्मित किये गये थे । जिनमें से वर्तमान में अन्तिम व सर्वोच्च भाग मौजूद है । दस बुर्ज वाले किले की पूर्वी दीवार को १८५७ की क्रान्ति में अंग्रेजों द्वारा तोड़ दिया गया । पश्चिम के द्वार के उपर दायें-बायें पायगा निर्मित हैं । दक्षिण में लघु द्वार था, जो संभवतः जल उदवहन हेतु प्रयोग में लाया जाता था । (जीरण दुर्ग के विस्तृत विवरण को पूर्व में दिया गया है)। इस तरफ बाहर की ओर दीवारों से संलग्न एक गणेश मन्दिर है। किले के पूर्वी-दक्षिणी दिशा में लाल शाह की दरगाह है, जो सन् १७१३ में वख्तनशील हुए थे । इसके समय एक नवनिर्मित कब्र है एवं मध्य में एक चौकोर इमारत के अवशेष है, जो सम्भवतः जीरण थाने के प्रमुख का निवास स्थान रहा होगा।[५१] किले के प्रांगण में ११ वीं १२ वीं शती ईस्वी की प्रतिमा रखी हैं, जिसमें प्रथम स्तम्भ खण्ड में अम्बिका, व्यालाकृति, गणेश तथा योद्धा की प्राचीन प्रतिमओं को संलग्न कर दिया गया है । द्वितीय स्तम्भ खण्ड भाग में लक्ष्मी-नारायण प्रतिमा है । चतुर्भुजी नारायण के आयुध में गदा हैं । वे आलिंगन बद्ध मुद्रा में है । लक्ष्मी की असकृति भग्न हैं । प्रस्तरण क्षरण के कारण भाव-भंगिना अस्पष्ट है । काले बलुआ प्रस्तर खण्ड पर निर्मित प्रतिमा ३७x४५x८ से.मी. आकार की है । तृतीय विष्णु अवतार (२८x१५x७ से.मी.) प्रतिमा भी स्तम्भ खण्ड में संलग्न हैं । इसमें विष्णु के चौबीस अवतारों में दो का अंकन है । चतुर्थ उमा-महेश्वर (३०x३८ से.मी.) प्रतिमा लाल बलुआ प्रस्तर पर निर्मित है । ललितासन मुदा में अंकित महेश्वर की बायीं जंघा पर उमा विराजमान है। चतुर्भुजी महेश्वर के आयुध क्रमशः अभय, त्रिशूल एवं सर्प हैं । द्विभुजी उमा का बांया हाथ आलिंगनबद्ध मुद्रा में होकर महेश्वर के स्कन्धों पर तथा दायें हाथ में दर्पण हैं । पांचवी लक्ष्मी-नारायण प्रतिमा ललितासन में अंकित नारायण की बांयी जंघा लक्ष्मी विराजमान है । आलिंगन मुद्रा में चतुर्भुजी नारायण के आयुध क्रमशः अभय, गदा तथा चक्र है ।

50. उपरोक्त । 51. उपरोक्त ।

लक्ष्मी की भुजायें भग्न हैं । छठी विष्णु प्रतिमा (५०x२५x१८ से.मी.) समभंग स्थानक मुद्रा में अंकित है । चतुर्भुजी विष्णु की दो भुजायें अंकित है । काले बलुआ प्रस्तर पर निर्मित है । चतुर्भुजी विष्णु की दो भुजायें भग्न तथा दो में चक्र एवं शंख का अंकन है । पादपीठ पर शंख आयुध पुरुष परिचारक नवगृह प्रतिमाएं संलग्न है । सातवीं द्वारपाल प्रतिमा ७५x६७x३५ से.मी. आकार की है। आठवां कल्पवृक्ष पट्ट (६२x६६x२८ से.मी.) के भाग में नाम नामी, मानवाकृति, शंख, चक्र, आयुष पुरुष तथा चंवरधारिणी का शिल्पांकन है । नौवी महिष मर्हिष प्रतिमा (४५x४२x१५ से.मी.) में देवी का केवल पैर और महिष की आकृति ही दृष्टिगत है । दसवा द्वारपाल प्रतिमा ९७x४७x३८ से.मी. आकार की है । ग्यारहवीं चन्द्रशिला १८x६३x१२ से.मी. आकार की है। बारहवीं उमा-महेश्वर प्रतिमा (५४x४६x२४ से.मी.) पूर्णत: भग्न ह। पादपीठ पर वाहन नन्दी दृष्टिगत है । [५२]

तालाब के उत्तर की ओर मराठा काल में निर्मित भग्न मन्दिर स्थित है । मन्दिर के प्रवेश द्वार में लगभग ११ वीं शती ईस्वी का स्तम्भ संलग्न कर दिया गया है । मन्दिर के गर्भगृह में समकालीन जलाधारी शिवलिंग विद्यमान हैं । प्रवेश द्वार के ललाट बिम्ब पर ललितासन मुद्रा में गणेश तथा नीचे नटेश का अंकन है । पार्श्व में मकर वाहिनी गंगा अंकित है । प्रथम नन्दी ४१x३४x२० से.मी. आकार की प्रतिमा लगभग १८ वीं शती ईस्वी की है । द्वितीय नन्दी ५२x४०x२६ से.मी. आकार की प्रतिमा लगभग १८ वी शती ईस्वी की हैं ।[५३]

पंचदेवल मन्दिर के समय निर्मित भानाटिकेत की छत्री है । चार प्राचीन स्तम्भों पर आधारित छत्री का शिखर ईंटों से निर्मित है । छत्री के स्तम्भों की क्षरण पर की चक्र वध, मैथुन आदि की प्रतिमायें शिल्पांकित छत्री का भानाटिकैत की छत्री से जाना जाता है । इस छत्री पर गुहिलवंश का लगभग ११ वीं शती ईसवी का अभिलेख उत्कीर्ण है, जिसका वाचन इस प्रकार हैं –

संवत् १०६५ भाद्रपद वदी ८ बुध श्री नामहदस्थाना द्विनिर्भत: देव कुलिकायां। गुहिल पुण्य कुलान्वये प्रसूत महासामंताद्यिपति श्री विक्रहपाल पत्नी भायां श्री भस्कच्छास्थानाद्विनिर्भता: आदित्य वंश प्रसूत महासामंताधिपति श्री देवस्य दुहिता महा राज्ञी श्री जुजुकया: स्वयं कर्म कार्यांथ श्री महादिस्तंभ प्रदत: राज्ञी श्री जुजुकाया सुत श्री लक्ष्मणेयं प्रणमति ।

संवत् १०६५ भाद्रपद वदी ८ बुधि श्री नामहद स्थित द्वितीयन्ता: देव कुलिकाया भुदता गुहिल पुण्य कुलान्वयें प्रसूता महासामंताधिपति श्री विग्रहपाल पत्नी श्री भृगुकच्छ

52. स्वयं के सर्वेक्षण द्वारा ।

53 स्वयं के सर्वेक्षण द्वारा ।

स्थान विनिर्मतः श्री माहित्य वंशे प्रसूत महासामंताधिपति देव-स्यदुलिषा महाराज्ञी श्री जुजुकयाः सूर्यदेव श्री सोचिकर्म कार्याथें या महापुरास्थ स्तम्भ प्रवताः मातामहा सामांताधिपति श्री वत्सराज प्रणमति नित्यं सदा ।।

संवत १०६५ भाद्रपद सुदी ८ श्री नामहद स्थान सविनिर्मताः स्व कुलिकायं भुक्ति गुहिल पुत्र कुलान्वये प्रसूतः महासामांताधिपति विग्रङपाल पत्नी श्री भरुकच्छस्थाना द्विनिर्गताः आदित.य वंसि महासामंताधिपति श्री दवइत दुहिता महाराज्ञी जुजुकार्या स्वयं देवश्री सौरिकर्म क्षयार्थम् । स्तंभ प्रदतः श्री वैरिसिंह श्री पतितव्य प्रणमति नित्य सदा ।

संवत् १०५३ आश्विन सुदी १४ श्र नामहद निर्गताः देव कुलिकाया भक्ते गुहिल पुण्य कुलान्वये प्रसूत महा सामंताधिपति श्री विग्रहपाल पत्नी श्री गुलान्वये प्रसूत महासामंताधिपति श्री वसंत दुहिता महाराज्ञी श्री सर्वदिवि सूर्यदेव श्री सौरि कर्मं कार्याथमं महास्तंभ प्रवता श्रीमत प्रणमति नित्य । [५४]

कराड़िया महाराज –ग्राम कराड़ियां महाराज नीमच तहसील में स्थित है। यह २४°-२१" उत्तरी अक्षांश एवं ७४°-५१" पूर्वी देशान्तर पर स्थित है । यह ग्राम जीरण से लगभग ८ कि.मी. पश्चिम उत्तर दिशा की ओर कच्चे मार्ग पर अवतिरत है । यहां पर एक भूतेश्वर महादेव मन्दिर है । यह मन्दिर ग्राम से लगभग २ कि.मी. दूर पश्चिम दिशा की ओर नाले पर स्थित है । लगभग ११ वीं १२ वीं शती में निर्मित यह मन्दिर सप्तरथी योजना में है । स्वास्तिकाकार इस मन्दिर का शिखर एवं कुछ भाग पुनः निर्मित किया गया है । सभा भवन के चारों ओर लघु दीवारें है । मन्दिर का शिखर षडकोणीय तथा गुम्बदाकार था, जिसके शीर्ष पर आमलक तथा कलश अंकन है । मन्दिर का गर्भगृह चतुष्कोणीय तथा वितान पर विकसित कमलदल का रेखांकन है । गर्भगृह की लघु मंचिका पर विष्णु की चतुर्भुजी प्रतिमा विद्यमान है । वे समभंग स्थानक मुद्रा में उत्कीर्ण किये गए हैं । चतुर्भुजी विष्णु की अभय मुद्रा अंशतः भग्न है। उनके आयुधों में गदा, चक्र तथा शंख है । आभूषणों में विष्णु ने किरीट मुकुट, हारावली, स्तनसूत्र केयूर कटिसूत्र डरूदाम, कटक-बलय, पाद बलय, यज्ञोपवीत तथा बनमाला आदि धारण किये है । पादपीठ पर दोनों ओर शंख, चक्र आयुध पुरुषों एवं युगल परिचारक प्रतिमाएं शिल्पांकित किया है । वितान के पार्श्व में योग मुद्रा में ब्रह्मा तथा शिव का अंकन है । मध्य में योग नारायण एवं ऊपर दोनों ओर मालाधारी युगल की प्रतिमाएं हैं । प्रतिमा के मध्य में दोनों ओर गज तथा व्यालाकृतियों का आलेखन है । सफेद बलुआ पाषाण खण्ड पर १००x६०x२६ से.मी. आकार में

54. स्वयं के सर्वेक्षण द्वारा ।

निर्मित प्रतिमा लगभग ११-१२ वीं शती ईस्वी की प्रतीत होती है। गर्भगृह की मंधिका पर पार्वती समभंग स्थानक मुद्रा में है। चतुर्भुजी गौरी के आयुधों में क्रमशः अधमाला भग्न है एवं एक हाथ में सर्प तथा दूसरे हाथ में कमण्डलु है। वितान पर दोनों ओर ललितासन मुद्रा में गणेश एवं कार्तिकेय का अंकन है। पादपीठ पर पूजक तथा चांवरधारिणी परिचारिकाओं का अंकन है। सफेद बलुआ प्रस्तर खण्ड पर ५०x३० से.मी. आकार में निर्मित यह प्रतिमा लगभग ११ वीं १२ वीं शती ईस्वी की प्रतीत होती हैं। गर्भगृह की मंचिका पर पार्वती समभंग स्थानक मुद्रा में है। चतुर्भुजी गौरी के आयुधों में क्रमशः अक्षमाला भग्न है एवं एक हाथ में सर्प तथा दूसरे हाथ में कमण्डलु है। वितान पर दोनों ओर ललितासन मुद्रा में गणेश एवं कार्तिकेय का अंकन हैं। पादपीठ पर पूजक तथा चांवर धारिणी परिचारिकाओं का अंकन है। सफेद बलुआ प्रस्तर खण्ड पर ५०x३० से.मी. आकार में निर्मित यह प्रतिमा लगभग ११ वीं १२ वीं शती ईस्वी की अनुमानित हैं। [५५]

प्रवेश द्वार के ललाट बिम्ब पर चतुर्भुजी गणेश का एक हाथ जंघा पर टिका है तथा एक हाथ परशु है जो भग्न है। एवं दूसरे हाथ में मोदक पात्र धारण किये हुए हैं। प्रवेश द्वार के दोनों ओर स्तम्भों पर कट्यवलम्बित मुद्रा में शिल्पाकिंत है, जो त्रिशूल धारण किये हैं। द्वारपाल पुष्प तथा घट लिये हुए हैं एवं उनके निकट परिचारिकाएं शिल्पाकिंत की गई है। चन्द्रशिला पर गज व्यालाकृतियों तथा शंकु का अंकन है। प्रवेश द्वार के बायीं एवं दायीं भित्ती पर बनी देव कुलिका में हरगौरी एवं भैरव की सफेद बलुआ प्रस्तर खण्ड पर निर्मित लगभग ११ वीं १२ वीं शती ईस्वी की प्रतिमा प्रतिष्ठित है। हर गौरी (५१x३१ से.मी.) की प्रतिमा द्विभंग स्थानक मुद्रा में उत्कीर्ण की गई हैं। चतुर्भुजी हर के आयुधों में क्रमशः अक्षमाला, त्रिशूल, सर्प है। उनका एक हाथ गौरी के उरोज को स्पर्श कर रहा है। गौरी का एक हाथ भग्न है एवं दूसरा हाथ के स्कन्धों पर है। हर जटा मुकुट, कंठसूत्र, मेखला,ो कटिसूत्र, डरूदाम, केयूर, कटक बलय, इसी प्रकार गौरी भी कुकुट, हारावली, कटिसूत्र, केयूर, कटक बलय आभूषणों से सुसज्जित है। प्रतिमा में विकसित कमलदल का प्रभा मण्डल शोभायमान है। वितान पर दोनों ओर स्पष्ट आकृतियाँ रेखांकन है। नीचे प्रतिमा में नन्दी है जिसका मुख भग्न है, का अंकन है। भैरव (३३x३३ से.मी.) की द्विभंग स्थानक मुद्रा में चतुर्भुजी भैरव अपने हाथ में खड्म धारण किये हैं जो भग्न है, दूसरे में खप्पर तथा एक हाथ में मुण्ड लिये हुये अंकित किये गये हैं। पादपीठ पर वाहन श्वान का आलेखन हैं। [५६]

55. स्वयं के सर्वेक्षण द्वारा। 56. उपरोक्त।

गर्भगृह के सामने १४ स्तम्भों पर आधारित मण्डप है, जो चतुष्कोणीय तथा वितान पर विकसित कमल दल का अंकन है। मण्डल में ८०x५०x२६ से.मी. आकार में निर्मित नन्दी की प्रतिमा है। नन्दी के मुख के समीप मोदक पात्र का अंकन है। सभा मण्डप के मध्य नन्दी मण्डप हैं। मन्दिर की बाह्य दीवारों की जंघा भाग पर लघु मंचिकाओं के साथ दो ओर भी लघु मंचिकाऐं निर्मित की गई है। एक मंचिका प्रतिमाविहीन है तथा दूसरी मंचिका में भैरव एवं नृत्य गणेश की सफेद बलुआ प्रस्तर पर निर्मित ११ वीं १२ वीं शती ईस्वी की प्रतिमा अंकित है। चतुर्भुजी भैरव की प्रतिमा (७०x३०x१२ से.मी.) द्विभंग स्थानक मुद्रा में शिल्पांकित हैं, भैरव के बाह्य श्वान के मस्तक पर मुद्‌गर तथा मुण्ड है। चतुर्भुजी नृत्य गणेश (७५x३१x१७ से.मी.) के आयुधः क्रमशः परशु, दो हाथ गज हस्त मुद्रा में तथा एक हाथ में मोदक पात्र है। गणेश मुकुट, कंठसूत्र, यज्ञोपवीत, कटिसूत्र, केयूर, कटक बलय तथा पादबलय अलंकरणों से सुसज्जित है।[५७]

मन्दिर के दायीं ओर लगभग ११ वीं १२ वीं शती ईस्वी की सफेद बलुआ प्रस्तर की निर्मित चामुण्डा एवं हरगौरी की प्रतिमा रखी है, जिसमें प्रथम मातृका चामुण्डा (३५x५५x३०से.मी.) की अश्वारुढ़ अष्टभुजी देवी के आयुधों में क्रमशः छुरिका, त्रिशूल, डमरू एवं दो हाथों में सर्प खट्वांग एवं वितर्क मुद्रा तथा एक हाथ में खप्पर है। पादपीठ पर दायीं ओर छुरिका लिये हुये योद्धा अंकित है। प्रस्तरण क्षरण के कारण प्रतिमा की भाग भंगिमा अस्पष्ट है। द्वितीय प्रतिमा हर-गौरी की है, प्रतिमा ग्रीवा के ऊपर तथा पैर भाग में भग्न है, प्रतिमा में केवल हर का हाथ गौरी के उरोज को स्पर्श करते हुए आंशिक हस्त की दृष्टिगत है। प्रस्तरण क्षरण के कारण भाव भंगिमा अस्पष्ट है।[५८]

मन्दिर के दोनों ओर प्रस्तर से निर्मित भग्नावस्थामें दो लघु देवालय है, जिसमें खण्डित जलाधारी शिवलिंग प्रतिष्ठित है। इसमें एक देवालय गुफा सदृश्य है, जिसे गुप्तेश्वर मन्दिर के नाम से जाना जाता है। मन्दिर के बाहरी और सुरक्षित दीवार पर सफेद बलुआ प्रस्तर पर निर्मित लगभग ११ वीं - १२ वीं शती ईस्वी की प्रतिमाएं संलग्न हैं, जिनमें प्रथम चतुर्भुजी नृत्य गणेश (४२x२९ से.मी.) की प्रतिमा है उनके दो हाथ भग्न तथा एक गजहस्त मुद्रा में है एवं एक हाथ में परशु का अंकन है। द्वितीय चतुर्भुजी लक्ष्मी, उभय, गदा, पुस्तक तथा बीज पूरक हैं। तृतीय शिवलिंग पूजक (४२x२५x८ से.मी.) प्रतिमा के इस भाग में शिवलिंग पूजक एवं मालाधारी परिचारिकाएं अंकित है। चतुर्थ नृत्यरत नायक-नायिका (३२x१६ से.मी.) एवं १३x२४ से.मी.

57. उपरोक्त।

58. स्वयं के सर्वेक्षण द्वारा।

आकार की पूजिका प्रतिमा अंकित हैं ।[५९]

ग्वाल देविया – ग्वाल देविया ग्राम नीमच तहसील में स्थित है । वह उत्तरी अक्षांश एवं पूर्वी देशांतार पर अवस्थित है । यह ग्राम भरभड़िया से लगभग एक कि.मी. पूर्व दिशा की ओर कच्चे मार्ग पर स्थित है । इस गांव में मध्य में लगभग १८ वीं शती ईस्वी का निर्मित मन्दिर है, जो वर्तमान में पूर्णतः भग्न हैं । मन्दिर की दायीं भित्ती पर ६०x४५x१५ से.मी. आकार में निर्मित महावीर स्वामी की प्रतिमा संलग्न हैं । प्रतिमा का अंशतः मुख भग्न है । वितान पर मालाधारी गंधर्व का अंकन है । यह प्रतिमा लगभग १३ वीं शती ईस्वी की अनुमानित है । मन्दिर की मंचिका पर सफेद बलुआ प्रस्तर खण्डों में निर्मित गज, योद्धा, बांसुरी वादक, मालाधारी तथा सितार वादक की लघु आकृतियां शिल्पांकित की गई हैं। ग्राम के पश्चिम दिशा की ओर आधुनिक मन्दिर में कुछ लगभग १३ वीं शती ईस्वी की कलाकृतियाँ प्रतिष्ठित है । जिनमें प्रथम महिष मर्दिनी (७५x३५x१० से.मी.) प्रतिभा में चतुर्भुजी देवी की तीन भुजायें भग्न है । आयुधों में केवल मात्र खड्ग का अंकन ही शेष है । प्रतिमा पादपीठ पर असुर महिष का आलेखन है, जिसका देवी मर्दन कर रहीं है । प्रतिमा काले प्रस्तर खण्ड पर पर निर्मित हैं । द्वितीय मातृका चामुण्डा की (७५x३५x१० से.मी.) सफेद फलुओं प्रस्तर पर निर्मित हैं । षडभुजी चामुण्डा की पांच भुजाएं भग्न हैं, शेष ऐक हाथ में डमरू का आलेख है । प्रस्तर क्षरण के कारण प्रतिमा की भाव:भंगिमा अस्पष्ट है । तृतीय शिल्पखण्ड (७५x४२x१२ से.मी.) हैं । यह शिल्पखण्ड सफेद बलुआ प्रस्तर का है। इस पर एक और महिष, दूध पीता हुआ बालक, धूलधारी योद्धा तथा दूसरी ओर स्त्री का अंकन है । चतुर्थ प्रतिमा उमा-महेश्वर (५५x३०x१५ से.मी.) नन्दी पर आरुढ़ ललितासन में अंकित होकर महेश्वर की बायीं जंघा पर उमा विराज़मन है । चतुर्भुजी महेश्वर में आयुधों में क्रमशः पुष्प, त्रिशूल, आलिंगनबद्ध तथा सर्प है । महेश्वर मुखाकृति भग्न हैं । द्विभुजी उमा की भुजाएं भग्न हैं । सफेद बलुआ प्रस्तर खण्ड पर निर्मित प्रतिमा क्षरण के कारण भाव-भंगिमा अस्पष्ट है । पांचवी देवी महिष मर्दिनी प्रतिमा क्षरण के कारण भाव-भंगिमा अस्पष्ट है । पाचंवी देवी महिर्ष मर्दिनी (५५x३८ से.मी.) सफेद बलुआ पाषाण खण्ड पर निर्मित है । प्रस्तरण क्षरण के कारण आयुध तथा अलंकरण अस्पष्ट है । छटी विष्णु प्रतिमा (३०x२५ से.मी.) सफेद बलुआ पाषाण पर निर्मित है । यह प्रतिमा उदर भाग से भग्न है, चतुर्भुजी विष्णु के हाथ भग्न तथा दो हाथों में गदा एवं चक्र का अंकन है । सातवीं लक्ष्मी (२७x३२ से.मी.) प्रतिमा ललितासन में अंकित हैं, चतुर्भुजी देवी के हाथ

59. स्वयं के सर्वेक्षण द्वारा ।

अंजलीबद्ध मुद्रा में तथा दो हाथों में चक्र एवं पदम अंकित है । सफेद बलुआ प्रस्तर पर निर्मित प्रतिमा क्षरण के कारण भाव-भंगिमा अस्पष्ट हैं । [६०]

मन्दिर में ८०x४० से.मी. आकार में निर्मित सप्तमातृका का समूह हैं, मातृका पट्ट में वराही ललितासन मुद्रा में शिल्पांकित है । चतुर्भुजी देवी के आयुधः क्रमशः वरद, गदा, चक्र तथा चौथे हाथ का आयुधः अस्पष्ट हैं । इन्द्राणी ललितासन में अंकित हैं, दो हाथ भग्न तथा दो हाथों में बज्र एवं कमण्डलु आयुधों का आलेखन है। मातृका महेश्वरी ललितासन मुद्रा में प्रतिष्ठित है । चतुर्भुजी महेश्वरी के तीन हाथ भग्न हैं,तथा एक हाथ में त्रिशूल दृष्टिगत हैं । मातृका पट्ट में चतुर्भुजी ब्रह्मणी ललितासन मुद्रा में आसीन हैं, जिनके तीन हाथ भग्न हैं तथा एक हाथ में शुचिका का आलेखन हैं । मातृका पट्ट में चतुर्भुजी वैष्णवी ललितासन मुद्रा में शिल्पांकित है । उनके दो हाथ भग्न हैं तथा दो हाथों में गदा एवं चक्र का अंकन है । यहां पर एक गणेश प्रतिमा (७०x४५x२० से.मी.) प्राप्त हुई हैं, वे ललितासन मुद्रा में अंकित हैं । चतुर्भुजी गणेश के तीन हाथ भग्न तथा चौथे हाथ में मोदक पात्र दृष्टिगत हैं । प्रस्तरकरण के कारण भाव-भंगिमा अस्पष्ट है । सफेद बलुआ प्रस्तर खण्ड पर निर्मित यह प्रतिमा लगभग १३ वीं शती ईस्वी की हैं । मन्दिर के सामने लगभग १३ शती ईस्वी में निर्मित भग्न स्तम्भ बिखरे पड़े हैं, जिनमें से प्रथम स्तम्भ २१०x४२x२० से.मी. आकार का है । जिसमें चार प्रतिमाएं अंकित है । प्रथम हर गौरी की प्रतिमा द्विभंग स्थानक मुद्रा में हैं । चतुर्भुजी हर के आय़ुध क्रमशः अक्षमाला, त्रिशूल, आलिंगनबद्ध तथा एक हाथ में सर्प का अंकन है । द्विभुजी गौरी एक हाथ हर के स्कन्ध पर तथा दूसरे में दर्पण का आलेखन है । द्वितीय द्वारपाल द्विभंग स्थानक मुद्रा में अंकित हैं । द्विभुजी द्वारपाल के दायें हाथ में दण्ड तथा बांया हाथ भग्न हैं । पार्श्व में दायीं ओर अलस नायिका का अंकक्ष है । तृतीय लक्ष्मी-नारायण प्रतिमा द्विभंग स्थानक मुद्रा में उत्कीर्ण की गई है चतुर्भुजी नारायण के आयुधः क्रमशः पुष्प, पद्, आलिंगन बद्ध तथा चक्र हैं, द्विभुजी देवी का एक हाथ नारायण के स्कन्ध पर तथा दूसरे हाथ में पद्म का आलेखन है । चतुर्थ भैरव प्रतिमा द्विभंग स्थानक मुद्रा में शिल्पांकित है । द्विभुजी भैरव के आयुध क्रमशः खप्पर तथा खट्वांग है । द्वितीय स्तम्भ पर अक्षधाम भाग में तीन आकृतियाँ अंकित है । प्रथम शक्ति गणेश द्विभंग स्थानक मुद्रा में चतुर्भुजी गणेश के आय़ुधः क्रमशः परशु, पदम, आलिंगनबद्ध तथा चतुर्थ हाथ भग्न हैं । द्विभुजी देवी का बायां हाथ गणेश के स्कंधा पर एवं बायां हाथ भग्न हैं । द्वितीय युगल प्रतिमा अस्पष्ट है । तृतीय द्वारपाल द्विभंग स्थानक मुद्रा में द्विभुजी द्वारपाल के एक हाथ में गदा तथा दूसरा

60. स्वयं के सर्वेक्षण द्वारा ।

अठाना दुर्ग के गोखडे

अठाना दुर्ग

फुलपुरा की बावडी

पातूशाह की बावडी, रामपुरा

भाटखेडी की छत्रियाँ

बीस भुजा माता का मंदिर, सावन

रामपुरा दुर्ग दरवाज़ा, रामपुरा

रतनगढ दुर्ग

पिपलिया रावजी का मंदिर

लक्ष्मीनारायण मंदिर, रामपुरा

मच्छी खल्ला शैलाश्रय, डीकेन

नीमच दुर्ग

बरुखेडा का शिव मंदिर

सती माता की छत्री, सरवानिया

नवतोरण का मंदिर, खोर

वराह मूर्ति नवतोरण मंदिर, खोर

हाथ भग्न है । इसी स्तम्भ के ब्रह्मा सावित्री द्विभुजी सावित्री का बांया हाथ ब्रह्मा के स्कंध पर दांया हाथ भग्न है । प्रस्तर क्षरण के कारण भाव भंगिमा अस्पष्ट हैं। [६१]

रातड़िया – ग्राम रातड़िया नीमच तहसील में स्थित है । यह २४°-२२" उत्तरी अक्षांश एवं ७४°-४८" पूर्वी देशान्तर पर अवस्थित है । यह ग्राम केरी से लगभग दो कि.मी. उत्तर पश्चिम दिशा में कच्चे मार्ग पर स्थित है । यहां से लगभग १२-१३ वीं शती ई. की प्रतिमाएं प्राप्त हुई है । जिसमें प्रथम गणेश प्रतिमा (५५x४९x२४ से.मी.) सफेद बलुआ प्रस्तर खण्ड पर निर्मित है । चतुर्भुजी गणेश के आयुध क्रमशः जंघा पर रखा परशु, अंकुश तता मोदक पात्र है । पादपीठ पर दायीं ओर वाहन मूषक का अंकन है। द्वितीय गौरी प्रतिमा समभंग स्थानक मुद्रा में है । चतुर्भुजी गौरी के दो हाथ भग्न है । एवं दो हाथों में क्रमशः मातुलिंग एवं गणेश का आलेखन है । भाव-भंगिमान अस्पष्ट है । सफेद बलुआ प्रस्तर खण्ड पर निर्मित यह प्रतिमा का आकार (५३x२९x१९ से.मी.) है । तृतीय शिव प्रतिमा (२१x२०x१५ से.मी.) प्रस्तर क्षरण के कारण अलंकरण, आयुध एवं भाव-भंगिना अस्पष्ट है ।

इस ग्राम में लगभग १२ वीं शताब्दी के मन्दिर के आवशेष विद्यमान है । मूल मन्दिर नष्ट हो गया है किन्तु मन्दिर की योजना आज भी देखी जा सकती है । मन्दिर की सीढ़ी में लगे हुए एक अभिलेख के दो टुकड़ें प्राप्त हुए है । स्लेटी पाषाण का यह अभिलेख संवत् १३२८ वैशाख सुदी १५ गुरुवार (श्रावणादिमाह से) गुरुवार अप्रेल १४, १२७२ ई. को स्थापित किया गया था । इसके १४ टुकड़े थे, जिनमें से मात्र दो मिले हैं । इनमें हकूभाई मोठवी घाधल आदि का उल्लेख है । अभिलेख का वाचन इस प्रकार है –

खण्ड अ	खण्ड ब
१. रित माठ इ	१. छात्रमो ....
२. भड़सी पिक्रमस	२. सुत वालात ....
३. गोठवी धाधल की	३. म गोंठवी झ ....
४. सी सो वत रतन बेताजई	४. निपंवाय नंत ....
५. पालन जो गोठवी घाघल माता	५. वाधुरा सुत ....
६. सवत् १३२८ से वैशाख सुदी गुरो ...	६. कल सुतस
६. माठवी धाधलि	६. हकुमा

बरुखेड़ा – बरुखेड़ा ग्राम नीमच से दो कि.मी. दूर उत्तर दिशा की ओर

61. एनुअल एडमिनिस्ट्रेटिव रिपोर्ट, आर्कियोलॉजिकल सर्वे ऑफ इंडिया, ग्वालियर स्टेट ।

स्थित है, यह २४°-३०" उत्तरी अक्षांश एवं ७४°-५३" पूर्वी देशान्तर पर अवस्थित हैं। गांव तक जाने के लिये मिट्टी का कच्चा रास्ता बना है। यहां के मन्दिरों की जानकारी एनुवल एडमिनिस्ट्रेशन रिपोर्ट आर्कियोलॉजिकल डिपार्टमेन्ट ग्वालियर स्टेट में प्रकाशित की गई हैं।[६२]

गांव के दक्षिण दिशा की ओर खेत में शिवमन्दिर (क्रमांक-एक है। यह मन्दिर ४८ से.मी. ऊंची जगदी पर पश्चिमाभिमुखी पंचरथी योजना में निर्मित किया गया हैं। मन्दिर में गर्भगृह, अन्तराल, मण्डप तथा अर्द्धमण्डप हैं। वर्गाकार गर्भगृह का माप २.१९ x२.१९ मीटर हैं। प्रतिमा विहीन गर्भगृह की भित्तियाँ साधारण तथा वितान अष्टकोणीय हैं, जिस पर विकसित कमलदल का अंकन है। उत्तर पूर्व और दक्षिण की ओर निर्मित प्रतिमाविहीन देव कुलिकाऐं है।

गर्भगृह के प्रवेश द्वार में तीन शाखाऐं हैं। प्रथम शाखामें पद्धारिणी तथा द्वितीय शाखा में तीन फलक है, जिसमें मिथुन आकृतियों का शिल्पांकन है। तृतीय में पदम शाखा है। ललाट बिम्ब पर समभंग स्थानक मुद्रा में चतुर्भुजी शिव वरद, त्रिशूल,सर्प तथा कमण्डल आदि आयुधों सहित अंकित है। प्रवेश द्वार के बायीं ओर कूर्म पर आरुढ़ यमुना कलश लिये हुए प्रतिष्ठित है। इसकी रथिका में त्रिभंग मुद्रा में चतुर्भुजी शिव एवं द्वारपाल हैं, शिव के आयुधों के वरद, त्रिशूल, सर्प एवं कमण्डल आयुधों सहित सुशोभित हैं। तीसरी रथिका में अंजलिबद्ध मुद्रा में पूजक प्रतिमा का अंकन हैं।[६३]

द्वार शिला की मध्य रथिका में अनुकूलक एवं बीज पूरक लिये हुए ललितासन मुद्रा में कुबेर का आलेखन है। बायीं ओर त्रिभंग मुद्रा में चंवरधारिणी अंकित हैं। द्वारशिला की रथिका में ललितासन मुद्रा में चतुर्भुजी गणेश प्रतिष्ठित है। गणेश आयुध क्रमशः परशु दो हाथों में सनाल, पद्म एवं मोदक पात्र है। द्वार के समक्ष चन्द्र शिला निर्मित है, जिसके दोनों और शंख एवं पदम का अंकन है। बायीं ओर चंवरधारिणी का अंकन है। शिव के दायीं ओर समपाद मुद्रा में त्रिमुखी ब्रह्मा अंकित है। चतुर्भुजी ब्रह्मा के दो हाथ भग्न तथा शेष दो हाथों में क्रमशः शुचिका पुस्तक का अंकन है। सिरदल के बायीं ओर स्थानक चतुर्भुजी विष्णु है उनका एक हाथ भग्न तथा शेष में शंख, गदा, चक्र आयुध धारण किये हुए प्रतिष्ठित है। ब्रह्मा और शिव के मध्य उदीय वेशभूषा में अलंकृत सूर्य दोनों हाथों में सनाल पदम लिये हुए हैं। उसके समीप

62. स्वयं के सर्वेक्षण द्वारा।

63. डॉ. विनय श्रीवास्तव, मालवा के ऐतिहासिक मन्दिर एवं छत्रियां एवं मेजर रिसर्च प्रोजेक्ट के अंतर्गत किया गया सर्वेक्षण।

स्थानक नवगृह की लघु प्रतिमाएं अभय तथा कमण्डलु लिये हुए अंकित है । राहु के मुख तथा केतु को सर्प के रूप में दिखाया गया है । प्रवेश द्वार के ऊपर तीन रथिकाऐं निर्मित है । इनमें से दो में रत्न अलंकरण तथा तृतीय एवं मध्य रथिका में ललितासन मुद्रा में देवी का अंकन है । चतुर्भुजी देवी के नीचे के दोनों हाथों के आयुध अस्पष्ट तथा ऊपर के दोनों हाथों में पांच एवं अंकुश का आलेखन है । द्वारशाखा के नीचे के भाग में भी कलाकृतियाँ शिल्पांकित की गयी है । दायीं और द्विभुजी गणेश तथा रथिका में चर्तुहस्ता शिव द्वारपाल त्रिशूल, खटवाग एवं कलश लिये हुए अंकित है । प्रवेश द्वार के बायीं ओर त्रिभंग मुद्रा में कूर्म पर आरूढ़ यमुना का अंकन है । दूसरी रथिका में चतुर्भुजी शिव द्वारपाल सहित त्रिभंग मुद्रा में वरद् त्रिशूल, सर्प एवं कमण्डलु धारण किये हुए है । तीसरी रथिका में अंजलिबद्ध पूजक का आलेखन है ।[६४]

द्वार शिला के मध्य रथिका में निर्मित ललितासन मुद्र में चतुर्भुजी कुबेर, वरद दो हाथों में नकुलक एवं बीज पूरक आयुधों सहित विभूषित है । पार्श्व में बायीं ओर निभंग मुद्रा में चंवरधारिणी हैं । बायीं ओर की द्वारशिला की रथिका में ललितासन में चतुर्भुजी गणेश, परशु, दो हाथों में सनाल पद्म एवंचतुर्थ हस्त में मोदक पात्र लिये हुए अंकित है । इनके दायीं ओर चंवरधारिणी का अंकन है । द्वार के समय चन्द्रशिला पर शंख एवं पदम का अंकन है । मन्दिर का अन्तराल ९९ से.मी. लम्बा एवं २.३३ से.मी. चौड़ा है । इनकी भित्तियाँ अलंकरण विहीन है । अन्तराल का वितान दो स्तम्भों पर आधारित है । जो खुर, कुम्भ एवं रत्नबंध से अलंकृत है । स्तम्भ नीचे से अष्टकोणीय वृत्ताकार है तथा मन्दिर का शीर्ष अष्टकोणीय बन्ध निर्मित किया गया है ।[६५]

मन्दिर का महामण्डप १.३ से.मी. ऊंचाई वाले बारह स्तम्भों पर आधारित है। कोष्ठकों पर सादी तंवरधारिणीं है, एवं वितान के कोष्ठकों पर १२ सुन्दरियों का आलेख था जो वर्तमान में भग्न हो चुका है । केवल दो सुर-सुन्दरियों के पैर का भाग ही दृष्टिगत है । महामण्डप के दोनों ओर मुगल शैली के चार स्तम्भों पर कुलिकायुक्त गवाक्ष है । मन्दिर के अर्द्धमण्डप का वितान दो स्तम्भों पर आधारित है इसमें प्रवेश करने के लिये सोपान निर्मित हैं । [६६]

ऊर्ध्व विन्यास में मन्दिर की पीठिका पर खुर, शिला भित्त, जाडय कुम्भ, कर्मिका एवं कपोपिकाओं में शिल्पांकित हैं । इसके ऊपर अधिष्ठान में रत्नखुर, रत्नकुम्भ, कलश, द्विकपोत बंध एवं अधिष्ठान के मोड़ों के ऊपर जंघा हैं । इसकी रथिकाओं पर कीर्तिमुख गवाह में परिवार देवताओं का अंकन है । मन्दिर शिखर में

64. उपरोक्त । 65. उपरोक्त । 66. उपरोक्त ।

जंघा के ऊपर दोहरे पद्म एवं कपोत का अंकन है। वहां से शिखर प्रारम्भ होता है। जिसमें उरूश्रंग की अलंकृति पंक्ति हैं। ग्रीवा के ऊपर शिखर भग्न है। महामण्डप का शिखर गुम्बदाकार है, जो भग्नावस्था में है। मन्दिर के जंघा भाग पर स्थित देव कुलिकाओं में निम्न कलाकृतियाँ विद्यमान हैं।[६७]

मातृका चामुण्डा शवासन पर आसीन अतिभंग (नृत्यरत) मुद्रा में आरूढ़ चौदह भुजी चामुण्डा के आयुधः क्रमशः त्रिशूल अंकुश, भग्न, पाश, दन्त दो हाथों में सर्प डमरू भग्न, खप्पर तथा मुण्ड हैं। चामुण्डा जटामुकुट, खरमुण्ड माला, चक्र कुण्ड, अलंकरणों से अलंकृत है। देवी की कृषकाय शरीर पर दीर्घ एवं सूखे स्तम्भों के मध्य वृश्चिक का अंकन है। पाद्पीठ पर दायीं ओर कृषकाय प्रेत हाथों में छुरिका तथा पात्र लिये हुए द्विभंग मुद्रा में स्थानक है। नीचे बायीं ओर श्वान मुण्ड में रक्त व्यक्त हुई बूंदों का पान करते हुए दृष्टिगत है। लाल बलुआ प्रस्तर खण्ड पर ९०x६१x९ से.मी. आकार में निर्मित यह प्रतिमा लगभग १०-११ वीं शती ईस्वी की अनुमानित हैं। मन्दिर के पृष्ठभाग पर बनी देव कुलिका में विष्णु प्रतिमा अंकित है। स्थानक मुद्रा में चतुर्भुजी विष्णु के आयुध क्रमशः भग्न, गदा, चक्र (अंशतः भग्न) तथा वरद (अक्षमाला) है। वाद्पीठ पर भग्नावस्था में शंख एवं चक्र आयुध पुरुष शिल्पांकित हैं। मन्दिर के मण्डोवर में शिव नेटम प्रतिमा स्थित है। चौदह भुजी बेटल के आयुध क्रमशः अक्षमाला, त्रिशूल, खट्वाग अस्पष्ट, डमरू, दो हाथों में सर्प, खटवाग, अस्पष्ट डमरू, दो हाथों में सर्प, खट्वांग, वीणा, खप्पर, पात्र, कमण्डलु तथा एक हाथ गजहस्तमुद्रा में है। पादपीठ पर नृत्यरत मानवाकृति एवं मृदंग वादक का अंकन है। लाल बलुआ प्रस्तर खण्ड पर ६०x४० से.मी. आकार में निर्मित यह प्रतिमा लगभग ११ वीं १२ वीं शती ईस्वी की अनुमानित हैं।[६८]

गांव के दक्षिण दिशा में शिव मन्दिर क्रमांक दो स्थित है। पंचरथी योजना में निर्मित पश्चिमाभिमुखी इस मन्दिर में गर्भगृह, अन्तराल एवं महामण्डप है। गर्भगृह २.६०x२.६० मीटर आकार में निर्मित है। इसकी भित्तियाँ अलंकरणविहन एवं सादी है। मन्दिर के उत्तर दक्षिण एवं पूर्व में रथिकायें हैं। वितान साधारण आठ स्तम्भों पर आधारित है। इनके ऊपर साधारण चारणियां है। वितान में दो अष्टकोणीय एवं दो भाग वर्गाकार है एवं जिनके ऊपर मोड़ है। मध्य में पूर्ण विकसित कमल दल का अंकन है। गर्भगृह वर्तमान में प्रतिमा विहीन है। प्रवेश द्वार १.८१ मीटर ऊंचा एवं ८८ से.मी. चौड़ा तथा ६१ से.मी. गहरा है। इसमें तीन सादी शाखाऐं है। द्वितीय शाखा में स्तम्भ है एवं बायी ओर की शाखा में शिल्पियों के नाम उल्लेखित है। ललाट बिम्ब

67. उपरोक्त। 68. स्वयं के सर्वेक्षण द्वारा।

पर चतुर्भुजी गणेश का अंकन है। एक ओर फलक पर स्तन बन्धन अलंकरण है। सिर दल पर १३ फलक है। उत्तरी द्वार शिला में भण्डारक भग्न है। जिसके दोनों ओर कीर्तिमुखों का अंकन है। मन्दिर के अंतराल की भित्तियाँ रथिका के अतिरिक्त साधारण है। प्रत्येक रथिका ६७ से.मी. ऊंची एवं ४० से.मी. चौड़ी तथा २७ से.मी. गहरी है। अन्तराल का वितान दो स्तम्भों पर आधारित है।[६९]

मन्दिर का महामण्डप ४.८२x४.८२ मीटर आकार में है। वितान १२ स्तम्भों पर आधारित है। वितान में एक धरणी है जो दो भागों में विभक्त है। धरणी के ऊपर वितान वृतायत में कंकरीट युक्त है। द्वितीय वृत में द्वादश भूत कोष्ठम है। प्रत्येक में उड़ते हुए गण है। गणों का विवरण निम्नानुसार है, कपाल लिये, अंजली मुद्रा, मालाधारी, हाथ भग्न नृत्यरत, बायां हाथ मस्तक तथा बायां हाथ वरद अक्ष दाये हाथ में तथा बायीं ओर पेट पर, बांसुरी वादक, मृदंग वादक, तर्जन मुद्रा, वीणा वादक गण है। इन गणों के ऊपर १२ सुर सुन्दरियों की आकृतियाँ थी, जो भग्न है, । छः गवाक्ष हैं, जिसमें सुर-सुन्दरी की मुद्रा का आभास होता है। ऊपर से तीसरे वृत में एक लेख हैं, जिसमें तिथि वि. सं. १६२४ (ईस्वी सन् १५६७) है। वितान का शीर्ष विकसित कमल दल युक्त है। महामण्डप में तीन प्रवेश द्वार है। प्रत्येक द्वार का आकार १.८१ मीटर ऊंचा ९० से.मी. चौड़ा एवं ६४ से.मी. गहरा है। प्रत्येक द्वार में तीन कलात्मक शाखाएं है। सिरदल पर गणेश का अंकन है। उत्तरी एवं पश्चिमी द्वार में आसनाथ तथा दक्षिणी द्वार पर गणेश की स्थानक प्रतिमा उत्कीर्ण है। द्वार में ही सिरदल पर रतनबंध अलंकरण है। प्रत्येक द्वार शिला में भण्डारक है जिसके दोनों ओर कीर्तिमुख का अंकन है। प्रत्येक द्वार के समक्ष चन्द्रशिला है। मन्दिर का ऊर्ध्व विन्यास १.३० मीटर ऊंची जगती पर पीठ एवं आष्ठान है। पीठ के भागों में दो सामान्य भित्ति, जाड्, कुम्भ कर्णिका, कपोत एवं पट्टिका है। इसके ऊपर अदिष्ठान के भाग पर खुर, रतनबंधन युक्त कुम्भ, कलश, अर्न्तपट्ट, दोहरे कपोत कुण्ड सहित अंकन है। इसके ऊपर जंघा है। जंघा के भद्रों पर रथिकाऐं है, जो वर्तमान में रिक्त है, जंघा पर ही वराण्डिका है, जिसमें चार साधारण बंध है। वराण्डिका के ऊपर कूट छड्य है जिसमें पंचरथी शिखर है। शिखर में ऊरू श्रंग एंव कर्ण शृँग का अंकन है। शिखर पर आमलक, चन्द्रिका, कलश एवं बीजपूरक है। महामण्डप की छत गुम्बदाकार हैं।[७०]

ग्राम के उत्तर-पश्चिम में शिव मन्दिर क्रमांक तीन स्थित है। पूर्वाभिमुखी यह मन्दिर पंचरथी योजना में क्रमशः गर्भगृह १.८८x१.८८ मीटर आकार में है। इस गर्भगृह की भित्तियां अलंकरण विहीन है। दक्षिण उत्तर एवं पश्चिम की भित्तियों में

69. उपरोक्त।

70. स्वयं के सर्वेक्षण द्वारा।

एक एक रथिकाएं है, जो प्रतिमा विहीन है, वितान चार स्तम्भों पर आधारित है । सभी स्तम्भों में अलंकरण समान है । वितान पर विकसित कमलदल का अंकन है । वितान को भण्डारक एवं गर्भगृह का फर्श क्षतिग्रस्त है । मन्दिर के प्रवेश द्वार में पांच शाखाऐं है, जिसमें पुष्प बल्लरियां, मिथुन आकृतियाँ, व्यालाकृतियाँ तथा पद्‌बन्ध का अंकन है । ललाट बिम्ब पर चतुर्भुज गणेश ललितासन मुद्रा में शिल्पांकित है । सिरदल में उमा-शिव की आकृतियाँ ललितासन मुद्रा में उकेरी गई है । प्रत्येक द्वार शाखा सिरदल तक गई हुई है । द्वारशाखा के दायीं ओर रथिका में गणेश का अंकन है । त्रिभंग मुद्रा में शिव, द्वारपाल, युमना, शिव द्वारपाल तथा परिचारिकाएं शिल्पांकित है । द्वार शिला के मध्य में भण्डारक सहित दोनों ओर एक एक कीर्तिमुख का अंकन है । चन्द्रशिला के दोनों ओर शंख का आलेखन है । मन्दिर के ऊर्ध्व विन्यास में एक मीटर ऊंची जगती पर स्थित पीठ में दो भित्ति जाड्य कुम्भ कर्णिका एवं द्विबन्ध कपोतिकाएं है । पीठ के ऊपर अधिष्ठान के भागों में खुर कुम्भ, कलश अन्तर्णट्ट एवं द्विकपोत बंध है। नीचे के बन्ध में अर्धपद्‌म एवं ऊपर के भाग में लता बल्लरियाँ अंकित है । जंघा के दक्षिणी एवं उत्तरी रथिका में नाथ सम्प्रदाय की प्रतिमा प्रतिष्ठित है । मन्दिर का शिखर जंघा के ऊपरी भाग में द्वि पद्‌म कपोत बंध तथा कूटजाइय का अंकन है । भद्र के मध्य भाग में गवाक्ष है, जिसमें ऊपर डरूश्रृँग निर्मित है । प्रत्येक पंक्ति में दो लघु शिखरों का निर्माण किया गया है । मन्दिर के शिखर पर अंकित आमलक चन्द्रिका कलश एवं बीजपूरक है जो भग्न हो चुके हैं ।[७१]

ग्राम में शिव मन्दिर क्रमांक चार स्थित है, मूल रूप से यह शिव को समर्पित हैं, किन्तु स्थानीय निवासियों द्वारा इस मन्दिर में विष्णु की चतुर्भुजी प्रतिमा को स्थापित कर चार भुजा जी का मन्दिर नाम दिया है । पश्चिमाभिमुखी यह मन्दिर पंचरथी योजना में गर्भगृह अन्तराल, महामण्डप एवं अर्द्ध मण्डप युक्त हैं । गर्भगृह १.८८x१.८८ मीटर आकार में निर्मित है । गर्भगृह की भित्तियाँ सामान्य है । केवल उत्तरी दक्षिणी भित्तियोंमें एक-एक रथिका है । वितान चार स्तम्भों पर आधारित है । वितान पर विकसित कमल है । यहां मन्दिर में विष्णु की आधुनिक प्रतिमा स्थापित है । मन्दिर के प्रवेश द्वार में पांच शाखाऐं है, ये सभी साधारण है, सिरदल पर चतुर्भुजी गणेश ललितासीन है । सिरदल के ऊपर नवगृहों का अंकन है । इनमें बुध, गुरू, शुक्र एवं शनि की मुखाकृतियां है जो भग्न है । द्वारशिला के मध्य में सादा मण्डारक है । अलंकृत चन्द्रशिला है । मन्दिर के अन्तराल की उत्तरी एवं दक्षिणी भित्तियां साधारण हैं । वितान दो अष्टकोणीय स्तम्भों पर आधारित है एवं मन्दिर का वितान समतल है।

71. स्वयं के सर्वेक्षण द्वारा ।

मन्दिर का सभा मण्डप ४.८०x४.५२ मीटर आकार में है । वितान १४ स्तम्भों पर आधारित है, इनमें दो स्तम्भ अन्तराल में है । स्तम्भों पर अधिकांशतः शिव परिवार से संबंधित प्रतिमाएं है । वितान शीर्ष में विकसित कमल दल का आलेखन है । वितान में कोष्ठकों पर प्रतिमाऐं है । महामण्डप के चार द्वार है, जिनमें वर्तमान में शटर लगा दिया गया है । उर्ध्व विन्यास में मन्दिर के अधिष्ठान भाग में खुर, कुम्भ, कलश,अर्न्तपट्ट, कपोत कुडु सहित है । अधिष्ठान पर जंघा है, जिसमें भद्रों पर निर्मित रिक्त रथिकायें है। जंघा पर वरण्डिका में त्रिपदम बंधन है । इसी पर कटछड्य है । मन्दिर का शिखर उरूश्रृँग युक्त चतुष्कोणीय है । इसमें उरुश्रृँग दिखाये गये है । शिखर पर आमलक है। महामण्डप का शिखर मध्य में गुम्बदाकार एवं शेष भाग समतल है। वर्तमान में मंदिर का स्थानीय निवासियों द्वारा पुनरूद्धार कराया गया है ।

गांव में दो सती स्तम्भ भी उपलब्ध हुए हैं, जो संवत् १६७८ (ईस्वी सन् १६२१) तथा १७३५ ईस्वी सन् १६७८ के हैं ।

अध्याय चतुर्थ

मनासा तहसील के दुर्ग, मन्दिर एवं पुरा सम्पदा

जिले की अन्य दो तहसीलों के समान ही मनासा तहसील भी पुरातत्वीय दृष्टि से समान रूप से महत्वपूर्ण है । मनासा तहसील में कुल १२९ गांव है । मनासा तहसील की उत्तरी सीमा राजस्थान से लगी हुई है । पश्चिम सीमा जावद एवं नीमच दक्षिण सीमा मल्हारगढ़ तथा पूर्वी सीमा गरोठ तथा भानपुरा तहसीलों से घिरी हैं ।

रामपुरा दुर्ग - रामपुरा नीमच जिले की मनासा तहसील में स्थित है । नवीं शताब्दी से इस क्षेत्र पर परमार राजपूतों का अधिकार रहा । भोज परमार के समय (१०१० ई.-१०५५ ई.) चालुक्य शासक सोमेश्वर प्रथम ने आक्रम्ण कर मालवा को अपने अधिकार में कर लिया । ११५५ ई. तक यह क्षेत्र चालुक्यों के अधिकार में रहा। इसके पश्चात १३ वीं शताब्दी के प्रारंभ में देवपाल का मालवा पर शासन करने का उल्लेख मिलता है । देवपाल की मृत्यु के बाद उसका पुत्र जयतुगीदेव १२४२ ई. के लगभग गद्दी पर बैठा था ।[१] १३०५ ई. में अलाउद्दीन खिलजी ने मालवा पर अधिकार कर लिया । तब यह क्षेत्र मुस्लिम अधिपत्य में चला गया ।[२]

रामपुरा के शासक उदयपुर राणा के वंशज है ।११८ वीं पीढ़ी में राणा भुवनसिंह हुआ । उसके पुत्र चन्द्रसिंह के वंशज चन्द्रावत कहलाए ।[३] रामपुरा के चन्द्रावतों के पाटनामा में उल्लेख है कि राव खेमा एवं राव सेवा (शिवा) ने रामा भील को मारकर इस क्षेत्र पर अधिकार कर लिया । पाटनामा में इस युद्ध का समय वि.सं. १३२२, ज्येष्ठ बदि ७(शनिवार, मई ९, १२६५ ई.) दिया है । रामा भील की मृत्यु के बाद राव शिवा यहाँ का शासक बना ।[४] राव शिवा की मृत्यु परान्त जीना, सज्जन, सहसमल, हंसपाल तथा रायमल यहां के स्वामी हुए ।[५]

1. उपेन्द्रनाथ डे, मेडिवल मालवा, पृ- 6 ।
2. डॉ. के.एस. लाल, हिस्ट्री ऑफ खलजीज, पृ-132, रिजवी, खिलजी कालीन भारत, पृ-160 ।
3. डॉ. मनोहरसिंह राणावत द्वारा संपादित- मुहणोत नैवसी की ख्यात, पृ-108 ।
4. रामपुरा के चन्द्रावतों का पाटनामा, क्र.1, पत्र 17 ब से 18 ब, क्र. 2 पत्र 27 व, इन्दौर स्टेट गैजेटियर (धारीवाल कृत), पृ-648, मन्दसौर गैजेटियर, पृ- 303 ।
5. पाटनामा - क्र. 2, पत्र 43 अ से 50 ब तक ।

मेवाड़ पर इस समय महाराणा कुम्भा का शासन था । १४३७ ई. में महाराणा कुम्भा ने माण्डू पर आक्रमण किया एवं विजय प्राप्त की, तब कुम्भा की विजयी सेना ने मन्दसौर पड़ाव के समय रामपुरा पर भी आक्रमण किया ।[६] तब राव रायमल चन्द्रावत ने बाध्य होकर महाराणा कुम्भा की अधीनता स्वीकार की तथा रायमल और उसके उत्तराधिकारी राव अचला ने मेवाड़ राज्य की सेवा की ।[७] राव अचला के पुत्र प्रतापसिंह की उसके जीवनकाल में ही मृत्यु होने के कारण उसका पौत्र दुर्गभाण उसका उत्तराधिकारी बना ।[८] राव दुर्गभाण को सन् १५६७ ई. में अकबर की अधीनता स्वीकार करनी पड़ी। तदनन्तर उसने ४० वर्ष तक मुगल साम्राज्य की सेवा की । राव दुर्गभाण का शासन काल रामपुरा नगर तथा वहाँ के चन्द्रावत राजघराने का वस्तुतः स्वर्णकाल था ।[९] राव दुर्गभाण की मृत्यु (१५९३ई.) के बाद उसका पुत्र चन्द्रभाण रामपुरा की गद्दी पर बैठा ।[१०]चन्द्रभाण का उत्तराधिकारी राव नागराज हुआ। [११] राव नागराज का उत्तराधिकारी राव दूदा हुआ। [१२] इन शासकों के पश्चात् शनैः शनैः रामपुरा में कौटुम्बिक कलह प्रारम्भ हुआ । वह नवम्बर ८, १७१२ ई. के दिन सुनेरा के युद्ध में रतनसिंह चन्द्रावत के मारे जाने पर भी समाप्त नहीं हुआ ।[१३]चन्द्रावत घराने के लिये यह युद्ध सर्वथा विनाशकारी सिद्ध हुआ।

अकबर का आधिपत्य स्वीकार करने से पहले रामपुरा मेवाड़ के अधीन था । अतः रामपुरा में चल रहे कौटुम्बिक कलह और मालवा सूबा पर तब निरन्तर हो रहे मराठा आक्रमणों से लाभ उठाकर महाराणा संग्रामसिंह द्वितीय ने मुगल सम्राट फर्रुखसियर से रामपुरा परगना २२ अक्टूबर, १७१६ ई. में अपने नाम करवा लिया ।[१४]इस प्रकार

6. गौरीशंकर हीराचन्द्र ओझा,उदयपुर राज्य का इति. भाग 2, पृ- 1068, डॉ. मनोहरसिंह राणावत, मुहणोत नैणसी की ख्यात, पृ-112 ।
7. उपरोक्त वही ।
8. पाटनामा क्र. 2, पत्र 55 ब, 58 ब, श्यामलदास कृत वीर विनोद, 2 पृ-983 ।
9. रामपुरा क्षेत्र वहां का चन्द्रावत राजवंश और मल्हारराव होल्कर, डॉ. रघुवीरसिंह अहिल्या स्मारिका 1975 ई., पृ-10 ।
10. पाटनामा क्र. 1, पत्र 48 ब, पत्र 64 ब, वीर विनोद, 2 पृ-984 ।
11. पाटनामा क्र-1, पत्र 51 अ, क्र. 2, पत्र 68 ब ।
12. पाटनामा क्र -1, पत्र 91 अ, क्र - 2, पत्र 70 ब ।
13. सर यदुनाथ सरकार, हिस्ट्री ऑफ जयपुर, पृ-190, अहिल्या स्मारिका 1975 ई, पृ-10 ।
14. सरकार हिस्ट्री ऑफ जयपुर, पृ190, वीर विनोद 2, पृ-989, अहिल्या स्मारिका 19756 ई, पृ -10 ।
15. इकरार नामा, भाद्रपद सुदी 2, 1774 वि. मुकाम भानपुरा, ओझा, उदयपुर राज्य का इति. 2, पृ-616 ।

रामपुरा पुनः मेवाड़ के अधीन हो गया। तब महाराणा संग्रामसिंह ने राठौर दुर्गादास को रामपुरा की समस्या का समाधान करने हेतु भेजा। इसकी मध्यस्थता से इस राज्य को दो भागों में विभाजित कर दिया। यह समझौता भानपुरा में अगस्त २७, १७१७ ई. को हुआ था।[१५] १७२२ ई. के पश्चात् मालवा में मराठों का उपद्रव बढ़ गया। रामपुरा के चन्द्रावत राजवंश की स्थिति मेवाड़ राज्य के जगीरदार की रह गई थी। २० मई १७६६ ई. को होल्कर शासक मल्हारराव की मृत्यु के पश्चात सम्पूर्ण शासन सूत्र अहिल्याबाई के हाथ आ गए। तब लक्षमणसिंह और अहिल्याबाई के मध्य हुई संधि ने ५००००/- रुपये की आय के कुल ३१ गांव लक्ष्मणसिंह ने प्राप्त किए।[१६] लक्ष्मणसिंह के १ मार्च १७७७ ई. में निःसंतान मरने के कारण बडकुआ का जागीरदार भवानीसिंह उसका उत्तराधिकारी हुआ।[१७] राव भवानीसिंह और अहिल्याबाई के मध्य संघर्ष चलता रहा।[१८] भवानीसिंह के उत्तराधिकारी क्रमशः मोहकमसिंह तथा नाहरसिंह हुए। इस समय तक अंग्रेज इस क्षेत्र में अपना प्रभाव बढ़ाने का प्रयास कर रहे थे। १८१८ ई. में अंग्रेजों ने नीमच में छावनी डाली। १९१८ ई. तक रामपुरा पर चन्द्रावतों का शासन बना रहा। १९२८ ई. में जसवंतसिंह की मृत्यु निः संतान होने के कारण रामपुरा में कोर्ट ऑफ वार्ड कायम हो गया। १९४८ ई में इस राजघराने की होल्करों के प्रति निष्ठा एवं होल्कर नरेश की सद्भावना के कारण मोतीसिंह इस घराने के उत्तराधिकारी बने।

मालवा की उत्तर पश्चिमी सीमा पर स्थित चम्बल के पश्चिमी तट पर बसे रामपुरा नगर के रहे सहे राजमहल तथा उसके भग्न राजप्रसादों के साथ आज भी खड़े विस्तृत सुदीर्घकाय ऊँचे-ऊँचे ठोस खण्डहर इस बात की साक्षी दे रहे हैं कि यह नगर कभी पर्याप्त काल तक एक सम्पन्न, विस्तृत बहुत ही वैभवशाली राज्य की राजधानी रहा था। यहां के विभिन्न शासकों एवं उनके परिवार के व्यक्तियों ने समय समय पर यहां निर्माण कार्य एवं मरम्मत कार्य करवाएं। रामपुरा दुर्ग में प्रवेश के लिये जो दरवाजा है उसे 'माणक चौक' द्वार कहा जाता है। यह द्वारा दक्षिण की ओर खु ता है। थोड़ा ऊपर चढ़ने पर उत्तर से पश्चिम की ओर मुड़ने पर पुनः दरवाजा है जो पूर्व की ओर खुलता है। अन्दर प्रवेश करने पर पुनः एक दरवाजा है जिसे 'जुझार बावजी' दरवाजा कहा जाता है। यह दरवाजा अवेशष मात्र है। इस दरवाजे के बाई ओर चौकी है, जो पत्थरों के खम्भों की बनी हुई है। इस चौकी से लगी पूर्वी दक्षिणी कोने पर बुर्जबनी हुई है। यहां से परकोटा

16. होल्कर शाहीच्या इति., भाग-1, पृ-167/68।
17. पाटनामा क्र-1, पत्र 78 अ, क्र-2, पत्र 119 अ।
18. अनन्तनारायण भागवत सं. हील्करांची कैफियत पृ-57-58, पाटनामा क्र-2, पत्र 119 अ से 120 अ तक।

तथा पुनः दुमंजिली बुर्ज बनी हुई है। इससे लगा उत्तर की ओर 'नगारखाना' है। बुर्ज एवं 'नगार खाने' के मध्य दुर्ग का गुप्त रास्ता है। नगारखाने के आगे परकोटे में टूटा हुआ द्वार है जो दुर्ग से बाहर पूर्व की ओर जाता है। इस परकोटे से उत्तर की ओर कुछ ऊँचाई पर एक बहुत गहरा कुँआ है जिसे जमुरिया कुँआ कहते है। इस कुएँ पर जाली लगी है। इसे 'जेल का कुँआ' भी कहते हैं। उपरोक्त परकोटे के उत्तर में पुनः एक परकोटा है। इससे दो परकोटे निकलते हैं, जो पूर्व एवं पश्चिम की ओर जाते है। पूर्वी परकोटे से लगा एक विशाल बुर्ज है। पश्चिमी परकोटे से लगा एक मन्दिर है जिसे 'माँ कुलजा भवानी का मंदिर' कहते है। मन्दिर ऊँचाई पर स्थित है। मंदिर से लगा हुआ पश्चिम की ओर एक बड़ा भवन है। भवन में चार हॉल एवं छः कक्ष बने हैं। भवन एवं मन्दिर के प्रवेश द्वार दक्षिण की ओर है। भवन के ऊपर छत है।[१९]

चन्द्रावतों के पाटनामे में उल्लेख मिलता है कि रामपुरा में निर्मित दुर्ग में अधिकांश कार्य राव दुर्गभाण ने करवाया था। इनमें से रनिवास, दरीखाना के महल, कुंवरपदा के महल, तालाब, महल के बाहर तीन परतों में प्राचीर तथा पुराने बने हुए महलों की मरम्मत आदि प्रमुख है।[२०] पाटनामें में यह भी उल्लेख है कि राव खेमा ने यहाँ बावड़ियों का निर्माण करवाया था।[२१] राव अचला तथा उनकी रानियों ने भी यहाँ मन्दिर, बावड़ी तथा कुण्ड का निर्माण करवाया था।[२२]

दुर्ग के उत्तरी परकोटे में पहाड़ी की ओर जाने का रास्ता है। द्वार से लगा गणपति का मन्दिर है। मंदिर का प्रवेश द्वार पूर्व की ओर स्थित है। मंदिर में कुछ दूरी पर ऊपर पहाड़ी पर एक कुण्ड बना है जिसमें गर्मियों में भी पानी भरा रहता है। कुलजा भवानी के मन्दिर के सामने दक्षिण की ओर खुला प्रांगण है। इस प्रांगण के पश्चिम में 'दरी खाना' है। दरीखाना का प्रवेश द्वार पूर्व की ओर स्थित है। अन्दर प्रवेश के लिये गलियारा है, तथा अन्दर चौक है। चौक से उत्तर में बरामदा है तथा बरामदे के अन्दर एक भवन है, जिसे 'खजाना' कहा जाता है। चौक के दक्षिण में भी ऐसा ही बरामदा तथा भवन है। इस बरामदे को लकड़ी की जाली से बंदकर दिया गया है। चौक के पश्चिम में बड़ा हॉल है। इस हॉल के उत्तर दक्षिण दोनों ओर कमरे हैं। इन तीनों पर आकर्षक गुम्बद बने हैं। इस भवन में वर्तमान में तहसील कार्यालय लगता है।

दरीखाना के प्रवेश द्वार के बाहर दक्षिण की ओर रनिवास है। अन्दर बने महल

19. डॉ. मनोहरसिंह राणावत सं. - मन्दसौर अतीत एवं वर्तमान, पृ- 40-41।

20. पाटनामा क्र. 2, पत्र 58 ब, 5 अ।

21. पाटनामा क्र. 2, पत्र 40 ब।

22. पाटनामा क्र. 2, पत्र 55 ब, अ।

सर्वसुविधायुक्त हैं। इस महल के दक्षिण में पाँच आकर्षक झरोखे बने हैं। यह भवन दो मंजिला बना है तथा ऊपर छत भी बनी है। इस भवन के पश्चिम में दरीखाना में जाने का रास्ता है। दरीखाना एवं रनिवास दोनों के बाहर गुप्त रास्ता है जो नगर के बाहर निकलता है। दरीखाना के उत्तर की ओर कुछ ऊँचाई पर एक चौकोर तालाब बना हुआ है। ऊपर पहुँचने के लिये ढलुआ रास्ता बना है। तालाब को 'रतन तालाब' कहा जाता है। तालाब के चारों ओर पक्की दीवारें बनी है। बीच में एक चबूतरा बना है जिसे चौपड़ चबूतरा कहा जाता है। चबूतरा दो खण्डों में विभाजित है। पहले चौकोर तथा इसके ऊपर गोलाई लिए हुए। चबूतरे के किनारे पर नक्काशीयुक्त पत्थर लगे है। इस पर पहुँचने के लिये (पूर्व-पश्चिमी) दो ओर सीढ़ियाँ बनी है।[२३] तालाब में पानी भरा होने के कारण वहाँ पहुँचने के लिए नाव का प्रयोग किया जाता था। इसके ऊपर चौपड़ बना है। उत्तर की ओर पहाड़ी के पानी को तालाब में डालने की व्यवस्था है। तालाब के पश्चिम में पाँच कमरे बने हैं जिन पर छत बनी है। पीछे दुर्ग का पश्चिमी परकोटा आ जाता है। रनिवास के पूर्व में दक्षिण में थाला है जहां चड़स द्वारा पानी निकालने की व्यवस्था है। यहाँ से जुझार दरवाजे के वहाँ पहुँचने की व्यवस्था है। जुझार दरवाजे के उत्तर की ओर प्राचीर बनी है। इससे लगा हुआ चबूतरा है, जिस पर शिवलिंग स्थापित है। जुझार दरवाजे के सामने प्रांगण में ४०x४० फीट का पक्का प्रांगण है जिसमें भैंसे लड़ाए जाते थे। दुर्ग के पश्चिमी परकोटे के बाहर एक चबूतरा है जिस पर एक आकृति युक्त पत्थर गड़ा हुआ है। स्थानीय लोगों का यह कहना है कि यह रामा भील के कुत्ते की छत्री है। इसके पास में 'अम्बे माता' का मंदिर है। मंदिर पहाड़ी के नीचे स्थित है, अतः ढलान से आने वाले पानी और मिट्टी की वजह से मंदिर भूमिगत हो गया है। वर्तमान में मंदिर का प्रवेश द्वारा पूर्णतया बन्द हो गया है। एक छोटा सा छेद दिखाई देता है।[२४]

रामपुरा दुर्ग सुरक्षा की दृष्टि से अभेद्य था। इसमें पानी की पर्याप्त व्यवस्था है। दुर्ग में स्थापत्य की दृष्टि से महत्वपूर्ण ऐतिहासिक इमारतों व मंदिर का निर्माण इसकी महत्ता को और भी बढ़ाता है। इस दुर्ग में ऐतिहासिक पृष्ठभूमि के महत्वपूर्ण मन्दिरों का संक्षिप्त विवरण निम्मानुसार है –[२५]

(१) जगदीश मन्दिर - रामपुरा दुर्ग में मध्य भाग में तालाब के किनारे स्थित जगदीश मंदिर लगभग ५०० वर्ष पुराना है। आज भी यहाँ प्रतिदिन पूजा आरती होती

23. डॉ. मनोहरसिंह राणावत सं. - मन्दसौर अतीत एवं वर्तमान, पृ-41।
24. डॉ. मनोहरसिंह राणावत सं. - मन्दसौर अतीत एवं वर्तमान, पृ-42।
25. डॉ.विनय श्रीवास्तव के मेजर रिसर्च प्रोजेक्ट के अंतर्गत किए गए सर्वेक्षण, रिपोर्ट, निष्कर्ष।

है। यह मंदिर मध्यकाल का है एवं नागर शैली में निर्मित है ।

(२) कल्याणराव मंदिर - रामपुरा में यह मंदिर १६ वीं शताब्दी का है एवं सबसे आकर्षक व सुन्दर है । भूमिज शैली में निर्मित यह मंदिर अनूठी वास्तुकला का उदाहरण है ।

(३) लक्ष्मीनारायण मंदिर - रामपुरा मंदिर के समीप ही लक्ष्मीनारायण का मंदिर है । यह मंदिर भी १६ वीं शताब्दी का है । वास्तु तथा शिल्प की दृष्टि से यह मंदिर काफी सुन्दर है । इस मंदिर के गर्भगृह एवं मण्डप में मूर्तियों का अंकन इसे और भी सुन्दर बनाता है ।

(४) मेणकेश्वर महादेव - रामपुरा दुर्ग के पीछे पहाड़ी के मध्य स्थित यह मंदिर मेणकेश्वर महादेव कहलाता है। मंदिर तक पहुँचने के लिये सीढ़ियाँ बनी है । मंदिर से रामपुरा का विहंगम दृश्य दिखाई पड़ता है । यह मंदिर भी १६ वीं शताब्दी में निर्मित है । इस मंदिर की प्रमुख विशेषता मेढ़क के आकार के महादेव होना है ।

(५) चार भुजानाथ मंदिर - यह मंदिर मुगलकाल का है । काफी पुराना होने से खण्डहरावस्था में है । नागर शैली में निर्मित यह मंदिर इस क्षेत्र के इतिहास का मूक गवाह है ।

(६) काल भैरव का मठ - चारभुजा मंदिर के समीप ही काल भैरव का मठ है । इस मंदिर में काल भैरव की १६ वीं शताब्दी में निर्मित आकर्षक मूर्ति स्थित है ।

(७) काशी विश्वनाथ मंदिर - काल भैरव मठ के समीप यह मंदिर मुगलकाल में निर्मित है । स्थापत्य की दृष्टि से नागर शैली में निर्मित यह मंदिर वर्तमान में जर्जर अवस्था में है ।

(८) बावा मुल्ला खान की दरगाह - रामपुरा दुर्ग में प्रवेश के साथ ही सत्रहवीं शताब्दी में निर्मित सूफी संत हजरत बाबा मूला खान सा. की दरगाह है । यह दरगाह ३२५ वर्ष पुरानी है । यह बोहरा समाज का पवित्र तीर्थ स्थान है । इस दरगाह में हिन्दू-मुस्लिम स्थापत्य का प्रभाव स्पष्ट दिखाई पड़ता है ।

(९) भानपुरा दरवाजा - आकर्षक स्थापत्य कला का नमूना यह दरवाजा दुर्ग के पश्चिमी भाग में स्थित है ।

(१०) रामपुरा दरवाजा - दुर्ग के पूर्वी भाग में स्थित यह द्वार बाहरी मार्ग से दुर्ग में प्रवेश करने का द्वार है ।

आमद दुर्ग - वर्तमान में आमद नीमच जिले के अन्तर्गत मनासा तहसील का

एक गाँव है । रामपुरा से चन्द्रपुरा होकर जाने पर १५ कि.मी. तथा कुकड़ेश्वर से लगभग १२ कि.मी. है । आमद क्षेत्र की प्रारंभिक जानकारी का अभाव है । नौवीं शताब्दी से इस क्षेत्र पर परमार राजपूतों का अधिकार रहा । भोज परमार के समय (१०१० ई. १०५५ ई.) चालुक्य शासक सोमेश्वर प्रथम ने आक्रमण कर मालवा को १०५५ ई. में अपने अधिकार में कर लिया । लगभग ११७५ ई. तक यह क्षेत्र चालुक्यों के अधिकार में रहा । उसके पश्चात् १३ वीं शताब्दी के प्रारंभ में देवपाल का मालवा पर शासन करने का उल्लेख मिलता है । देवपाल की मृत्यु के बाद उसका पुत्र जयतुगीदेव १२४२ ई. के लगभग गद्दी पर बैठा था।[२६] इसके पश्चात् अलाउद्दीन खिलजी का मालवा पर अधिकार होने से यह क्षेत्र मुस्लिम अधिपत्य में चला गया ।[२७] सीसोदे के राणा वंश में भीमसिंह हुआ । इसके एक पुत्र चन्द्रसिंह के वंशज चन्द्रावत कहलाए । चन्द्रा को आंतरी परगने की जागीर मिली थी ।[२८] इसके पीछे सज्जनसिंह, झांझणसिंह और भाखरसिंह हुए । भाखरसिंह का उसके काका छाजू से मनमुटाव हो गया, जिससे छाजू आंतरी छोड़कर मिलसिया खेड़ी के पास जाकर रहा । भाखरसिंह के निःसंतान मरने के कारण आंतरी के महाजनों ने छाजू को गाँव की रक्षा का भार सौंपा ।[२९] छाजू के बाद शिवा आंतरी का शासक बना। इस समय मालवा में स्वतंत्र गोरी सत्ता की स्थापना हो चुकी थी और मालवा का शासक हुशंगशाह गौरी था।[३०] रामपुरा के चन्द्रावतों के पाटनामे में उल्लेख है कि राव खेमा और राव सेना (शिवा) में आमद परगना मिलने के बाद देवा मोरी (जो आमद) का शासक था पर आक्रमण किया । छः महीने के युद्ध के बाद देवा मोरी मारा गया तथा आमद की गद्दी पर राव खेमा बैठा ।[३१] इसी प्रकार राव खेमा और शिवा ने रामपुरा पर चढ़ाई करके रामा भील को मारकर रामपुरा पर अधिकार किया । पाटनामों में इस युद्ध का समय ९ मई १२६५ ई. दिया है तथा रामा भील की मृत्यु के बाद राव सेवा (शिवा) के वि.सं. १३२२ आषाढ़ बदी ५, बुधवार को रामपुरा की गद्दी पर बैठने का उल्लेख है ।[३२] छाजू का बेटा शिवसिंह बड़ा वीर

26. यू.एन.डे, मेडविल मालवा, पृ-6, डॉ. मनोहरसिंह राणावत, आमदगढ़, एक उपेक्षित दुर्ग (अप्रकाशित) पृ-1, डॉ. शरद दुबे, रामपुरा के चन्द्रावतों का इति. (अप्रकाशित) पृ-4 ।
27. रिजवी, खिलजी कालानी भारत, पृ-108 ।
28. ओझा, उदयपुर राज्य का इति., भाग-2, पृ-1060,डॉ. मनोहरसिंह राणावत, मुहणोत नैणसी की ख्यात, पृ 108 ।
29. डॉ. मनोहरसिंह राणावत, मुहणोत नैणसी की ख्यात, पृ-109-110। 30. उपरोक्त पृ-110 ।
31. पाटनामा क्र. 1, पत्र 13 अ,ब, पाटनामा क्र. 2, पत्र 20 ब से 22 ब तक।
32.पाटनामा क्र 1, पत्र 17 ब, 18 तक, पाटनामा क्र. 2, पत्र 27 ब 28 ।

था। माण्डू के सुल्तान हुशंगशाह गौरी ने दिल्ली की शहजादी से विवाह किया था। हुशंग के आदमी उसे माण्डू ले जा रहे थे। आंतरी के पास नदी पार करते समय उसकी नाव टूट गई। शिवा ने उसकी जान बचाई। उसके उपलक्ष्य में बेगम ने हुशंगशाह से शिवा को 'राव' का खिताब और १४०० गाँवों सहित आमद का परगना जागीर में दिलाया।[३३]

राव शिवा के वंशज राव दुर्गभाण द्वारा १५६७ ई. में शाही सेवा स्वीकार करने के बाद रामपुरा सूबा अजमेर, सरकार चित्तौड़ के अन्तर्गत कर लिया गया। तब रामपुरा के अन्तर्गत दस परगनों मे एक परगना आमद भी था, जिसमें कुल ७८ गाँव थे, जिनकी आमदनी ७१,६५० थी।[३४] दुर्गभाण के अधिकार में आमद हेवली के अन्तर्गत १३ गाँव थे जिनमें आदम प्रमुख था।[३५] इसके बाद रामपुरा में हुए चन्द्रावत शासकों का आमद पर प्रभुत्व बना रहा। राव संग्रामसिंह के शासनकाल में रामपुरा का मेवाड़ में विलय हो गया था, अतः आमद भी मेवाड़ के अधीन हो गया।[३६] डॉ. मनोहरसिंह राणावत के अनुसार शांतिकाल में आमद का महत्व कम हो गया था। इसका महत्व मराठों के समय बढ़ा।[३७] सन् १७२२ ई. के पश्चात् मालवा में मराठों का उपद्रव बढ़ गया अतः इसका प्रभाव आमद पर भी पड़ा।

मई २०, १७६६ ई. को मल्हारराव होल्कर की मृत्यु पश्चात् सम्पूर्ण शासन सूत्र अहिल्याबाई होल्कर के पास आ गए। अहिल्याबाई होल्कर के साथ राव लक्ष्मणसिंह चन्द्रावत ने संधि कर ५०,४००/- के राजस्व के कुल ३१ गाँव प्राप्त किए।[३८] परन्तु राव लक्ष्मणसिंह ने १७७१ ई. में पुनः सशस्त्र विद्रोह कर रामपुरा पर अधिकार कर लिया।[३९] इसी तरह राव लक्ष्मणसिंह के उपद्रव चलते रहे और इसी बीच मार्च १, १७७७ ई. को आमद में ही लक्ष्मणसिंह की मृत्यु हो गई।[४०] राव लक्ष्मणसिंह की इच्छानुसार ही चैत्र सुदी १०, वि.सं. १८३८ को बड़कुँआ का जागीरदार भवानीसिंह

33. ओझा, उदयपुर राज्य का इतिहास, पृ-1062-63।
34. श्यामलदास, वीर विनोद भाग-2, पृ-958।
35. पाटनामा क्र. 1, पत्र 42 ब, पाटनामा क्र. 2, पृ.-60 अ।
36. शरद दुबे, रामपुरा के चन्द्रावतों का इति. (अप्रकाशित) पृ-136।
37. डॉ. मनोहरसिंह राणावत, आमद एक उपेक्षित दुर्ग (अप्रकाशित) पृ-2।
38. पाटनामा क्र 1, पत्र-76 अ, पाटनामा क्र. 2, पत्र 118 ब, होल्कर शाहीच्या इति.पृ. 167-68।
39. पाटनामा क्र 2, पृ-117।
40. पाटनामा क्र 1, पृ-77 अ, ब, पाटनामा क्र. 2, पृ-118 ब।
41. पाटनामा क्र 2, पृ-119 अ, 120 अ (कैफियत 57-58)।

आमद दुर्ग में चन्द्रावतों की गद्दी पर बैठा ।[४१] भवानीसिंह ने अपने शासनकाल के दौरान हमेशा मराठों का विरोध किया तथा विरोधस्वरूप किए गए विद्रोहों के दौरान आमद को ही अपनी शरण स्थली बनाया । पाटनमा में उल्लेख है कि अम्बाजी मल्हार और भवानीसिंह के बीच आमद में ही तीन महीने तक युद्ध हुआ । मराठों ने भवानीसिंह के भाई सौभागसिंह को तोप से बांधकर उड़ा दिया ।[४२]

होल्करांची कैफियत में उल्लेख है कि मराठों ने रामपुरा में २७ दिन तक युद्ध किया। चन्द्रावत भागकर आमद चले गए । तब मराठों ने आमद में मोर्चा लगाया । इस आक्रमण में भवानीसिंह परास्त हुआ और भाग गया तथा सोभागसिंह मारा गया ।[४३] भवानीसिंह ने दो बार मराठों से संधि की । प्रथम संधि में अहिल्याबाई का प्रतिनिघि बाजी जाधव तथा भवानीसिंह की तरफ से देवलिया के समान्तसिंह ने मध्यस्था की । विचार विमर्श के दौरान तीन शर्ते तय हुई उनमें से एक भवानीसिंह के अधिकार क्षेत्र में अहिल्याबाई द्वारा शांति स्थापित करना भी था ।[४४]भवानीसिंह अधिक दिनों तक शांत न रह सका । अंततः मार्च १७९५ ई. में दोनों में पुनः संधि हुई । इसके अनुसार राव भवानीसिंह को आमद के ४२ गांव और पगारा के ३० गाँव जागीर के रूप में मिले । भवानीसिंह ने भी ३०,०००/- रुपये नजराना देना स्वीकार किया । इस समझौते के अनुसार राव भवानीसिंह का पगारा में रहना निश्चित हुआ ।[४५] १८०१ ई. में पगारा में उसकी मृत्यु हो गई । उसका उत्तराधिकारी मोहकमसिंह द्वितीय बना । १८११ ई. में उसकी भी मृत्यु हो गई । उसकी मृत्यु के बाद उसके पुत्र का जन्म हुआ जिसका नाम नाहरसिंह रखा गया ।[४६] इसके अवयस्क होने के कारण आमद व पगारा की जागीर में अव्यवस्था पैल गई तथा सन् १८१३-१४ ई. में हरीगढ़ के ठाकुर अमरसिंह ने बलपूर्वक पगारा व आमद पर अधिकार कर लिया ।[४७] तब होल्कर के पदाधिकारी मंगतराम कोठारी होल्कर के आदेशानुसार सैनिकों के साथ आमद आ गया और अमरसिंह को हटाकर १२ जून १८१७ ई. को नाहरसिंह को आमद में उसकी पैतृक गद्दी पर बैठाया।[४८]

---

42. पाटनामा क्र 2, पत्र 119 अ, ब ।

43. पाटनामा क्र 2, पृ-120 अ, ब, होल्कराची कैफियत, पृ-57-58 ।

44. पाटनामा क्र -1, पृ- 78 ब, क्र. 2 पत्र 120 अ,ब, महेश्वर दरबारांची बनगी पत्र भाग 1, पृ-41-42

45. पाटनामा क्र -2, पत्र 120 अ, ब।

46. पाटनामा क्र -1, पत्र 80 अ, ब ।

47. पाटनामा क्र -1, पृ- 81 ब ।

48. मनोहरसिंह राणावत, आमद एक उपेक्षित दुर्ग (अप्रकाशित), पृ-6 ।

सोंधीवाड़ा का अजीतसिंह सौंधिया १८१८-१८१९ ई. में आमदगढ़ में आकर नाहरसिंह की शरण में रहने लगा।[४९] अजीतसिंह ने आमद में शरण लेने के बाद रामपुरा के क्षेत्र में लूटमार प्रारंभ कर दी जिसकी शिकायत स्थानीय लोगों ने नीमच के अंग्रेज अधिकारी मालकम से की। मालकम ने शांति व्यवस्था का भार मैकडोनाल्ड को सौंपा।[५०] मैकडोनाल्ड ने सैनिक दस्ते के साथ आमद दुर्ग के लिये प्रस्थान किया। आमदगढ़ में ही मैकडोनाल्ड और सौंधियों के मध्य युद्ध हुआ, जिसमें जेता सौंधिया मारा गया और बाकी आमदगढ़ से भाग गए।[५१] तब नाहरसिंह की माँ ने गढ़ का दरवाजा खेलकर मैकडोनाल्ड को अन्दर बुलाया। मालकम के आदेशानुसार मैकडोनाल्ड सभी को नीमच ले गया तथा आमदगढ़ में अंग्रेजों की तरफ से लाला रामलाल को नियुक्त किया गया।[५२] रामपुरा के अधिकारियों ने मालकम से राव नाहरसिंह और उसकी माँ को नीमच की जगह रामपुरा में ही रहने दिए जाने की प्रार्थना की तब मैकडोनाल्ड उन्हें लेकर रामपुरा पहुँचा और नाना नागर की हवेली में उन्हें ठहरा दिया।[५३] राव नाहरसिंह द्वारा आमद दुर्ग छोड़ देने के बाद अंबाजी मल्हार ने आमद दुर्ग को लूट लिया तथा आमद किले को तोड़ दिया।[५४]

आदम दुर्ग एक ऊँची पहाड़ी पर निर्मित है। इसके पूर्व एवं पश्चिम में गहरी खाई है, तथा उत्तर की ओर आमद गाँव तथा गाँव के पीछे (उत्तर) भी ढलान है। यह किला घने जंगल में स्थित है। आमद गाँव के दक्षिण में नीचे उतरने के लिये सीढ़ियाँ बनी है जो छः बार मोड़ लेती हैं। दूसरे ही मोड़ पर झरना है जो सामान्यतः बहता ही रहता है। नीचे उतरने पर पूर्व की ओर गोरा बावजी का मंदिर है जो चन्द्रावतों के देवता हैं। यहाँ से ही गहरी खाई प्रारम्भ होती है। इसी खाई की पश्चिम दिशा की ओर दुर्ग के खण्डहर स्थित है।[५५] इस दुर्ग में वर्तमान में सिर्फ खण्डहरों के अवशेष ही बचे है। स्थानीय व्यक्तियों ने जिस खण्डहर दीवार को 'रानी महल' बताया वहाँ सिर्फ एक ऊँची दीवार बची है। कुछ वर्षों पूर्व तक इस रानी महल में दो खण्डहर दीवारे थीं। इस भवन का प्रवेश द्वार पूर्व की ओर है। भवन पूर्णतया नष्ट हो चुका है, परन्तु अवशेषों से स्पष्ट पता चलता है कि इसका प्रवेश पूर्व की ओर ही स्थित था। इस भवन के उत्तर में एक बुर्ज के अवशेष स्थित है। यह बुर्ज

49. पाटनामा क्र -1, पृ- 81 ब।
50. पाटनामा क्र -1, पृ- 81 ब।
51. पाटनामा क्र -1, पृ- 81 ब।
52. पाटनामा क्र -1, पृ- 81 ब।
53. पाटनामा क्र -1, पृ- 81 ब
54. डॉ. मनोहरसिंह राणावत, मन्दसौर जिला अतीत एवं वर्तमान, पृ-34।
55. डॉ. मनोहरसिंह राणावत, मन्दसौर जिला अतीत एवं वर्तमान, पृ-34।

वर्तमान में पूर्णतया ध्वस्त हो चुका है ।[५६]

रानी महल एवं बुर्ज के बीच में भी परकोटे के अवशेष मिलते है । 'रानी महल' के दक्षिण में पुनः परकोटे के अवशेष हैं । परकोटे से लगा एक रास्ता है जो किले से खाई की ओर जाता है । यहाँ दरवाजे के अवशेष भी स्थित हैं । द्वार पूर्व की ओर खुलता है। इस द्वार के पश्चिम में एक पक्की ओढ़ी है, जो गोलाई लिए हुए है तथा ऊपर से चौड़ी एवं नीचे जाते-जाते सँकरी हो गई है । इस ओढ़ी के उत्तर में इसकी दीवाल से लगी चौकोर छोटी ओढ़ी है । इसमें से ओढ़ी में पानी जाने का रास्ता है । उपरोक्त द्वार से दक्षिणी दिशा की ओर पुनः परकोटा है तथा परकोटे से लगी एक बड़ी बुर्ज है जो दक्षिण पश्चिम कोने पर स्थित है । इस बुर्ज से परकोटा पश्चिम की ओर मुड़ जाता है । पश्चिमी परकोटे में चार बुर्ज है । दूसरे एवं तीसरे बुर्ज के बीच में रास्ता है जो खाई की ओर जाता है । तीसरे बुर्ज से परकोटा उत्तर की ओर गोलाई लिए हुए है । चौथे बुर्ज जो पश्चिमी उत्तरी कोने पर स्थित है से परकोटा उत्तर की ओर मुड़ जाता है जो रानी महल के उत्तरी बुर्ज से मिल जाता है । इन दोनों बुर्जों के मध्य एक रास्ता है जो जमीनी सतह से नीचे है । रास्ता पक्का तथा इसके ऊपर बड़े पत्थरों की छत है। ये रास्ता वर्तमान में अच्छी हालात में है।

इस किले के परिसर में अनेक भवनों के खण्डहर है तथा एक हाथी बांधने का खूँटा भी है । पश्चिमी परकोटे से बाहर पूर्व की ओर एक बड़ा दरवाजा एवं इससे दो बुर्ज बने हैं । दरवाजे के दक्षिणी बुर्ज के पश्चिम की ओर एक कुण्ड है । इसी दरवाजे के दक्षिण में परकोटे के सहारे बाहर की ओर कुछ दूरी पर एक कुँआ है । इस कुँए से आगे दक्षिण में कुछ दूरी पर एक चौकोर बावड़ी है । वर्तमान में बावड़ी में पानी नहीं है । ये बावड़ी पक्की बनी हुई है।[५७]

आमद दुर्ग के निर्माण की स्पष्ट जानकारी नहीं मिलती । परन्तु प्राप्त जानकारी के अनुसार इसका निर्माण मध्यकाल में हुआ था । राव खेमा ने आमद किले में महल और दरीखाने का निर्माण करवाया था तथा राव सालुजी ने आमदगढ़ के परकोटे की मरम्मत करवाई थी । इस दुर्ग का निर्माण वि.सं. १३२६ से वि.सं. १३३४ के मध्य हुआ था ।[५८]

आमद दुर्ग के अधिकांश परकोटे वर्तमान में खण्डहर का रूप ले चुके हैं । सभी बुर्ज व दरवाजे ध्वस्त हो चुके हैं। इन्हें देखकर इस दुर्ग की स्थापत्य का पूरा अनुमान

56. डॉ. विनय श्रीवास्तव के मेजर रिसर्च प्रोजेक्ट के अन्तर्गत सर्वेक्षण रिपोर्ट निष्कर्ष ।
57. डॉ. मनोहरसिंह राणावत, मन्दसौर जिला अतीत एवं वर्तमान, पृ-34।
58. डॉ. मनोहरसिंह राणावत, मन्दसौर जिला अतीत एवं वर्तमान, पृ-34।

तो नहीं लगाया जा सकता, परन्तु इतना सुनिश्चित है कि मध्यकाल में इस दुर्ग का निर्माण सुरक्षा की दृष्टि से अत्यंत शीघ्रता से किया गया था। सुरक्षात्मक तत्वों की दृष्टि से दुर्ग को प्राकृतिक स्थिति का लाभ मिला है परन्तु मजबूती की दृष्टि से ये कमजोर सिद्ध हुआ। स्थापत्य की दृष्टि से भी इस दुर्ग में कलात्मक अथवा किसी उल्लेखनीय शैली के प्रमाण नहीं मिलते। इसे वन्य दुर्ग कहना उचित प्रतीत होता है।[५९]

पिपल्या दुर्ग - नीमच जिले की मनासा तहसील में नीमच से २१ कि.मी. दूर एवं प्रसिद्ध तीर्थ स्थल भादवामाता से ३ कि.मी. दूर पिपल्या नामक स्थान पर मेवाड़ के राणा शक्तिसिंह के वंशजों का ठिकाना है। पिपल्या में शक्तिसिंह के वंशजों का बनवाया गया एक मजबूत दुर्ग, महल, मंदिर एवं बावड़ी इस क्षेत्र के राजनीतिक इतिहास तथा यहां के शासकों द्वारा किए गए कार्यो के प्रत्यक्ष गवाह है। पिपल्या दुर्ग का इस क्षेत्र के इतिहास में आज तक शामिल नहीं किया गया। इस क्षेत्र के समृद्ध स्थापत्य की थाती अपने में समेटे हुए पिपल्या का मजबूत दुर्ग आज तक अनजान बना हुआ है। इस क्षेत्र के समृद्ध इतिहास के साथ ही ऐतिहासिक दुर्गों की श्रेणी में पिपल्या को स्थान दिया जाना सर्वथा समीचीन होगा। इस प्रोजेक्ट के शोधकर्ता डॉ. विनय श्रीवास्तव द्वारा पिपल्या के राजनीतिक इतिहास के साथ ही दुर्ग का सर्वेक्षण कर उसके बारे में प्रामणिक तथ्य एकत्र किए है। इस क्षेत्र के इतिहास में अपना महत्वपूर्ण योगदान देने वाले पिपल्या के बारे में जो शोध निष्कर्ष प्रकाश में आए वो इस प्रोजेक्ट की महत्वपूर्ण उपलब्धि है। पिपल्या के सरदार महाराणा उदयसिंह द्वितीय के पुत्र महाराज शक्तिसिंह के १३ वें पुत्र राजसिंह के दूसरे बेटे कल्याणसिंह के वंशज हैं और 'रावत' उनकी उपाधि है। महाराणा अमरसिंह (प्रथम) के समय इस ठिकाने पर हाथीराम चन्द्रावत का अधिकार था। वि. सं. १६५९ (ई. स. १६०२) में हाथीराम ने महाराणा के एक ऊँट को, जिस पर महाराणा के कपड़े लदे हुए थे और जो पाटन से पिपल्या होते हुए उदयपुर जा रहा था, पकड़ लिया। इस पर महाराणा की आज्ञा से कल्याणसिंह ने पिपल्या जाकर हाथीराम को गिरफ्तार कर लिया और उसे अपने साथ उदयपुर ले गया। इस सेवा के उपलक्ष्य में कल्याणसिंह को महाराणा कीओर से यह ठिकाना मिला। इसके पहले वह सतखंभे के स्वामी था।

महाराणा अमर (द्वितीय) के राजस्व काल में रामपुरा के राव गोपालसिंह के पुत्र रतनसिंह ने रामपुरा पर अधिकार कर लिया। इस पर गोपालसिंह ने बादशाह औरंगजेब से उसकी शिकायत की, परन्तु उसने अनिष्ट से बचने तथा बादशाह को प्रसन्न करने के लिये इस्लाम धर्म स्वीकार कर अपना नाम इस्लाम खां और रामपुरा का नाम इस्लामाबाद

59. डॉ. विनय श्रीवास्तव के मेजर रिसर्च प्रोजेक्ट के अन्तर्गत सर्वेक्षण रिपोर्ट निष्कर्ष।

रखा, जिससे बादशाह ने उसी को रामपुरा का ठिकाना दे दिया । तब गोपालसिंह महाराणा के पास जाकर शाही इलाकों में लूटमार करने लगा । उसे इस काम में महाराणा का इशारा पाकर कल्याणसिंह के भाई कीता के पुत्र उदयभान ने पूरी मदद की। कीता के दो पुत्र शूरसिंह और उदयभान थे । शूरसिंह के वंशज बिनोते के स्वामी है और उदयभान को महाराणा अमरसिंह (दूसरे) ने मलकाबाजखां को जागीर दी थी ।[६०]

कल्याणसिंह के पीछे हरिसिंह, हठीसिंह तथा बाघसिंह क्रमशः ठिकाने के मालिक हुए । महाराणा संग्रामसिंह (द्वितीय)के समय सतारे के कितने अधिकारी छत्रपति महाराज शाहू के विरोधी हो गए । तब छत्रपति की इच्छानुसार महाराणा ने रावत बाघसिंह को सतारे भेजा, जिसने उनके बीच मेल करा दिया । उसकी इस सेवा से प्रसन्न होकर राज्याभिषेक शक ५२ (वि.सं. १७८३, ई.सं. १७२६) में छत्रपति शाहू ने अपने सब हिन्दू तथा मुसलमान अधिकारियों के नाम आज्ञापत्र जारी कर बाघसिंह और उसके वंशजों की प्रतिष्ठा एवं मान मर्यादा को बनाए रखने का आदेश करते हुए उसके संबंध में लिखा 'ये बड़े सत्पुरुष तथा मेरे कुल के है । इन्होंने मेरा बड़ा उपकार किया है। इन्हीं के प्रताप से भारत में हिन्दू राज्य अब तक स्थिर है । मेरा आदेश न मानकर कोई हिन्दू इनकी मर्यादा को तोड़ने की दुश्चेष्टा करेगा तो उसके सात पूर्वज नरकगामी होगे और यदि मुसलमान उनकी इज्जत बिगाड़ने की कोशिश करेगा तो उसे सूअर का मांस खाने का पाप लगेगा'।

बाघसिंह का उत्तराधिकारी उसका पुत्र जयसिंह हुआ, जिसको उक्त महाराणा ने अपना प्रतिनिधि बनाकर छत्रपति शाहू के पास भेजा । शाहू जयसिंह का भी उसके पिता की भांति बड़ा सम्मान करता था और 'काका' कहकर पुकारता था । वि.सं. १८१३ (ई.सं. १७५६) में जयसिंह का देहान्त हो जाने पर उसका पुत्र केसरीसिंह ने अपने गढ़ की मरम्मत करवाई और इन्दौर के होल्कर राजा मल्हारराव के साथ भाई-चारे का संबंध कायम किया ।

महाराणा अरिसिंह के समय माधवरावसिंधिया ने उदयपुर पर घेरा डाला और अंत में संधि हुई । उस समय जो रूपए उसको देने ठहरे उनमें से कई लाख रुपये सरदारों से वसूल करने की व्यवस्था हुई, तदनुसार पिपल्या से ३५०००/- लेने की महाराणा ने आज्ञा दी जिसका पालन न करने के कारण महाराणा ने उसकी जागीर जप्त कर ली तो वह उदयपुर चला गया और वहीं उसका देहान्त हुआ जिस पर महाराणा ने उसके पुत्र भीमसिंह को पिपल्या की जागीर दे दी ।[६१]

60. ओझा, उदयपुर - भाग 2, पृ- 948 ।

61 ओझा, उदयपुर - भाग 2, पृ- 948 ।

भीमसिंह के पौत्र गोकुलदास के समय मराठों की सेना मेवाड़ में लूटमार करती हुई पिपल्या जा निकली और गोकुलदास से कहलाया कि या तो फौज खर्च दो या गढ़ खाली कर दो, परन्तु उसने इन दो बातों में से एक भी नहीं मानी । तब उक्त सेना ने उसके गढ़ पर घेरा डाला दिया और लड़ाई छिड़ गई जो एक महीने तक जारी रही । अन्त में मराठों का गढ़ से डेरा उठाना पड़ा । इस युद्ध में उसके २० या २५ रिश्तेदार काम आए । महाराणा सरूपसिंह और उसके सरदारों के बीच अनबन हो गई, उस समय गोकुलदास का पुत्र हिम्मतसिंह महाराणा का सहायक रहा । उसकी सेवा से प्रसन्न होकर महाराणा ने ने उसे 'रावत' की उपाधि से सम्मानित किया । महाराणा का शरीरान्त हो जाने पर हिम्मतसिंह अपने पुत्र लक्षमणसिंह को ठिकाने का अधिकार सौंपकर वृन्दावन में जा रहा और वहीं उसकी मृत्यु हुई। वि.सं. १२५ (ई. सं. १८६८) में लक्ष्मणसिंह अपने भाइयों के हाथों मारा गय और शेरसिंह का पुत्र किशनसिंह उसका उत्तरधिकारी हुआ । किशनसिंह के पश्चात् जीवनसिंह, भीमसिंह एवं सज्जनसिंह गढ़ के स्वामी हुए ।[६२] सज्जनसिंह के पुत्र प्रतापसिंह तथा उनके पुत्र दिग्दिवजयसिंह पिपल्या के स्वामी हुए ।

पिपल्या दुर्ग दोहरी सुरक्षा प्राचीर से घिरा हुआ एक मजबूत दुर्ग है । दुर्ग में प्रवेश के लिये सर्वप्रथम मुख्य दीवार से लगा हुआ द्वार है । इस दीवार के परकोटे ने दुर्ग के चारों ओर सुरक्षा दीवार बनाई है । प्राचीर के बाहर खाई थी जिसे वर्तमान में पाट दिया गया है । इस प्राचीर से घुमावदार रास्ते को पार करने पर गढ़ का मुख्य द्वार है जिसमें लोहे की नुकीली कीलें से युक्त मजबूत द्वार लगा है । मुख्य द्वार के ऊपर दीवारों पर खाँचे बने हैं । इन खाँचों से गर्म पानी या तेल दुश्मन की फौजों पर उड़ेल दिया जाता था । मुख्य द्वार के भीतर चार मंजिला खूबसूरत महल खड़ा है । आसापास खुला स्थान है । चारों ओर पुनः एक परकोटा एवं चारो कोने पर चार बुर्ज हैं जिनका इस्तेमाल शस्त्रागार, भण्डारगृह इत्यादि के लिये किया जाता था। बुर्ज में ऊपर पहुंचने के लिये सीढ़ियां बनी हैं । बुर्ज के नीचे कक्ष बने हैं । पास घोड़ों के लिये पाएगा बनी है । इन कक्षों में सुरक्षा प्रहरी रहते थे । महल में बैठकखाना, दरीखाना, चित्रशाला, जनाना महल, कांच महल इत्यादि प्रमुख है। मुख्य द्वार के बाहर कचहरी थी । इस महल का सबसे सुन्दर भाग चित्रशाला एवं कांच महल है । चित्रशाला में दीवारों पर सत्रहवीं शताब्दी के राजपूतकालीन भित्ती चित्र बने हैं । इन भित्ती चित्रों में महाराजा की घोड़े पर सवारी का दृश्य, राग रागिनियाँ, युद्ध के दृश्य, दरबार के दृश्यों का

62. ओझा, उदयपुर - भाग 2, पृ- 950 ।

संयोजन आकर्षक है। चित्रों में रंगों का संयाजेन के साथ ही कलाकारों की कल्पना शीलता से तत्कालीन समय की राजनीतिक, सांस्कृतिक एवं सामाजिक जीवन की सुन्दर झांकी दिखाई पड़ती है ।

दुर्ग के भीतर कुलदेवी का मंदिर है जिसमें राज परिवार के सदस्य पूजा करते थे । दुर्ग से कुछ दूरी पर कुण्ड बावड़ी है जो स्थापत्य की दृष्टि से उत्कृष्ट है । इसमें वर्ष भर पानी भरा रहता है । इस बावड़ी के दोनों सिरों पर दो मंदिर है । इनमें से लक्ष्मीनाथ का मंदिर, सत्रहवीं शताब्दी में निर्मित करवाया गया । ऊँची जगती पर निर्मित, नागर शैली के इस मंदिर में उत्कृष्ट नक्काशी एवं मूर्तियों का अंकन किया गया है । मंदिर के शिखर पर नीचे से ऊपर तक विभिन्न मुद्राओं में स्त्री पुरुष, देवी देवता, कमल के फूल, ढोल बजाते लोग एवं विविध दृश्यों का सुन्दर अंकर पत्थरों पर किया गया है । मंदिर का मूल स्वरूप सुरक्षित रखा गया है । बावड़ी के दूसरी ओर महादेवजी का पुराना सत्रहवी शताब्दी का मंदिर है । लक्ष्मीनाथ मंदिर में सं. वि. सं. १७३१ (ई. सं. १६७४) का शिलालेख दीवार पर खुदा है । पिपल्या का दुर्ग इस क्षेत्र के समृद्ध राजनीतिक इतिहास का मूक गवाह है । यहां के महल, मंदिर व बावड़ी उस युग की स्थापत्यकला के जीवंत उदाहरण है ।[६३]

जमुनिया रावजी दुर्ग- नीमच जिले में मनासा तहसील में स्थित दुर्ग जमुनिया रावजी की मनासा से दूरी ५ कि.मी. है । मध्यकालीन शक्तावत राजपूत का ठिकाना है । सम्पूर्ण दुर्ग पत्थरों से निर्मित है । यह दुर्ग चारों दिशाओं में चार मजबूत बुर्ज हैं जो वर्तमान में भी अच्छी हालत में है । दुर्ग के चारों ओर प्राचीर दुर्ग की अभेद्य सुरक्षा दीवार है । दुर्ग के भीतर सुन्दर महल राजपूती शान का प्रतीक है । महल में रनिवास, दीवाने आम, दीवाने खास, दरी खाना, रंगमहल इत्यादि निर्मित हैं । दुर्ग के भीतर एक पाएगा बनी हुई है । तथा शस्त्रागार भी निर्मित किया गया है । इस दुर्ग में एक बावडी व माताजी का प्राचीन मन्दिर भी है । बावडी महल की पेयजल व्यवस्था की पूर्ति करती है । महल राजपूती शैली में निर्मित है । इसके आकर्षक गोखड़े महल की सुन्दरता में अभिवृद्धि करते है ।

जमुनिया राव जी दुर्ग के समीप ही १२०० ई. में निर्मित एक तालाब है जिसकी क्षतिग्रस्त पाल वर्तमान में मौजूद है । यद्यपि तालाब वर्तमान में सूख चुका है, परन्तु किसी समय १२०० ई. आसपास के लगभग १२०० गांवों में यह तालाब सिंचाई व पेयजल स्रोत का प्रमुख केन्द्र था । समीप ही पुरानी बावड़ियां हैं । एक बावड़ी में वि. सं. १०२७ का शिलालेख लगा हुआ है, जिससे इसकी प्राचीनता सिद्ध होती है ।

63. डॉ. विनय श्रीवास्तव के मेजर रिसर्च प्रोजेक्ट के अन्तर्गत सर्वेक्षण रिपोर्ट निष्कर्ष ।

जमुनिया दुर्ग में शक्तावत राजपरिवार के वंशज आज भी निवास करते है ।[६४]

भाटखेड़ी – नीमच जिले की मनासा तहसील में ग्राम भाटखेड़ी मनासा से ३ किलोमीटर दूरी पर स्थित है । यद्यपि भाटखेड़ी अपनी कलात्मक छत्रियों व आकर्षक बावड़ियों के लिए प्रसिद्ध है परन्तु यहां की गढ़ी अपनी कलात्मकता व राजपूती शैली के लिए इस क्षेत्र में जानी जाती है । भाटखेड़ी का ठिकाना चन्द्रावत राजपूतों का केन्द्र है । ग्राम के मध्य में स्थित यह गढ़ी अपने मुख्य द्वार, गोखड़े, राजपूत शैली व प्राचीर की सुदृढ़ता के कारण आज भी इस क्षेत्र के दुर्गों सरीखी अहमियत रखती है । इस क्षेत्र के राजपरिवार के सदस्यों की क्षत्रियां ग्राम के बाहर बनी हुई हैं । ग्राम में मध्यकाल की बावड़ियां व ग्राम के बाहर निर्मित तालाब इस क्षेत्रमें पेयजल व सिंचाई का प्रमुख स्रोत है । इस गढ़ी के सदस्य रामपुरा के चंद्रावतां के पाठवी है ।[६५]

दांतोली का दुर्ग – नीमच जिले की मनासा तहसील में दांतोली का दुर्ग स्थित है जो मनासा से लगभग १८ कि.मी. दूर पहाड़ी पर स्थित है । यह एक पहाड़ी तथा वन्य दुर्ग है । दुर्ग ऊँचाई पर स्थित है । मध्यकाल में लगभग १२०० ई. में निर्मित यह दुर्ग चन्द्रावतों का पहाड़ी वन्य दुर्ग था । यह कबीलाई आक्रामक जातियों की कर्मस्थली रहा है । वर्तमान में यह दुर्ग लगभग भग्नावस्था में है । दुर्ग की दीवारें दूर तक पहाड़ों पर फैली हुई हैं जो दूर से ही दिखाई पड़ती है । इस दुर्ग की दीवारों से पत्थर आसपास के ग्रामवासियों द्वारा निकाल लिए गए हैं । यह पहाड़ी दुर्ग सैनिक आवश्यकताओं की पूर्ति एवं सुरक्षा हेतु इस्तेमाल किया जाता था। इस दुर्ग के खण्डहर इसके विस्मृत इतिहास के गवाह है । इस दुर्ग के समीप ही १३ वीं शताब्दी में निर्मित एक पुरानी बावड़ी है । पहाड़ी स्थित होने के बावजूद इस बावड़ी में वर्षपर्यन्त, पर्याप्त जल भरा रहता है । वर्तमान में भी यह बावड़ी पेयजल का प्रमुख स्रोत है । इस पर होलकरों ने हमला कर १९ वीं शताब्दी में उसे नष्ट कर दिया ।[६६]

केदारेश्वर महादेव, अमरपुरा – नीमच जिले के रामपुरा क्षेत्र से २५ कि.मी. दूर ग्राम अमरपुरा के समीप एक निर्जन बियावान पहाड़ी में केदारेश्वर महादेव मंदिर का इस मेजर प्रोजेक्ट में शोधार्थी डॉ. विनय श्रीवास्तव द्वारा किया गया ऐसा सर्वे है जो इस महत्वपूर्णमंदिर को प्रकाश में ला रहा है । पहाड़ी में सीढ़ियाँ चढ़ने के बाद ऊँचे पर्वतों से घिरा एक रमणीक स्थान है । इस मंदिर में तीन शिलालेख लगे हैं । एक संवत् १६८२ एवं दूसरा संवत १६८४ का है । संभवतः रामपुरा के चन्द्रावत शासकों

64. स्वयं के द्वारा किया गया सर्वेक्षण ।
65. स्वयं के द्वारा किया गया सर्वेक्षण ।
66. स्वयं के द्वारा किया गया सर्वेक्षण ।

के समय इस मंदिर का निर्माण करवाया गया था। मंदिर का गर्भगृह काफी पुराना एवं मूल स्वरूप लिए हुए हैं । इसके मण्डप का जीर्णोद्वार होल्कर शासनकाल में संभवतः अहिल्याबाई के द्वारा करवाया गया था । मंदिर के समीप ही कुछ छतरियाँ बनी है । समीप ही एक गुफा है जो सन्यासियों की तपस्या के लिये निर्मित की गई होगी । मंदिर के मुख्य द्वार के समीप ही एक शिलालेख (सूचना पत्र) लगा है जिसमें निम्न कुल के लोगों के लिये दिशा-निर्देश है । संभवतः इस मन्दिर का उपयोग राज परिवार के सदस्यों द्वारा किया जाता रहा होगा । निम्न कुल के लोगों का प्रवेश इसमें वर्जित था। इस मंदिर तक पहुंचने का कच्चा मार्ग ७ कि.मी. लम्बा है। अमरपुरा ग्राम से मंदिर तक पैदल या स्वयं के वाहन द्वारा जाया जाता है । प्रतिवर्ष यहाँ शिवरात्रि पर मेला भरता है। पुरातत्व विभाग के द्वारा अभी तक इसे संरक्षित स्मारक की श्रेणी में नहीं रखा गया है । पर्याप्त जानकारी के अभाव में यहां स्थानीय व्यक्तियों के अलावा कोई नहीं आता। रामपुरा स्टेट के समय से मंदिर के पुजारी को अनुदान प्राप्त होता है । ऐसी किवदंती है कि इस मंदिर का निर्माण द्वापर युग में करवाया गया एवं संवत् १६८२ में इसका जीर्णोद्वार करवाया गया। परन्तु मंदिर की शैली एवं वास्तुशिल्प से इसकी पुष्टि नहीं होती ।[६७]

सहस्त्र मुखेश्वर महादेव-कुकड़ेश्वर - नीमच जिले की मनासा तहसील में नीमच से लगभग ४० कि.मी. दूर कुकड़ेश्वर ग्राम में स्थित सहस्त्रमुखेश्वर महादेव १२ वीं शताब्दी का परमारकालीन मंदिर है । डॉ. वाकणकर के अनुसार इस मंदिर का सहस्त्रमुखी शिवलिंग औलिकर गुप्त कालीन है एवं १५०० वर्ष पुराना है। पुरातत्ववेत्ता डॉ. हरिहर त्रिवेदी एवं ल.न. आचार्य ने इसकी पुष्टि की है। अभिलेखीय रिकार्ड के अनुसार होलकर वंशीय राजाओं द्वारा इस मंदिर की पूजा अर्चना व बेलपत्र इत्यादि चढ़ाए जाने का भी उल्लेख प्राप्त होता है । इस मंदिर का प्रथम बार जीर्णोद्वार १२ वीं शताब्दी में परमार काल में तथा दूसरी बार जीर्णोद्वार होल्कर राजा तुकोजीराव द्वितीय के शासनकाल में करवाया गया ।[६८] गर्भगृह का बाह्य भू-विन्यास सप्तरथ है। उर्ध्व विन्यास में यह मन्दिर जगती रहित है । इनमें सादे संघाट हैं । मूल शिखर आमलक, कुंभ, चन्द्रिका, आदि अलंकरणों से युक्त है । स्तंभ अलस, नासिकाओं, खड्ग सहित प्रतिहारों तथा ज्यामितीय अलंकरणों से युक्त है ।[६९]

---

67. डॉ. विनय श्रीवास्तव के मेजर रिसर्च प्रोजेक्ट के अन्तर्गत किया गया सर्वेक्षण, रिपोर्ट एवं निष्कर्ष ।
68. होल्कर हेरिटीज ट्रस्ट, 1925 के रेकार्ड में उल्लेखित जानकारी के अनुसार, नटनागर शोध संस्थान, सीतामऊ के पत्र क्र. 1869/4-2-4-87 में वर्णित होल्कर चेरिटीज पत्र ट्रस्ट पत्र क्र. 427/28-3-87 में दी गई जानकारी ।
69. डॉ. हंसा व्यास, प्राचीन मालवा का शैव स्थापत्य, पृ-87, डॉ. विनय श्रीवास्तव द्वारा किये गये सर्वेक्षण, रिपोर्ट, निष्कर्ष ।

चतुर्भुज विष्णु मंदिर, कुकड़ेश्वर- कुकड़ेश्वर में एक परमारकालीन विष्णु मंदिर है । इस मन्दिर की योजना मालवा के समकालीन अन्य मंदिरों से भिन्न है और उस पर स्पष्ट चालुक्य प्रभाव है । यदि चालुक्य शैली को बेसर शैली मान लिया जाता है तो नि:संकोच कहा जा सकता है कि १२ वीं-१३ वीं शताब्दी में निर्मित मन्दिर का शिखर बेसर शैली से पर्याप्त प्रभावित है । मूल मंदिर मण्डप एवं गर्भगृह युक्त था । गर्भगृह भूमिज शैली में तारकाकृत एवं सप्तरथ है, किन्तु शिखर पर स्पष्ट खानदेशीय चालुक्य प्रभाव है ।[७०] गर्भगृह में चतुर्भुज विष्णु की प्रतिमा है । यह मंदिर बहुत कुछ पुनः निर्मित है । स्थानीय लोग इस मंदिर को 'गड्या मंदिर' के नाम से जानते हैं । ऐसी धारणा है कि यह मंदिर जमीन में से निकला है ।[७१]

चारभुजानाथ मंदिर, कुकड़ेश्वर - कुकड़ेश्वर में तीसरा प्राचीन वैष्णव मंदिर चारभुजानाथ का है । इस मंदिर में चारभुजानाथ की अष्टधातु की अत्यंत सुन्दर प्रतिमा है । यह प्रतिमा परमारकाल की है । मंदिर का गर्भगृह प्राचीन है । बाद में इसे चन्द्रावतों के शासनकाल में पुनः जीर्णोद्धारित करवाया गया होगा । मंदिर जगती रहित है । इसका मण्डप नष्ट हो चुका था, अतः इसे पुनः बनाया गया ।[७२]

पार्श्वनाथ मंदिर, कुकड़ेश्वर -कुकड़ेश्वर का पार्श्वनाथ जैन मंदिर मूल रूप में वैष्णव मत से संबद्धित है । विशेषकर भगवान विष्णु और भागवत वर्णित विष्णु के अवतार कृष्ण से संबंधित मूर्तियां इस मन्दिर में है । मन्दिर में गंगा, यमुना, शिव, गणेश, ब्रह्मा, विष्णु, नवग्रह, त्रिमूर्ति आदि की प्रतिमाएं तथा कृष्ण लीला के प्रसंग इस मन्दिर को मूलरूप में एक वैष्णव मन्दिर ही सिद्ध करते हैं । मन्दिर में जो जैन मूर्तियाँ हैं, कालांतर के संयोग ही हैं । वर्तमान में इस मन्दिर का जीर्णोद्वार करवाया जा रहा है ।[७३]

चतुर्भुज मन्दिर, कंजार्डा - नीमच जिले में स्थित ग्राम कंजार्ड़ा का जो आधुनिक मन्दिर है उसे परमारकालीन मन्दिरों के अवशेषों को लेकर बनाया गया है । यह मन्दिर चतुर्भुज मन्दिर कहलाता है । प्राचीन मन्दिर की विष्णु, परशुराम, बलराम, वराह, कल्कि, बुद्धराम, नृसिंह, विष्णुगण तथा गंगा जमुना की प्रतिमाएं यहां की प्रस्तर चौखटों में देखी जा सकती है ।[७४]

---

70. डॉ. रामलाल कँवल, प्राचीन मालवा में मंदिर वास्तुकला, पृ-211, डॉ. विनय श्रीवास्तव द्वारा किये गये सर्वेक्षण, रिपोर्ट, निष्कर्ष ।
71. डॉ. विनय श्रीवास्तव के मेजर रिसर्च प्रोजेक्ट के अन्तर्गत किया गया सर्वेक्षण, रिपोर्ट एवं निष्कर्ष ।
72. डॉ. विनय श्रीवास्तव के मेजर रिसर्च प्रोजेक्ट के अन्तर्गत किया गया सर्वेक्षण, रिपोर्ट एवं निष्कर्ष ।
73. डॉ. रामलाल कँवल, प्राचीन मालवा में मंदिर वास्तुकला, पृ-211, डॉ. विनय श्रीवास्तव द्वारा किये गये सर्वेक्षण, रिपोर्ट, निष्कर्ष ।
74. उपरोक्त ।

आंतरी माता मन्दिर - नीमच जिले की मनासा तहसील के आंत्री ग्राम में देवी माता चामुण्डा का मन्दिर है। आंतरी ग्राम में स्थित होने के कारण यह आंतरी माता का मन्दिर कहलाता है। चन्द्रावतों के पाटनामों के अनुसार यह मन्दिर राव शिवा ने सं. १३२७ में बनवाया था। यह मन्दिर सफेद पत्थर का विशाल आकार वाला मंदिर है। इस मन्दिर के गर्भगृह में नाहरसिंघी और महिषासुर मर्दिनी देवी की प्रतिमाएं हैं। रामपुरा के शासक राव गोपाल सिंह चन्द्रावत प्रत्येक रविवार को देवी के दर्शन करने हेतु आता था। इस मन्दिर में प्रत्येक नवरात्रि को मेला भरता है। धार्मिक श्रद्धालु यहां अपनी जीभ तक काट कर चढ़ा देते हैं। इस क्षेत्र के ग्रामीण अंचल में आंतरीमाता का मन्दिर धार्मिक पर्यटन को बढ़ावा देने में महत्वपूर्ण भूमिका निभा रहा है।[७५]

चारभुजा मन्दिर, भदाना - नीमच जिले के रामपुरा क्षेत्र के ग्राम भदाना से ४ कि.मी. पूर्व-दक्षिण में पहाड़ों के बीच नाले के किनारे स्थित चारभुजानाथ का मन्दिर १२-१३ शताब्दी का है। इस मन्दिर के गर्भगृह से चारभुजानाथ की प्राचीन मूर्ति कुछ वर्षों पूर्व चोरी हो गई थी। वर्तमान में इस मन्दिर में गांव के बुजुर्गों ने नई मंदिर की प्राण-प्रतिष्ठा करवा दी है। मंदिर का गर्भगृह अत्यंत प्राचीन है। मंदिर के प्रवेश द्वार पर विभिन्न देवी-देवताओं की अलंकृत मूर्तियाँ बनी हुई हैं। मंदिर परिसर में पत्थर पर उत्कीर्ण अनेक प्रतिमाएं हैं।[७६] इस मंदिर में दो शिलालेख दीवारों पर अंकित है। मंदिर का द्वार दक्षिणाभिमुख है। गर्भगृह प्रदक्षिण पथ रहित है। यह मंदिर ऊँची जगती पर निर्मित हैं। गर्भगृह सादगी लिये हुए है, परन्तु चौखट अलंकृत है। प्रवेश द्वार पर ब्रह्मा, सूर्य एवं विष्णु की प्रतिमाएं बनाई गई है। प्रवेश द्वार के मध्य में एक अलंकृत मण्डप निर्मित है इसमें चार भुजानाथ की अलंकृत प्रतिमा सुशोभित है। प्रतिमाशास्त्र की दृष्टि से ये प्रतिमाएं परमारकालीन प्रतीत होती हैं। मदिर का शिखर अलंकरण रहित सादा एवं छोटा हैं। मंदिर का बाहरी भाग पुर्ननिर्मित प्रतीत होता है। मंदिर की दीवारों पर आले बने हुए हैं जिनमें मूर्तियां थीं परन्तु वे चोरी हो गई हैं। यह मंदिर पंचायतन शैली का बना है। मंदिर के चारों और देवी-देवताओं के छोटे मंदिर है। मंदिर के समीप ही एक कुँआ है। समीप ही एक नाला है। निर्जन स्थान पर निर्मित होने के बावजूद श्रद्धालु यहां आते हैं। वर्षा ऋतु में यहां पर्यटकों व भक्तजनों की अपार भीड़ रहती है। यह स्थान धार्मिक पर्यटन के रूप में विकसित हो रहा है।[७७]

75. डॉ. मनोहरसिंह राणावत, मन्दसौर जिला, अतीत और वर्तमान, पृ-84, डॉ. विनय श्रीवास्तव के मेजर रिसर्च प्रोजेक्ट के अन्तर्गत किया गया सर्वेक्षण, रिपोर्ट एवं निष्कर्ष।
76. डॉ. मनोहरसिंह राणावत, मन्दसौर जिला, अतीत और वर्तमान, पृ-84, डॉ. विनय श्रीवास्तव द्वारा किये गये सर्वेक्षण, रिपोर्ट, निष्कर्ष।
77. डॉ. विनय श्रीवास्तव के मेजर रिसर्च प्रोजेक्ट के अन्तर्गत किया गया सर्वेक्षण, रिपोर्ट एवं निष्कर्ष।

जगदीश मंदिर, रामपुरा - रामपुरा नीमच से ५८ कि.मी. दूरी पर स्थित ऐतिहासिक नगरी है । यहां चन्द्रावतों का शासन रहा । रामपुरा दुर्ग की स्थापना चन्द्रावत शासकों के समय की गई थी । राव दुर्गभाण अकबर का समकालीन होने के साथ ही मुगल सेवा भी रहा । १५६७ ई. में राव दुर्गभाण द्वारा अकबर की अधीनता स्वीकार करने के पश्चात् मृत्युपर्यन्त (१५९३ ई.) तक उसका काल रामुपरा क्षेत्र के लिये स्वर्णकाल था । दुर्गभाण ने अनेक ऐतिहासिक इमारतों का निर्माण करवाया । दुर्गभाण के पश्चात् चन्द्रावत शासकों ने भी मंदिरों का निर्माण करवाया। रामपुरा का सर्वाधिक प्राचीन जगदीश मंदिर भी चन्द्रावतों ने निर्मित करवाया। यह मन्दिर नागर शैली में निर्मित है। उर्ध्व भाग ऊँची जगती पर निर्मित है । मंदिर का गर्भगृह, शिखर अत्यंत प्राचीन है । मण्डप, अर्द्धमण्डप बाद में पुर्ननिर्मित किए गए हैं । शिखर अलंकरण युक्त है। शिखर की उपरिभाग पर कलश स्थापित है । स्तंभों पर विभिन्न देवी-देवताओं की प्रतिमाएं अंकित हैं । मंदिर के अलंकृत स्तंभों का संयोजन आकर्षण है ।[७८]

लक्ष्मीनारायण मन्दिर रामपुरा - रामपुरा दुर्ग में निर्मित लक्ष्मीनारायण का यह मन्दिर १६ वीं शताब्दी में चंद्रावत शासकों के समय निर्मित है । मन्दिर में एक स्तंभ अभिलेख है । वास्तु तथा शिल्प की दृष्टि से यह मन्दिर काफी सुन्दर है । यह उर्ध्व भाग में जगती पर निर्मित हैं । मंदिर का शिखर अलंकृत है । मण्डप का गुम्बद एवं अर्द्धमण्डप इसे भव्यता प्रदान करते हैं । मण्डप की छत पर अष्टमातृकाओं की सुन्दर प्रतिमाओं का अंकन हैं । गर्भगृह का प्रवेश द्वार सुन्दर प्रतिमाओं के साथ अलंकृत है । यह मंदिर पंचायतन शैली में निर्मित है । मण्डप को गोलाकार छत की प्रतिमाओं व अलंकरणों से सुसज्जित किया गया है । गर्भगृह का प्रवेश द्वार अलंकृत है ।[७९]

कल्याणराव मंदिर, रामपुरा - रामपुरा दुर्ग में लक्ष्मीनारायण मंदिर के समीप ही १६ वीं शताब्दी में निर्मित कल्याणराव मंदिर है । इस मंदिर का निर्माण चन्द्रावत शासकों के समय करवाया गया था । भूमिज शैली में निर्मित इस मन्दिर की वास्तुकला मध्यकालीन है । मन्दिर का शिखर अलंकरण युक्त है । उर्ध्व भाग में मन्दिर जगती रहित है । मंदिर का मण्डप, अलंकरण विहीन है । गर्भगृह मूल स्वरूप में प्राचीन है । मन्दिर में मूल स्वरूप को जीवित रखा गया है। मण्डप के अन्दर एवं गर्भगृह के प्रवेश द्वार पर विभिन्न देवी देवताओं की प्रतिमाएं है ।[८०]

78. डॉ. विनय श्रीवास्तव के मेजर रिसर्च प्रोजेक्ट के अन्तर्गत किया गया सर्वेक्षण, रिपोर्ट एवं निष्कर्ष ।
79. डॉ. विनय श्रीवास्तव के मेजर रिसर्च प्रोजेक्ट के अन्तर्गत किया गया सर्वेक्षण, रिपोर्ट एवं निष्कर्ष ।
80. डॉ. विनय श्रीवास्तव के मेजर रिसर्च प्रोजेक्ट के अन्तर्गत किया गया सर्वेक्षण, रिपोर्ट एवं निष्कर्ष ।

चारभुजानाथ मंदिर, रामपुरा - रामपुरा दुर्ग में स्थित चारभुजानाथ मंदिर मुगलकाल में चन्द्रावत शासकों के द्वारा १६ वीं शताब्दी में बनवाया गया था। यह मंदिर नागर शैली में निर्मित हैं। मंदिर के गुम्बदों पर इस्लामिक कला व शैली का स्पष्ट प्रभाव देखा जा सकता है। उर्ध्व भाग में यह मन्दिर जगती रहित है। शिखर शाग पर गुम्बद होने से मण्डप का आकार भी छोटा हो गया है। गर्भगृह के सामने द्वार पर अलंकृत प्रतिमाओं का अंकन है। स्तंभों पर ऊपर भाग में अलंकरण हैं, मध्यभाग गोलाकार एवं नीचे चौकोर है। प्रदक्षिणा पथ विहीन गर्भगृह से युक्त इस मन्दिर पर मुगल काल की हिन्दू-मुस्लिम शैली का प्रभाव दृष्टिगोचर होता है।[८१]

काशी विश्वनाथ मन्दिर, रामपुरा - रामपुरा दुर्ग में १६ वीं शताब्दी का मुगल काल में निर्मित यह मन्दिर चन्द्रावत शासकों द्वारा निर्मित करवाया गया था। नागर शैली में निर्मित इस मन्दिर का शिखर अलंकरण युक्त था, परन्तु अब यह जर्जर अवस्था में है। गर्भगृह प्रदक्षिण पथ विहीन है। मंदिर जगती पर निर्मित था, परन्तु अब जगती टूटकर खण्डहर हो गई है। मण्डप का गुम्बद गोलाकार है एवं सपाट है। यह स्तभों पर टिका है। स्तंभ अलंकरणविहीन है। इस मंदिर पर भी इस्लामिक प्रभाव दिखाई पड़ता है। मंदिर वर्तमान में पूजा के लिये बंद कर दिया गया है।[८२]

काल भैरव का मठ - काशी विश्वनाथ मंदिर के समीप ही काल भैरव का मठ है। इस मंदिर में १६ वीं शताब्दी की आकर्षक मूर्ति स्थापित है। यह मंदिर बाद में निर्मित हुआ। रामपुरा दुर्ग में काल भैरव की यह अनूठी प्रतिमा है।

मेणकेश्वर महादेव, रामपुरा - रामपुरा दुर्ग में सबसे ऊंचाई पर मेणकेश्वर महादेव का मंदिर है। दुर्ग के पीछे ऊँची पहाड़ी के मध्य स्थित इस मंदिर तक पहुंचने के लिये सीढ़ियाँ बनी हुई हैं। इस मंदिर में मेढ़क के आकार के महादेव निर्मित हैं। इस मंदिर का निर्माण १६ वीं शताब्दी में चन्द्रावत शासकों के समय करवाया गया। मंदिर स्थापत्य की दृष्टि से साधारण है परन्तु मूर्ति अनूठी है। इस मन्दिर से रामपुरा दुर्ग एवं नगर का विहंगम दृश्य दिखाई पड़ता है।[८३]

श्री ओंकारेश्वर मंदिर, जूनापानी - नीमच जिले की मनासा तहलील के अन्तर्गत ग्राम जूनापानी स्थित श्री ओंकारेश्वर महादेव मंदिर रामपुरा के चन्द्रावत शासकों के समय ही बनाया गया था। यह मंदिर एक सुरक्षित प्राचीर से घिरा हुआ है। नीमच से इस स्थान की दूरी लगभग ४५ कि.मी. है व रामपुरा से लगभग ७ कि.मी. है। इस

81. डॉ. विनय श्रीवास्तव के मेजर रिसर्च प्रोजेक्ट के अन्तर्गत किया गया सर्वेक्षण, रिपोर्ट एवं निष्कर्ष।
82. डॉ. विनय श्रीवास्तव के मेजर रिसर्च प्रोजेक्ट के अन्तर्गत किया गया सर्वेक्षण, रिपोर्ट एवं निष्कर्ष।
83. डॉ. विनय श्रीवास्तव के मेजर रिसर्च प्रोजेक्ट के अन्तर्गत किया गया सर्वेक्षण, रिपोर्ट एवं निष्कर्ष।

मंदिर का गर्भगृह सादा संघाट है । मन्दिर आयताकार है । शिखर का जीर्णोद्वार बाद में करवाया गया होगा । यह नया प्रतीत हेता है । मंदिर परिसर में बाद में निर्मित दो छोटे मंदिर भी है । परिसर में एक प्राचीन कुँआ है । इस स्थान पर शिवरात्रि एवं कार्तिक पर मेला भरता है जिसमें ग्रामीण जनता की भारी भीड़ उमड़ती है । ऐतिहासिक प्राचीनता को अपने में समेटे यह मंदिर ग्रामीण पर्यटन की अभिवृद्धि में सहायक ही रहा है । पिकनिक की दृष्टि से यह रमणीक स्थल है । संभवतः चन्द्रावत शासकों के अधीन किसी जागीरदार द्वारा इस मन्दिर का निर्माण करवाया गया था ।[८४]

चमत्कारी हनुमान एवं शिव वाटिका फूलपुर - नीमच जिले की मनासा तहसील में स्थित ग्राम फूलपुर की दूरी नीमच से लगभग ४३ कि.मी. एवं ग्राम जूना पानी से १ कि.मी. है । इस ग्राम में चमत्कारी हनुमान एवं शिव वाटिका मंदिर है । हनुमान एवं शिवलिंग की १६ वीं सदी की मूर्तियाँ है । यह मंदिर अपनी बावड़ियों के लिये प्रसिद्ध है । चन्द्रावत शासकों के समय १७ वीं शताब्दी में संभवत इन बावड़ियों का निर्माण करवाया गया था । कलात्मक दृष्टि से ये बावड़ियां सुन्दर है । मंदिर का निर्माण बाद के समय का है । इस मंदिर में श्रद्धालु भक्तों की भीड़ उमड़ती है । पर्यटन की दृष्टि से ग्रामीण क्षेत्र का यह मंदिर धार्मिक आस्था और विश्वास का केन्द्र बन गया है एवं धार्मिक व ग्रामीण पर्यटन को बढ़ावा दे रहा है ।[८५]

बीस भुजा माता (महिषासुर मर्दिनी माता) मन्दिर, सावन - नीमच जिले की मनासा तहसील के अन्तर्गत नीमच-मनासा मार्ग पर नीमच से लगभग १८ कि.मी. दूर ग्राम सावन में मुख्य सड़क से लगा हुआ बीस भुजा माता का मन्दिर है। मन्दिर ग्राम के दक्षिण में तालाब के किनारे स्थित है । इस मंदिर में बीस भुजा माता की मूर्ति प्रतिष्ठापित है । यह मूर्ति मूर्ति-कला की पराकाष्ठा है । यह मूर्ति भव्य एवं चित्ताकर्षक है, इसकी बीस भुजाएं हैं जिनमें शक्ति के प्रतीक वीरोचित अलग-अलग अस्त्र-शस्त्र धारण किए हुए हैं । पैरों में महिषासुर का मर्दन भाले द्वारा बिंधा हुआ दर्शाया गया है । इसको सोंधिया राजपूत, सुथार लोग अपनी कुल देवी मानते हैं । यह प्रतिमा पूर्वभिमुख प्रतिष्ठापित है और गंधमी रंग की पत्थर की बनी हुई है । इस मूर्ति को लगभग १२ वीं शताब्दी का माना जाता है। मंदिर पहले कच्चा बना था । पक्का गर्भगृह बनाकर इसे प्रतिष्ठापित कर दिया गया था । ऐसी धारणा है कि तालाब की खुदाई के समय यह मूर्ति प्राप्त हुई थी, बाद में इसे मंदिर में स्थापित किया गया । इस मंदिर की धार्मिक व ऐतिहासिक महत्ता होने से यह इस क्षेत्र के

84. डॉ. विनय श्रीवास्तव के मेजर रिसर्च प्रोजेक्ट के अन्तर्गत किया गया सर्वेक्षण, रिपोर्ट एवं निष्कर्ष ।
85. डॉ. विनय श्रीवास्तव के मेजर रिसर्च प्रोजेक्ट के अन्तर्गत किया गया सर्वेक्षण, रिपोर्ट एवं निष्कर्ष ।

धार्मिक व ग्रामीण पर्यटन में अभिवृद्धि में सहायक सिद्ध हो रहा हैं । प्रत्येक नवरात्रि को यहां मेला भरता है। मदिर पसिरर में अनेक प्राचीन मूर्तियों के साथ शेषशायी विष्णु प्रतिमा स्थापित है ।[८६]

भुवानीमाता का मन्दिर, सावन - ग्राम सावन के मध्य में भुवानी माता का प्राचीन मन्दिर है । ग्राम के पश्चिम में स्थित इस मन्दिर की नींवे नहीं होने के कारण स्थानीय लोगों में किवदन्ति है कि इसको यतियों द्वारा मंत्रबल से कहीं अन्यत्र स्थान से उड़ाकर यहां प्रतिस्थापित कर दिया है । इस मन्दिर में तीन देवियों की मूर्तियां स्थापित है, भवानी, कालिका, कराला (कांकरी) । वर्तमान में इसे भुवानी माता के मंदिर के नाम से जाना जाता है । यह मंदिर नींव रहित, ऊँची जगती पर बना हुआ है । इस मंदिर का गर्भगृह एवं शिखर १६ वीं शताब्दी में रामपुरा क्षेत्र के चन्द्रावत शासकों के शासनकाल में स्थानीय जागीरदारों द्वारा निर्मित करवाया गया होगा । यद्यपि मन्दिर में कोई शिलालेख प्राप्त नहीं है परन्तु स्थापत्य की दृष्टि से यह मन्दिर मध्यकालीन स्थापत्य का प्रतिनिधित्व करता है । इस मन्दिर का मण्डप क्षतिग्रस्त हो गया था, अतः बाद में इसे पुर्ननिर्मित किया गया ।[८७]

भूतेश्वर महादेव मन्दिर, सावन - सावन ग्राम के पश्चिम में भुवांनीमाता के मंदिर के पास ही १६ वीं शताब्दी में निर्मित भूतेश्वर महादेव मंदिर स्थित है । यहां का शिवलिंग चमत्कारी और विशाल है और सफेद भूरे रंग के पत्थर से निर्मित है । मंदिर छोटी जगती पर निर्मित है । गर्भगृह प्रदक्षिणा पथविहीन है । मण्डप एवं अर्द्धमण्डप वर्तमान में नहीं है । संभव है कि पूर्णतः क्षतिग्रस्त हो गए होंगे । इस मंदिर के गुम्बद पर इस्लामिक शैली का प्रभाव परिलक्षित होता है । अलंकारविहीन ये मन्दिर चन्द्रावत शासकों के काल में स्थानीय जागीरदार द्वारा निर्मित करवाया गया होगा। स्थापत्य की दृष्टि से मध्यकालीन कला का ये मंदिर धार्मिक आस्था का प्रतीक है ।[८८]

ग्राम रामपुरा - रामपुरा मनासा तहसील मुख्यालय से लगभग ३० कि.मी. गांधी सागर डूब क्षेत्र के किनारे विद्यमान है । स्थानीय लोगों द्वारा बताया गया कि इन नगर की स्थापना मूल रूप से "रामा" भील करवाई गई थी जिसके महल के अवशेष ऊपर पहाड़ी पर विद्यमान है । तदुपरान्त यह नगर राजस्थान से आए चन्द्रावत राजपूतों के काल में फला-फूला है । लगभग १४३२ ई. में शिवाजीराव चन्द्रावत मूल

86. डॉ. विनय श्रीवास्तव के मेजर रिसर्च प्रोजेक्ट के अन्तर्गत किया गया सर्वेक्षण, रिपोर्ट एवं निष्कर्ष ।
87. डॉ. विनय श्रीवास्तव के मेजर रिसर्च प्रोजेक्ट के अन्तर्गत किया गया सर्वेक्षण, रिपोर्ट एवं निष्कर्ष।
88. डॉ. विनय श्रीवास्तव के मेजर रिसर्च प्रोजेक्ट के अन्तर्गत किया गया सर्वेक्षण, रिपोर्ट एवं निष्कर्ष ।

रूप से चित्तौड़ से यहां आए। इसके उपरान्त राव दुर्गमान जी ने यहां एक महल का निर्माण कराया इस नगर में विभिन्न समुदाय तथा तेली समाज, अहिरवाल समाज कलार एवं साल्बी के लगभग १५० विभिन्न देवी-देवताओं के मन्दिर है। साथ ही करीब १४०० कुएं बावड़ी एवं झीलें है। कुछ मन्दिर झीलों एवं बावड़ियों के अवशेष आज भी विद्यमान है।[८९]

रामपुरा का महल - चन्द्रावतों द्वारा बनाया गया महल सामरिक दृष्टि से अत्यंत सुरक्षित है। यह महल एक अत्यन्त ऊंचे पहाड़ के ऊपर निर्मित हैं जिसमें वर्तमान में तहसील कार्यालय लग रहा है। इस महल के कई कक्षों में मूल लकड़ी के दरवाजे आज भी लगे हुए हैं। यह महल दुमंजिला है। यह मंजिल भूमिगत है। यहां अस्तबल एवं ऊंटखाना भी है। इसी महल में अत्यंत गहरे दो कुएं विद्यमान हैं। जिसमें से एक भंवर कुआं एवं दूसरा जुहार कुआ के नाम से जाने जाते हैं। इस महल में दरबार-ए-आम एवं दरबार-ए-खास भवन भी विद्यमान हैं। महल के बीच में एक आकर्षक फव्वारा युक्त तालाब विद्यमान है जिसमें पानी आने की व्यवस्था बाहर से की गई है। दरबार-ए-खास विशाल आर्च द्वारा बनाया गया है जिसकी छत गजपृष्ठाकृत स्वरूप की है। ऊपर पालकी नुमा आर्च अत्यंत आकर्षक है। इसी भवन में दीवार पर अत्यंत आकर्षक गणेश का भित्ति चित्र बना हुआ है जो कि स्वर्ण से पूरित प्रतीत होता है। इसी महल के एक भाग में जिसमें तहसीलदार बैठते हैं उसमें भी एक दीवार में भित्ति चित्र बने हुएं है। जिसमें राजस्थान एवं रामायण के दृश्यों को बनाया गया है। इस भित्ति चित्रों में हरा, सुनहरी, लाल, नीले रंगों का प्रयोग किया गया है।[९०]

महल परिसर में रखी विभिन्न प्रतिमाएं

भैरव - महल के नीचे एक चबूतरे पर भैरव की अत्यंत आकर्षक एवं सुरक्षित प्रतिमा रखी हुई है। चतुर्भुजी भैरव के हाथों में क्रमशः कपाल, अक्षमाला, डमरू, विद्ययान है। उनके श्री मुख में से दो दाड़ निकलती हुई प्रदर्शित है। प्रतिमा को विभिन्न आभूषणों से अलंकृत किया गया है जिनके शीर्ष के ऊपर जटा मुकुट है। नीचे उनका वाहन श्वान अपने स्वामी को देखते हुए शिलिप्ति किया गया है।[९१]

द्वारशाखा का भाग - द्वार शाखा का यह भाग ग्राम रामपुरा पुलिस थाने के बाहर रखा हुआ है जिसमें दण्ड पुरुष एवं नंदी देवी का अंकन है। मंडप का शिखर गुम्बदाकार है जबकि गर्भगृह का शिखर नागर शैली में कई उरूश्रृंगों के सहयोग से

89. डॉ. विनय श्रीवास्तव के मेजर रिसर्च प्रोजेक्ट के अन्तर्गत किया गया सर्वेक्षण, रिपोर्ट एवं निष्कर्ष।
90. उपरोक्त। 91. उपरोक्त।

शिल्पित है । महामण्डप की छत का अर्न्तभाग प्यालेनुमा (नाभिछन्द) तथा गजतालु एवं वृत अलंकरणों से सज्जित है । इस प्रकार से रामपुरा का यह मन्दिर अत्यन्त विकसित अवस्था का है जिसके स्थापत्य शैली से चालुक्य शैली का प्रभाव स्पष्ट दृष्टगत होता है ।[९२]

भड़गों का मन्दिर – यह मन्दिर भी इसी मन्दिर के निकट विद्यमान है । इसकी भी स्थापत्य संरचना कल्याण राव मन्दिर के ही अनुरूप है । मात्र कुछ स्तम्भों की रचना में अंतर है । इस मन्दिर के गर्भगृह के ऊपर का शिखर पंचरथों पर विभाजित है । साथ ही उरूश्रृंगों के सहयोग से निर्मित है । ऊपर आमलक एवं कलश एवं स्तूपी सभी सुरक्षित है ।[९३]

भारतवाहक एवं द्वार शाखा के भाग – महल परिसर में की भारवाहक स्थापत्य खण्ड एवं विभिन्न मन्दिरों के द्वारा शाखाओं के भाग विद्यमान है जो कि वहां लावारिस पड़े हुए हैं ।[९४]

कल्याण राव मन्दिर – यह मन्दिर रामपुरा नगर के मध्य विद्यमान है जिसमें संवत् १८४० का एक शिलालेख भी उत्तीर्ण है । यह मन्दिर अहल्या बाई ट्रस्ट द्वारा संचालित है । समूचे मन्दिर को चूने द्वारा पोत दिया गया है । मन्दिर नागर शैली में निर्मित है । जिसके स्तम्भ धारीदार बंधन अलंकरण से सुसज्जित है । मण्डप भीतर की ओर से वर्तुलाकर है जिसमें चारों ओर विभिन्न मुद्राओं पर नायिकओं का अंकन अत्यंत आकर्षक है । पादपीठ पर भारवाहक का अंकन है । यहां के कतिपय मन्दिरों में चालुक्य शैली का प्रभाव दृष्टिगत है । भू-योजना की दृष्टि से मन्दिर एक ऊंचे चबूतरे पर बना है जिसमें मंडल में सीढ़ियां चढ़कर पहुंचना पड़ता है । स्तम्भों पर आधारित खुला सभा मण्डप है । इसके उपरान्त अन्तराल एवं गर्भगृह का भाग है । मन्दिर के अधिष्ठान में छोटी-छोटी मोल्डिगें है । जिन पर हाथियों का अंकन अत्यन्त आकर्षक है । उसके ऊपर भी पंक्तियों में दशावतारों को एवं विभिन्न देवी-देवताओं तथा नवगृह, सप्त मात्रिकाओं को दिखाया गया है । इस पंक्ति के ऊपर ज्यमितीय एवं पुष्पीय अलंकरण है । मण्डप का शिखर गुम्बदाकार है जबकि गर्भगृह का शिखर नागर शैली में कई उरूश्रृंगों के सहयोग से शिल्पित है । महामण्डप की छत अन्तर्गभाग प्लायेनुमा (नामिछन्द) तथा गजतालु एवं वृत्त अलंकरणों से सज्जित है । इस प्रकार से रामपुरा का यह मन्दिर अत्यन्त विकसित अवस्था का है । जिसके स्थापत्य शैली में चालुक्य शैली का प्रभाव स्पष्ट दृष्टिगत होता है ।[९५]

92. उपरोक्त । 94. उपरोक्त । 95. उपरोक्त ।

रामपुरा की बावड़ी – रामपुरा विश्राम गृह के पीछे दो शिव मन्दिर एवं उन्हीं से लगी दो बावड़ी विद्यमान हैं। यद्यपि ये स्मारक डूब क्षेत्र में है और वर्षांत के समय ये स्मारक एवं बावड़ी जलमग्न भी हो जाते हैं। इनमें से एक बावड़ी को स्थानीय लोग जेठानी बावड़ी एवं छोटी की देवरानी बावड़ी के नाम से जानते हैं। इन्हें के पास दो शिव मन्दिर बने हैं। एक बावड़ी में एक शिलालेख पड़ा हुआ है जो कि अ त्यन्त घिस चुका है। फिर भी उसे पढ़ने का प्रयास किया गया है। इस शिलालेख में चन्द्रावत महाराज का स्पष्ट उल्लेख है। साथ ही अन्य राजाओं की वंशावली जैसे दुर्गराज राव, यशंतजी, करणजी एवं रामसिंह के नामों का उल्लेख है। इसमें कार्मित संवत् १४१५ जैसा लिखा है। यद्यपि नम्बर स्पष्ट नहीं है। [९६]

रामपुरा के अन्य अवशेष – नगर के मध्य वहां एक क्षेत्र है जहां कि कई मन्दिरों का समूह है जिसमें एक चार भुजा मन्दिर एवं दूसरा भैरव मन्दिर है। आकार में दोनों मन्दिर छोटे हैं। एक महत्वपूर्ण शिव मन्दिर यहां है जिसको काशी विश्वनाथ के नाम से स्थानीय लोग पुकारते हैं। मन्दिर में शिवलिंग स्वयं भू प्रकृति का प्रतिष्ठापति है। साथ ही स्थापत्य कला की दृष्टि से इसका अर्ध भाग गोल प्याले के अनुसार है अर्थात एक आवाज कई बार उस मन्दिर में गूंजती है। इस तरह की प्रकृति का मन्दिर इस क्षेत्र में पात्र यही प्राप्त हुआ यद्यपि यह मन्दिर लगभग १४ वीं, १५ वीं शती ई. का प्रतीत होता है किन्तु ग्रामवासियों ने इस पर चूना आदि पोत रखा है। [९७]

मनासा – यहां तहसील कार्यालय भवन प्रांगण में एक नंदी प्रतिमा एवं एक चबूतरे पर कुछ शिल्पखण्ड विद्यमान हैं।

चचोर– इस चचोर कुंडालिया से लगभग २० कि.मी. दूर गांधी सागर बांध के डूब क्षेत्र सीमा पर अवस्थित है। इस ग्राम में महत्वपूर्ण उपलब्धि कुछ नहीं हुई मात्र एक १७ वीं, १८ वीं सदी ई. का मन्दिर है जिसको ग्रामवासियों द्वारा पूर्ण रुपेण चूने से पोत दिया है।[९८]

सांगाखेड़ा – चचोर से लगभग ५ कि.मी. दूर ग्राम सांगाखेड़ा गांव विद्यमान है। इस गांव के बाहर एक अन्नपूर्णा देवी का मन्दिर है। मन्दिर की देख-रेख एवं मरम्मत आदि की व्यवस्था ग्रामवासियों द्वारा ही की जाती है। सम्पूर्ण मन्दिर चूने से पुता हुआ है एवं गर्भगृह के द्वार तोरण पर विद्यमान मूर्तियों को सिंदूर से पोत दिया गया है। द्वार तोरण त्रिशाख में है जिन पर विभिन्न देवी देवताओं की मूर्तियां एवं

96. उपरोक्त।
97. स्वयं के द्वारा किया गया सर्वेक्षण।
98. उपरोक्त।

मिथुन मूर्तियां बनी हुई हैं । गर्भगृह में अन्नपूर्णा देवी की प्रतिमा प्रतिष्ठापित है । आसपास के लोगों में इस देवी मन्दिर के प्रति अत्यंत श्रद्धा है । वर्ष में दो बार यहां मेले का आय़ोजन भी होता है । [९९]

भदवांस - यह ग्राम कड़ी आंसरी से लगभग ३ कि.मी. दूर विद्यमान है । यहां एक प्राचीन तालाब के किनारे दो प्राचीन मन्दिर विद्यमान थे जिन्हें ग्रामवासियों ने आधुनिक कर दिया है किन्तु प्राचीन मन्दिरों की द्वारशाखा अभी भी मूलरूप में विद्यमान है । द्वारशाखा विभिन्न देवी-देवताओं की मूर्तियों से अलंकृत है । साथ ही नीचे गंगा यमुना नदी देवियों का अंकन है । [१००]

बरथून - यह ग्राम मनासा से लगभग १२ कि.मी. दूर विद्यमान है । इस ग्राम में एक ऊंचे चबूतरे पर एक प्राचीन शिलालेख है जिसके दोनों ओर सूर्य एवं चन्द्रमा का अंकन है । क्षरित होने के कारण लेख पढ़ा नहीं जा सका,किन्तु आभास होता है कि चन्द्रावत राजाओं के समय का संभवतः यह शिलालेख है । इसके अतिरिक्त इसी ग्राम में बाहर की ओर लगभग ४ मीटर ऊंचा एक टीला है जिसके सेक्शन में आज भी बर्तनों के टुकड़े एवं हड्डियों के टुकड़े लगे हुए हैं । यद्यपि आधे से ज्यादा टीला गांव वालों ने नष्ट कर दिया है । यहां से एकत्रित किए गए ब्लैव रेड वेयर के टुकड़े संभवतः ऐतिहासिक काल के प्रतीत होते हैं । टीले का अधिकांश भाग ध्वस्त हो चुका है । इसी टीले पर एक मन्दिर विद्यमान है जिसमें एक गणेश की प्राचीन मूर्ति अवस्थित है ।[१०१]

देवराज - ग्राम चचोर से लगभग ४ मि.मी. ग्राम देवराज विद्यमान है । इस गांव के बाहर छोटे-छोटे दो प्राचीन शिव मन्दिर विद्यमान हैं । ये मन्दिर लगभग १८ वीं सदी ई. के प्रतीत होते हैं जिनका जीर्णोद्धार यद्यपि ग्राम पंचायत द्वारा किया जता रहता है । इन्हीं मन्दिरों के बगल में एक प्राचीन बावड़ी अवस्थित है जिसमें भी कई प्राचीन मूर्तियां लगी हुई हैं जो कि अत्यंत घिसी हुई हैं । मन्दिर के सम्मुख एक नटराज की प्रतिमा जो अत्यंत कलात्मक एवं सुरक्षित है विद्यमान है । [१०२]

चंदेरी - यह ग्राम मनासा से लगभग ५ कि.मी. दूर विद्यमान है । इस ग्राम में एक प्राचीन विष्णु मन्दिर विद्यमान हैं जिसको स्थानीय लोग चार भुजा के नाम से पुकारते हैं यह मन्दिर अहिल्या बाई ट्रस्ट के अंतर्गत है । मन्दिर चारों ओर विशाल परकोटे से घिरा हुआ है । भू-भाग की दृष्टि से मन्दिर में सर्वप्रथम मण्डप, अन्तराल एवं गर्भगृह है । मंडल स्तम्भें युक्त खुला हुआ है । साथ ही गर्भगृह की द्वार शाखा एवं

99. उपरोक्त । 100. उपरोक्त । 101. उपरोक्त ।

ललाट बिम्ब विभिन्न विष्णु अवतारों मिथुन मूर्तियों से अलंकृत है । गर्भगृह में विष्णु प्रतिमा प्रतिस्थापित है । मन्दिर की बाह्य दीवारों में कई दिक्पाल मूर्तियां लगी हुई हैं ।[१०३]

भदाना - भदाना ग्राम रामपुरा से लगभग १५ कि.मी. दूर रामपुरा गांधी सागर बांध मार्ग पर ग्राम चन्दनपुरा से बायीं ओर पठार के ऊपर विद्यमान है । इस ग्राम के पीछे एक प्राचीन शिव मन्दिर जो कि जंधा भाग तक पाषाण खण्डों द्वारा एवं जंधा से ऊपर शिखर तक पतली ईंट द्वारा निर्मित है । शिखर पंचरथ शैली के अनुरूप है । आमलक भाग भी ईंट द्वारा निर्मित है । जंधा भाग में मन्दिर के तीन ओर छोटी-छोटी देव कुलकाएं हैं जिनमें से दो देव कुलिकाओं में गणपति एवं चामुण्डा देवी की प्रतिमा विद्यमान है । एक देव कुलिका रिक्त है । भू-विन्यास की दृष्टि से मन्दिर में अन्तराल एवं गर्भगृह का भाग है । गर्भगृह के द्वातोरण पर शिव प्रतिमा विद्यमान है। साथ ही एक खण्डित शेषशायी विष्णु की प्रतिमा भी यहां विद्यमान है । मन्दिर की पुष्पित कमल दल अलंकरण से अलंकृत है ।[१०४]

मालाहेड़ा - ग्राम मालहेड़ा मनासा रामपुरा मार्ग पर विद्यमान पिपलियाधी से लगभग ६ कि.मी. दूर विद्यमान है । इस गांव में तालाब के किनारे लगभग ८ वीं, ९ वीं शती ई. का मन्दिर विद्यमान है । यद्यपि ग्रामवासियों द्वारा मन्दिर के जंधा के ऊपर के भाग का नवीनीकरण कर दिया गया है । मात्र अधिष्ठान भाग में कुछ प्राचीन स्थापत्य खण्ड खण्ड आज भी दृष्टव्य है । गर्भगृह के प्रवेश द्वार पर अत्यंत सुन्दर द्वारतोरण हुआ है जिसकी द्वार शाखाओं के नीचे गंगा-यमुना नदी देवियों का अंकन है । साथ ही द्वार शाखाएं विभिन्न देवी देवताओं एवं मिथुन मूर्तियों से अलंकृत है । इसी मंदिर के पार्श्व में एक अन्य स्तंभ पर एक अश्वारोही शिकार मुद्रा में घोड़े की लगाम पकड़े दर्शाया गया है । इस शिल्प में घोड़े की गति का अत्यंत स्वाभाविक अंकन है । नीचे सुअर भागते हुए दर्शाया गया है । इस स्तम्भ पर एक लेख भी खुदा हुआ है किन्तु लम्बे अन्तराल से अपेक्षित पड़े रहने के कारण अत्यंत क्षरित हो चुका है । इसी के बगल में एक ओर स्तम्भ है जिसमें पर्यक के ऊपर एक राजा लेटा हुआ है । पांवों के पीछे रानी अथवा दासी उनके पैर दबा रही है । यह कलाकृति अत्यंत कलात्मक है ।[१०५]

खानखेड़ी - ग्राम खानखेड़ी बरथुन से लगभग २० कि.मी. दूर डूब क्षेत्र की सीमा पर अवस्थित है । इस ग्राम में एक ऊंचे टीले पर प्राचीन मन्दिर विद्यमान

102. स्वयं के द्वारा किया गया सर्वेक्षण ।
103. उपरोक्त । 104. उपरोक्त । 105. उपरोक्त ।

है। जिसके मण्डप की छत ध्वस्त हो चुकी है। यह मन्दिर ग्रेनाइट पाषाण द्वारा निर्मित है। यह मन्दिर भूमिज शैली की श्रेणी में रखा जा सकता है। इस मन्दिर में सीढ़ियां चढ़कर मण्डप में प्रवेश किया जाता है जो कि खुला हुआ स्तम्भों पर आधारित है। स्तम्भ नीचे से चौकोर उसके बाद अष्टकोणीय ऊपर वर्तुलाकार एवं उसके उपरान्त अबेकस एवं भारवाहक दर्शाए गए है। मण्डप की छत जो कि ध्वस्त हो चुकी है किन्तु उसकी संरचना को देखते हुए प्रतीत होता है कि इसका आकार भीतर से प्याले के अनुरूप रहा होगा एवं ऊपर शिखर गुम्बदाकार होगा। मण्डप की छत वर्तुलाकार है जबकि मण्डप नीचे आयताकार में है। मण्डप के बाद छोटा सा अन्तराल है। इसके उपरान्त गर्भगृह है। गर्भगृह का द्वार तोरण एकदम सादा है किन्तु ललाट बिम्ब पर मध्य में चतुर्भुजी देवी का अंकन है। साथ ही पुष्पीय अलंकरण भी किया गया है। गर्भगृह का शिखर नागर शैली में है जिसका कि आधा भाग ध्वस्त हो चुका है। इसके चारों ओर देव कुलिकाएं बनी हुई है। कभी इन कुलिकाओं में विभिन्न देवी देवताओं की मूर्तियां विद्यमान रही होंगी। पीछे उमा-महेश्वर की खंडित प्रतिमा विद्यमान है। साथ ही बायीं ओर दीवार पर एक गणेश प्रतिमा का भी अंकन है। इस मन्दिर की स्थात्य शैली पर चालुक्य शैली का प्रभाव स्पष्ट दिखाई देता है। यह मन्दिर १० "वीं ११ वीं शती ई. का प्रतीत होता है। [१०६]

मोया - ग्राम मोया बरथुन से लगभग ८ कि.मी. दूर विद्यमान है। यहां एक प्राचीन मन्दिर था जिसको ग्रामवासी चार भुजा के नाम से पुकारते है। वर्तमान में इस मन्दिर का स्थानीय लोगों द्वारा नवीनीकरण करा दिया गया है। इसके अतिरिक्त गांव के बाहर एक मन्दिर अत्यन्त दयनीय दशा में विद्यमान है। इस मन्दिर का भी समय-समय पर सुधार कार्य करवाया जाना प्रतीत होता है। किन्तु फिर भी मूल मन्दिर का गर्भगृह अभी भी सुरक्षित है। भू-योजना की दृष्टि से इस मन्दिर में मण्डप, अन्तराल एवं गर्भगृह भाग है। लंबवत् विन्यास में मन्दिर नागर शैली में निर्मित है। यह देवालय पतली ईंट द्वारा निर्मित है जिसके ऊपर चूने का प्लास्टर किया गया है। पंचरथ शैली के इस मन्दिर का शिखर भाग भद्र एवं उरूश्रृंगों के साथ वर्तमान में नहीं है। मन्दिर के जंधा भाग में चारों ओर देव कुलिकाएं बनी हुई हैं जिनमें कभी विभिन्न देवी देवताओं की मूर्तियां रही होगी। यह मन्दिर निरंधार प्रकृति का प्रतीत होता है। गर्भगृह के सम्मुख मण्डप बाद का बना प्रतीत होता है। ग्रामवासियों द्वारा बताया गया कि इस मन्दिर की मूल मूर्तियां हनुमान मन्दिर में रख दी गई हैं। इस मन्दिर में एक शिलालेख भी गर्भगृह की द्वार शाखा में उत्कीर्ण है। किन्तु यह अत्यंत घिसा होने के

106. स्वयं के द्वारा किया गया सर्वेक्षण।

कारण उसको पढ़ा नहीं जा सका । यह मन्दिर लगभग १४ वीं, १५ वीं शत ई. का प्रतीत होता है । साथ ही परवर्ती स्थापत्य कला का एक नमूना है । [१०७]

आंतरी – ग्राम आंतरी लोडक्या मार्ग से लगभग २० कि.मी. दूरी विद्यमान है यहां एक प्रसिद्ध देवी मन्दिर है । इस मन्दिर के बार में स्थानीय लोगों की मान्यता है कि यहां अगर किसी की मुख की जबान कट जावे तो सात दिवस के भीतर पुनः मूल रूप में हो जाती है । इस मन्दिर अहिल्याबाई ट्रस्ट द्वारा सुरक्षित है । मन्दिर अत्यंत ऊंचे चबूतरे के ऊपर निर्मित है जो कि चारों ओर से एक पाषाण निर्मित परकोटे से घिरा हुआ है । मन्दिर में प्रवेश हेतु सीढ़ियां चढ़कर जाना पड़ता है । सर्वप्रथम स्तम्भ युक्त मुखमंडल है तदुपरान्त विशालसभा मण्डप है । मण्डप में विद्यमान स्तम्भों की रचना में सबसे नीचे चौकोर भाग ऊपर अष्टकोणीय तदुपारन्त गोल आमलाकानुसार स्तम्भ के ऊपर भार वाहकों का अंकन है । सभा मण्डप के उपरान्त अन्तराल भाग है । तदुपारन्त गर्भगृह है जिसमें देवी विराजमान है । गर्भगृह के प्रवेश द्वार के ललाट बिम्ब पर देवी प्रतिमा पदमासन में विद्यमान है । साथ ही नवगृह एवं सप्त मातृका पट्ट का अंकन है । दोनों ओर की द्वार शाखाओं पर विभिन्न देवी–देवताअओं का अंकन किया गया है । मन्दिर के मंडल की छत गुम्बदाकार है एवं गर्भगृह के ऊपर मुख्य मन्दिर का शिखर नागरशैली के अनुरूप है । इस मन्दिर की देख रेख अहिल्या ट्रस्ट द्वारा की जाती है । वर्तमान में इस ट्रस्ट द्वारा मन्दिर को पूर्णरूपेण चूना से पोत दिया गया है । प्रवेश द्वार को सिंदूरी रंग से पोत दिया गया है जिससे मन्दिर का मूल स्वरूप प्रायः समाप्त हो गया है । [१०८]

बाराजी – यह स्थान कंजाड़ा से लगभग ६ कि.मी. दूर विद्यमान है । पर्यावरण की दृष्टि से अत्यंत महत्वपूर्ण है । इस स्थान पर एक झरना निरंतर बहता रहता है । साथ ही लगभग १ फलांग के क्षेत्र में अत्यन्त प्राचीन विशाल वृक्ष एक कुंज के रूप में विद्यमान है । इसी झरने के किनारे वराह का मन्दिर एक ऊंचे पठार के निर्मित है। यद्यपि मन्दिर का ग्रामवासियों द्वारा जीर्णोद्धार करवाया जा चुका है बगल में ग्रामवासियों द्वारा खुदाई की जा रही है जहां कि बड़ी तादाद में ईंटों के टुकड़ें निकल रहे है । इससे प्रतीत होता है कि मूल रूप से यहां एक विशाल मन्दिर रहा होगा। मन्दिर के गर्भगृह में अत्यंत कलात्मक एवं सुरक्षित नृवराह की प्रतिमा पूजित है । चतुर्भुजी नृवराह प्रतिमा के पांव के नीचे दबा राक्षस हिरण्याक्ष को दिखाया गया है। साथ ही उसी के पार्श्व में नाग देवता को करबद्ध मुद्रा में अंकित

107. स्वयं के द्वारा किया गया सर्वेक्षण । 108. उपरोक्त ।

किया गया है। चतुर्भुजी वराह के हाथों में शंख, चक्र, गदा, पद्म को बताया गया है। साथ ही भू देवी को उनके सूंड पर बैठा दर्शाया गया है। वराह की प्रतिमा विभिन्न आभूषणों से सुसज्जित है। इसी प्रतिमा के बगल में एक अन्य छोटी प्रतिमा उमा-महेश्वर की रखी हुई है जो कि कल्याण सुन्दर स्वरूप में है। उसमें उमा बायीं एवं शिव दाहिनी ओर हैं। साथ ही नीचे ब्रह्म पुरोहित के रूप में शिव पार्वती का पाणिग्रहण करवा रहे हैं।[१०९]

फूलपुरा की बावड़ी – ग्राम फूलपुरा कुड़ेश्वर से ३ कि.मी. दूर मनासा रामपुरा मार्ग पर विद्यमान है। ज्ञात हुआ है कि इस बावड़ी का निर्माण किसी सेठ द्वारा जन सेवा हेतु करवाया गया था। बावड़ी के ऊपर चारों कोनों पर छतरियां बनी हुई हैं। प्रवेश द्वारा अत्यंत आकर्षक पालकीनुमा शैली में निर्मित है जो कि स्तम्भों पर आधारित खुली हुई है। बावड़ी में सीढियों के द्वारा नीचे जाना होता है। मुख्य दरवाजे के चारों ओर स्तम्भों पर आधारित खुली बारादरी अत्यंत आकर्षक है। इस बावड़ी के पानी का उपयोग आज भी हो रहा है।[११०]

दातोली – इस गांव में एक मन्दिर विद्यमान है जिसको स्थानीय लोगों द्वारा चार भुजा के नाम से जाना जाता है। यह मन्दिर १२ वीं १३ वीं सदी ई. का है जिसका कि मंडप भाग ध्वस्त हो चुका है। मंडल में कुछ प्रतिमा खण्ड विद्यमान है। इसके अतिरिक्त एवं लक्ष्मीनारायण की प्रतिमा एवं प्रवेश द्वार पर चतुर्भुजी गणेश की प्रतिमा विद्यमान है। इसी के पास ही एक शीतला देवी का चबूतरा है। उसके ऊपर एक विष्णु की प्रतिमा का उर्ध्व भाग विद्यमान है। यह गांव मुगल काल में एक आबाद गांव था तथा एक किले के अवशेष भी विद्यमान है। लगभग १० वर्ष पुनः बंजारा जाति के लोगों द्वारा बसाहट प्रारम्भ हुई है। पहाड़ी पर एक आकर्षक बावड़ी भी विद्यमान है। चारभुजा मन्दिर के पीछे एक जैन मन्दिर मठ लगभग ८ वीं सदी का विद्यमान है जिसमें ३ कोठरियां है। संभवतः जैन भिक्षुओं के निवास के उपयोग में आती ही होगी। कोठरियों के प्रवेश द्वार के ललाटबिम्ब पर जैन तीर्थंकर की प्रतिमा आसनस्थ विद्यमान है। साथ ही खड़गासन में दोनों ओर जैन तीर्थंकर की प्रतिमा उकेरी गई है। कोठरियों के सामने एक खुला मंडल रहा होगा जिसके कई स्तम्भ अब मूल रूप से नहीं है तथा गिरकर स्थल पर विद्यमान हैं। मात्र ६ स्तम्भ विद्यमान है। स्तम्भ नीचे से चौकोर एवं बीच में अष्टकोणीय है। ऊपर अबकेस है जिस पर शिलाखण्ड आधारित है। इस मठ की छत सपाट है। यह अत्यन्त महत्वपूर्ण स्थल है।[१११]

109. उपरोक्त। 110. उपरोक्त। 111. उपरोक्त।

पिलखेड़ी - चन्द्रपुरा से लगभग ८ कि.मी. दूर जंगल में एक अत्यंत प्राकृतिक घाटी में पीलखेड़ी का सूर्य मन्दिर विद्यमान है । स्थानीय लोग इसे चारभुजा के नाम से पुकारते है । बताया गया कि कुछ वर्ष पूर्व यहां गर्भगृह में विद्यमान सूर्य प्रतिमा की चोरी हो चुकी है । वर्तमान में आधुनिक प्रतिमा गर्भगृह में विद्यमान है । यह मन्दिर मूल रूप से जंधा तक आज भी सुरक्षित है । जंधा के ऊपर के भाग को ग्रामवासियों द्वारा जीर्णोद्धार करवाया जा चुका है । गर्भगृह का द्वार तोरण आज भी मूल रूप से विद्यमान है । मन्दिर के पीछे की दीवार में उत्कटासन में सूर्य विराजमान है जो कि लम्बे बूट एवं वक्ष पर कवच धारण किए है । ऊपर के दोनों हाथों में सनाल पुष्प है । दोनों ओर ऊषा एवं प्रत्यूषा विद्यमान है । मन्दिर की सम्मुख खुले आंगन में मन्दिर का ही एक शिल्प खण्ड रखा है जिसमें अलंकृत पाषाण खंड में देवी पार्वती की प्रतिमा स्तम्भ प्रकोष्ठ के भीतर अर्द्ध पर्यकासन में विराजमान है । देवी चतुर्भुजी हैं जिनके ऊपर के दो हाथों में क्रमशः धाणिका एवं बीज पूरक है । पार्श्व में दोनों ओर परिचारिकाओं का अंकन है । इसी प्रकार आंगन में दायीं ओर भी स्तम्भ प्रकोष्ठ के मध्य देवी पर्यकासन में विद्यमान हैं । पार्श्व में दोनों ओर चंवर धारिणियों का अंकन है । दोनों शिल्पखंड इसी मन्दिर के प्रतीत होते हैं । मन्दिर के गर्भगृह का प्रवेश द्वार अत्यंत अलंकृत द्वारतोरण से सुसज्जित है । यह द्वारतोरण मन्दिर का मूल अंश प्रतीत होता है । ललाट बिम्ब पर सूर्य प्रतिमा विद्यमान है । साथ ही नवगृह एवं सप्त मातृका पट्ट का भी अंकन यहां किया गया है। द्वार शाखा में विभिन्न देवी-देवताओं का अंकन किया गया है । नीचे गंगा एवं यमुना नदी देवी का अंकन है । मन्दिर में गर्भगृह के सम्मुख सभा मण्डप भी रहा होगा, क्योंकि कई स्थापत्य खण्ड यहां देखने को मिले मण्डप के द्वार पर चन्द्रशिला आज भी विद्यमान है । यहां मन्दिर १० वीं, ११ वीं शती ई. प्रतीत होता है ।[११२]

जन्नोद - ग्राम जन्नोद रामपुरा से लगभग १० कि.मी. दूर रामपुरा मनासा मार्ग के बायीं ओर विद्यमान है । इस ग्राम में एक ऊंचे टीले पर प्राचीन शिव मन्दिर अवस्थित है । यद्यपि इस मन्दिर का मूल स्वरूप तो नष्ट हो चुका है क्योंकि संवत् १९०१ में इसका जीर्णोद्धार करवाया गया जिसका उल्लेख यहां प्राप्त एक शिलालेख से मिलता है । वर्तमान में मन्दिर की सपाट छत है एवं चारों ओर से चूने का प्लास्टर किया हुआ है किन्तु इसका अर्धमण्डप एवं गर्भगृह अभी भी अपनी मूल स्थिति में है। अर्ध मण्डप में शिव वाहन नंदी विद्यमान है । साथ ही मण्डप दो स्तम्भों पर आधारित है । गर्भगृह की द्वारशाखा त्रिशाख में विभाजित है जिनमें विभिन्न देवी-देवताओं एवं

112. उपरोक्त ।

मिथुन मूर्तियों का अंकन है । नीचे गंगा एवं यमुना नदी देवियों को अनुचरों सहित अंकित किया गया है । शीर्षदल पर मध्य त्रिमूर्ति स्वरूप में शिव को पदमासन में आसनस्थ दर्शाया गया है । इस तरह का शीर्षदल पर अंकन अपने आप में भारतीय मूर्तिकला में अत्यंत दुर्लभ है । शिव को यहां स्तम्भ प्रकोष्ठ के भीतर आसनस्थ बताया है । स्तम्भों के पार्श्व में विद्याधर दम्पत्ति का अंकन है । नीचे पाद पीठ पर उनका वाहन नंदी का अंकन है साथ ही नीचे उपासकों का अंकन किया गया है । शीर्ष दल के एक ओर ब्रह्मा एवं लक्ष्मीनारायण को दर्शाया गया है । गर्भगृह में वर्तमान में कोई मूर्ति स्थापित नहीं है । मन्दिर के बाहर खण्डित उमा-महेश्वर की प्रतिमा एवं एक देव नागरी लिपि में एक शिलालेख विद्यमान है । इसी मन्दिर के पीछे एक और प्राचीन मन्दिर खेतों के बीच में विद्यमान है ।[११३]

जन्नोद प्राचीन मन्दिर - यह मन्दिर खेतों के मध्य विद्यमान है । नागर शैली में निर्मित यह मन्दिर ईंटों का बना हुआ है । बाद में इस मन्दिर की मरम्मत पाषाण खण्डों द्वारा की गई है । इस मन्दिर में सम्मुख एक अर्द्ध मण्डप एवं गर्भगृह का भान है । गर्भगृह की द्वार शाखा सादा है । किन्तु ललाट बिम्ब पर एक मूर्ति बनी हुई है । गर्भगृह में कोई भी प्रतिमा वर्तमान में स्थापित नहीं है और न ही कोई प्रतिमा मन्दिर के बाह्य भाग में है । इस मन्दिर के अतिरिक्त ग्राम के मध्य एक बावड़ी विद्यमान है जिसके पानी का उपयोग गांव वाले सिंचाई के रूप में कर रहे हैं । इस बावड़ी में कुछ प्रतिमाएं लगी हुई हैं किन्तु सिन्दूर आदि पोतकर इनकी मूल स्थिति प्रायः समाप्त हो चुकी है। इसी गांव से लगभग १ कि.मी. दूर मार्ग के दायीं ओर एक शिव मन्दिर विद्यमान है। यद्यपि यह मन्दिर १८ वीं शती ई. का है किन्तु इस मन्दिर के गर्भगृह की यह विशेषता है कि गर्भगृह के विद्यमान शिवलिंग बारह महीने अदृश्य जलस्त्रोत से डूबा रहता है। निरीक्षण के समय में भी शिवलिंग एवं जलहरी आधी पानी में डूबी हुई थी । वहां के पुजारी ने भी पानी की महिमा के बारे में कोई टिप्पणी नहीं की ।[११४]

जमुनिया - इस गांव में एक वृक्ष के नीचे एक उमा-महेश्वर प्रतिमा विद्यमान है । साथ ही तमोली समाज का एक मन्दिर है जो कि अत्यन्त जीर्ण-शीर्ण अवस्था में है । साथ ही इसमें आंगन में एक चतुर्भुजी कुबेर की प्रतिमा विद्यमान है। इस प्रतिमा के कई भाग को सीमेन्ट द्वारा भी नवीनीकरण किया गया है ।[११५]

सारमाला - ग्राम सारमाला रामपुरा मुख्यालय से लगभग १५ किलोमीटर

113. उपरोक्त । 114. स्वयं के द्वारा किया गया सर्वेक्षण । 115. उपरोक्त ।

दूर रामपुरा चन्द्रपुरा मार्ग पर अवस्थित ग्राम मजीरिया से लगभग ८ किलोमीटर दूर अरावलपी पर्वत श्रृंखला की उपत्यका में विद्यमान है । इस ग्राम के बाहर आधुनिक अत्यंत जीर्ण-शीर्ण अवस्था में एक मन्दिर है जिसके मंडप में अष्टभुजी महिषासुर मर्दनी प्रतिमा एवं गर्भगृह में निर्मित एक चबूतरे पर कई कलाकृतियां असुरक्षित दशा में रखी हुई हैं । [११६]

महिषासुर-मर्दिनी - यह प्रतिमा मन्दिर के मंडप में रखी हुई हैं जिसे ग्रामवासियों द्वारा सिंदूर पोत दिया गया है । अष्टभुजी प्रतिमा के विभिन्न हाथों में खड्ग, त्रिशूल, खप्पर, पाश इत्यादि आयुध शिल्पित है । स्तंभ प्रकोष्ठ पर मिथुन, गजशार्दूल अलंकरण किया गया है । मुख्य प्रतिमा के ऊपर सप्तमातृकार्यों का अंकन किया गया है । नीचे पशु आकृतियों में महिष राक्षस का सिर विदीर्ण करते हुए देवी को दर्शाया गया है । देवी के पीछे सिंह को भी महिष राक्षस पर हमला करते हुए दर्शाया गया है । उक्त प्रतिमा अत्यंत सुन्दर है यह प्रतिमा १२ वीं १३ वीं शती ई. की परमारकालीन कृति प्रतीत होती है । [११७]

वामन - गर्भगृह के चबूतरे पर विष्णु के दशावतारों में से एक वामन स्वरूप प्रतिमा विद्यमान है । प्रतिमा चतुर्भुज है जो कि एक ऊंची चौकी पर समभंग मुद्रा में अवस्थित है । नीचे के दो हाथ खंडित हो चुके हैं । शेष ऊपर के दोनों हाथों में अपने आयुध धारण किए हुए हैं । प्रतिमा विभिन्न आभूषणों जैसे कंठहार, कुंडल, कंकण, मेखला एवं वैजयंती माल से सुशोभित हैं । दोनों ओर नीचे शिल्पित परिचारिकाएं खंडित हो चुकी हैं । मुख मंडल के पीछे वृत्ताकार प्रभामंडल है एवं दोनों ओरी शिव एवं ब्रह्मा विद्यमान हैं । यह प्रतिमा भी १२ वीं १३ वीं शती ई. की परमारकालीन कृति प्रतीत होती है । [११८]

सूर्य प्रतिमा - प्रतिमा भी गर्भगृह के चबूतरे पर रखी हुई है जो कि किसी मुख्य प्रतिमा का अंश प्रतीत होती है । स्तम्भ प्रकोष्ठ के मध्य सूर्य प्रतिमा समभंग मुद्रा में अवस्थित है । ऊपर के दोनों हाथों में सनाल कमल धारण किए हैं । प्रतिमा विभिन्न आभूषणों से अलंकृत है । नीचे पार्श्व में दोनों ओर दंडी एवं पिंगल का अंकन किया गया है । यह प्रतिमा भी १२ वीं १३ वीं शती ई. की परमारकालीन की शिल्प रचना प्रतीत होती है ।[११९]

---

116 उपरोक्त ।

117. उपरोक्त ।

118. उपरोक्त ।

119. उपरोक्त ।

योगनारायण विष्णु - गर्भगृह के चबूतरे पर ही एक छोटा सा शिल्पखण्ड है। इस शिल्पखण्ड में स्तम्भ प्रकोष्ठ के मध्य विष्णु को शिल्पित किया गया है । पदमासन मुद्रा में विष्णु की यह प्रतिमा अत्यंत शांत एवं सौम्य है । यह प्रतिमा किसी मन्दिर के आले में विद्यमान रही होगी जो कि १२ वीं १३ शती ई. की प्रतीत होती है। इनके अतिरिक्त चबूतरे पर चंवर धारिणी, राहु केतु एवं अन्य मुख्य प्रतिमा के शिल्प खण्ड एवं मूर्तिपरिकर विद्यमान हैं ।[१२०]

रामपुरा - लक्ष्मीनारायण मन्दिर - लक्ष्मीनारायण मन्दिर नगर के बीच बस्ती में विद्यमान है जो कि १७ वीं १८ वीं शती ई. का प्रतिनिधित्व करता है । रामपुरा में लगभग ७० अथवा ८० प्रतिशत प्राचीन मन्दिर हैं । अगर रामपुरा को मन्दिरों का नगर कहा जाय तो अतिश्योक्ति नहीं होगी । इसी शृंखला में यहां विद्यमान लक्ष्मीनारायण मन्दिर है जो कि पूर्ण रुपेण सुरक्षित है । भू-विन्यास की दृष्टि से इस मन्दिर में महामंडप अंतराल एवं गर्भगृह हैं साथ ही उर्ध्व विन्यास में जगती, जंघा शिखर, कलश सभी अवयव पूर्ण हैं । शिखर भाग को कई उरू, शृंगों सहित बनाया गया है। जंघा और शिखर दोनों के बीच दो प्राचीन मूर्तियां लगी हुई हैं । इस मन्दिर के शिखर को नागर शैली में बनाया गया है । किन्तु इसके मंडल का शिखर भिन्न है। इसका शिखर गुम्बदाकार बनाया गया है। मंडल में सीढ़ियों के माध्यम से प्रवेश करते हुए मंडप में नीचे लगभग ५ फुट तक दीवार है । तदुपरान्त स्तम्भों युक्त खुली वरण्डिका है । वर्तमान में ट्रस्ट के कर्मचारियों द्वारा खुले मंडल को एक ओर से बंद कर दिया है । ऊपर मंडल की छत चारों ओर से गोल है जिसमें चारों ओर छत का आधार लिए विभिन्न वादय यंत्र लिए नायिकाओं का अत्यंत आकर्षक अंकन है । इसी तरह अंकन दक्षिण भारत के मन्दिर हैलीविड एवं वैलूर में देखने को मिलता है । यद्यपि हैली विड एवं वैलूर में नायिकाओं का अंकन अत्यंत आकर्षक है किन्तु उसी तरह की नकल इस मन्दिर में करने का प्रयास किया गया है । नायिकाएं करताल बजा रही हैं एवं कई नायिकाएं नृत्य की विभिन्न मुद्रा में हैं । ऐसा लगता है कि मंडप में भजन कीर्तन का आयोजन हो रहा है और सभी अपने देवता को प्रसन्न करने का प्रयास कर रहे हैं। गर्भगृह में काले पाषाण पर शिलिप्त विष्णु की प्रतिमा स्थापित है जो कि अपने विभिन्न हाथों में आयुध शंख चक्र, गदा धारण किए हैं । वर्तमान

120. उपरोक्त ।

में पुजारियों ने विष्णु को विभिन्न आधुनिक परिधानों से अलंकृत किया हुआ है जिसके कारण प्रतिमा का मूलस्वरूप नष्ट नहीं है। इस मन्दिर की देखरेख अहिल्याबाई ट्रस्ट द्वारा की जाती है। लक्ष्मीनारायण का यह मन्दिर १८ वीं सदी ई. का प्रतीत होता है।[१२१]

जैन मन्दिर - ग्राम के बीच में लगभग १८ वीं शती ई. का प्राचीन जैन मन्दिर है जिसके गर्भगृह में संगमरमर से बनी दो तीर्थंकर प्रतिमाएं साथ ही ७ पीतल से बनी तीर्थंकर प्रतिमाएं स्थापित हैं जिसकी प्रतिदिन पूजा की जाती है। इन मन्दिरों में अत्यंत आकर्षक विभिन्न रंगों की कांच द्वारा निर्मित लालटेन टंगी हुई है। बताया गया कि लालटेन जर्मनी की बनी हुई है जो कि झूमर का काम करती हैं।[१२२]

रामपुरा कोर्ट में रखी प्रतिमाएं - रामपुरा तहसील भवन के बगली में विद्यमान न्यायालय कोर्ट में कुछ प्राचीन प्रतिमाएं रखी हुई हैं जिसमें से दो सती स्तम्भ हैं। एक चामुण्डा प्रतिमा जो कि अधूरी है। शिल्प खंड के निशान स्पष्ट दिखाई दे रहे है। एक किसी मन्दिर का सिरदल है जिसके मध्य में गणपति का अंकन है। चामुण्डा प्रतिमा यद्यपि अधूरी है किन्तु उनके पांव के नीचे नरवाहन स्पष्ट परिलक्षित है। इसके अतिरिक्त रामपुरा में झील के किनारे कई मन्दिर विद्यमान हैं जिसमें से एक खांडेराव का मन्दिर हैं इसमें खांडेराव का अश्वारुढ़ दर्शाया गया है। साथ ही इसी मन्दिर के आगे एक शिव मन्दिर है जिसके मंडप में नंदी विद्यमान है। मन्दिर के पास दत्तात्रेय मन्दिर हैं। इस मन्दिर के गर्भगृह में दत्तात्रेय की प्रतिमा स्थापित है। स्थानीय लोगों द्वारा इस प्रतिमा को विभिन्न रंगों से पोत दिया गया है। दत्तात्रेय को अपने श्वानों के साथ अंकन किया गया है। इस मन्दिर के आगे के किनारे पर पांच मन्दिरों का समूह है। अधिकांश मन्दिर शिव से संबंधित हैं जहां कि गणपति एवं नंदी का अंकन किया गया है। मन्दिर के अहाते में एक प्राचीन मन्दिर हैं जो कि पतली ईंट द्वारा निर्मित है। इस मन्दिर की दशा अत्यन्त दयनीय है। अहाते में ही एक विशाल बावड़ी बनी हुई है जो कि वर्तमान मेंजगह जगह से धराशायी होकर ध्वस्त हो रही है।[१२३]

बोहरों की दरगाह - रामुपरा स्थित दरगाह सईद बावा मुल्ला खान साहेब के नाम से जानी जाती है। यह लगभग ३०० वर्ष प्राचीन है। इस मजार

121. उपरोक्त। 122. उपरोक्त। 123. स्वयं के द्वारा किया गया सर्वेक्षण।

मुबारक की कहते हैं । बाबा मुल्ला खान वर्तमान धर्मगुरू सैयदना साहब की नस्ले में तेरहवें हैं। वे अपने धार्मिक तथा सेवाभावी स्वभाव के कारण जाने जाते हैं । कहते हैं कि उसके पास एक घोड़ा था जिसे वह बोहरा जमात के हर व्यक्ति को जरूरत पड़ने पर निःशुल्क देते थे तथा घोड़े की देखभाल स्वयं करते थे । आज भी उनकी याद में दरगाह पर एक तांगा व एक घोड़ा रखा गया है जो बोहरा जमात के किसी भी सदस्य को जरूरत पड़ने पर दिया जाता है । आज भी रामपुरा के खानपुर मोहल्ले में बाबा साहब का भवन और मस्जिद है । पूरे भारत में कुल १२० दरगाह है जिसमें से म.प्र. में बुराहनपुर, उज्जैन, शाजापुर व रामपुरा में कुल ४ इस स्तर की दरगाह हैं । बाबा साहब का उर्स प्रत्येक रमजान के बाद के महीने में मनाया जाता है । उर्स में भारत एवं विदेशों से करीब ५००० लोग उपस्थित होते हैं । दरगाह के आसपास आकर्षक उद्यान विकसित किया गया है जिसमें भारत के विभिन्न कोने से आए गए गुलाब, मोगरा, नारियल एवं तरह तरह के फूल के पौधे लगाए गए हैं तथा यहां सफेद खरगोश, सफेद कबूतर, बतख, हिरन जैसे पशु पक्षी जंगलों में रखे गए हैं । मकबरे के चारों दरवाजे चांदी से मढ़े हुए हैं । यहां साल भर लगभग २०००० दर्शनार्थी आते रहते हैं। इस प्रकार से रामुपरा की यह दरगाह भारत में विद्यमान दरगाहों में से अत्यंत आकर्षक एवं धार्मिक रूप से अत्यंत महत्वपूर्ण है । [१२४]

अमरपुरा – ग्राम अमरपुरा, रामपुरा से लगभग १२ कि.मी. दूर रामपुरा-गांधी सागर मार्ग पर अवस्थित हैं । इस ग्राम में पंचायत भवन के पार्श्व में एक चबूतरे पर विभिन्न मूर्तिखंड विद्यमान हैं । ये सभी कलाकृतियां परमारकाल की प्रतीत होती है ।[१२५]

नृसिंह – यह प्रतिमा चबूतरे पर रखी हुई हैं जो कि मुख्य प्रतिमा का अंश प्रतीत होता है । स्तम्भ प्रकोष्ठ के मध्य नृसिंह को हिरण्याकश्यप दैत्य का उदर विदीर्ण करते हुए दर्शाया गया है । मुख्य प्रतिमा के दोनों ओर परिचारक प्रतिमाओं का अंकन है । प्रतिमा विभिन्न आभूषणों से अलंकृत है । यह प्रतिमा किसी विशाल विष्णु मन्दिर प्रतिमा का अंश प्रतीत होती है जिसके ऊपर कोई खंडित अन्य देवल का भी अंकन है ।[१२६]

124. उपरोक्त ।
125. उपरोक्त ।
126. स्वयं के द्वारा किया गया सर्वेक्षण ।

वामन - चबूतरे पर विद्यमान प्रतिमा भी स्तम्भ प्रकोष्ठ के मध्य शिल्पित है। प्रतिमा विभिन्न आभूषणों से अलंकृत समभंग मुद्रा में हैं । नीचे दोनों ओर शंख, पुरुष एवं चक्रपष्प की प्रतिमाओं का अंकन है । अपने ऊपर के दोनों हाथों में आयुध धारण किए हैं । शिल्प के ऊपर कल्कि अवतार का अंकन है जिसमें प्रतिमा का शीर्ष खंडित हो चुका है । यह प्रतिमा खंड श्री विष्णु की मुख्य प्रतिमा का अंश प्रतीत होता है जो कि १२ वीं -१३ शती ई. की परमार कालीन कृति प्रतीत होती है । इन प्रतिमाओं के अतिरिक्त यहां छोटी-छोटी तीन विभिन्न देवी देवताओं के शिल्प खंड रखे हुएं है । [१२७]

मनासा - मनासा जो तहसील मुख्यालय है । नगर के मध्य विभिन्न देवताओं के मन्दिर जो कि लगभग २०० वर्ष प्राचीन हैं विद्यमान हैं ।

चारभुजा मन्दिर - यह मन्दिर विष्णु भगवान को समर्पित है जिसके गर्भगृह में काले पाषाण से निर्मित विष्णु की प्रतिमा स्थापित है । मन्दिर का मुख्य द्वार तोरण मकराकृति स्वरूप एवं बाह्य भाग विभिन्न रंगों से अलंकृत बनाने का प्रयास किया गया है । इसके अतिरिक्त नगर में प्राचीन द्वारकाधीश का मन्दिर है । मन्दिर में सीढ़ी से चढ़कर ऊपर पहुंचना पड़ता है । प्रवेश द्वार के दोनों ओर दो विशाल हाथी बने हैं जिन पर सवार आरूपित पड़ता है । इसके मंडप का द्वार तोरण भी मकराकृति स्वरूप का है । गर्भगृह में कृष्ण की प्रतिमा स्थापित है । मन्दिर के गर्भगृह एवं मंडप का आंतरिक भाग रंगों से रंग कर अलंकृत किया गया है । इसके अतिरिक्त नगर में बद्री विशाल का मन्दिर है जिसके गर्भगृह में जगन्नाथ स्वामी की प्रतिमा स्थापित है । जैन मन्दिर, रामजानकी मन्दिर जो कि तेली समाज का है लगभग २०० वर्ष प्राचीन है। गर्भगृह में राम जानकारी की प्रतिमाएं स्थापित हैं । इसके साथ-साथ एक गोपाल मन्दिर भी विद्यमान है । मनासा के सभी मन्दिरों को आधुनिक स्वरूप दे दिया गया है। जिन्हें विभिन्न रंगों से अलंकृत रंगों से अलंकृत कर दिया गया है ।[१२८]

हीरापुर - मनासा से मन्दसौर मार्ग पर ग्राम हीरापुर अवस्थित है यहां मार्ग के बांयी ओर एक सती स्तंभ गढ़ा हुआ है जिसमें कि चारों ओर प्रतिमाओं का अंकन है । एक ओर पर्यंक पर लेटी हुई प्रतिमा का अंकन है । पांच के पीछे एक दासी उनके पांव उठाये हुए प्रदर्शित है । साथ ही दूसरी परिचारिका चंवर डुला

127. उपरोक्त ।   128. उपरोक्त ।

रही है । इस प्रतिमा में अंकन अत्यंत आकर्षक है ।[१२९]

राउतपुरा – मनासा से कंजाड़ा मार्ग पर पड़दा से लगभग १० कि.मी. दर जंगल में एक मन्दिर स्थित है जिसे स्थानीय लोग तेजगढ़ मन्दिर के नाम से जानते हैं। साथ ही कुछ लोग चौसठ योगनी के मन्दिर के नाम से भी पुकारते हैं। यहां एक गुफा है जिसमें देवी की प्रतिमा है जिस पर कि सिंदूर लगा है । साथ ही कई स्थानीय कलाकृतियां भी रखी हुई है । उन पर भी सिंदूर लगा हुआ है । यहां एक विष्णु का धड़ एक नंदी का खंडित भाग रखा हुआ है यहां के लोग गुफा में भीतर जाकर अपने आराध्य देव की पूजा करते हैं इस मन्दिर की पूजा हेतु एक पुजारी तैनात है वह पूजा आदि की व्यवस्था करता है । एक स्थान में एक स्थानीय देवता की प्रतिमा जो कि काले पाषाण के ऊपर शिल्पित है पूजी जाती हैं । शिल्प खंड नीचे की ओर एक और वृषभ एवं दूसरी और सिंह का अंकन है। नीचे चार पुरुष आकृतियों का अंकन है जो कि अपने हाथोंमें आयुध लिए हुए है। ऐसा प्रतीत होता है कि संभवत: यहां पशु बलि का अंकन करने का प्रयास किया गया है । इनके ऊपर दो अश्वारोही अपने एक हाथ में लम्बा भाला लिए हैं, एवं दूसरे हाथ में एक अन्य आयुध धारण किए हैं । दोनों अश्वों के बीच में एक सर्प जो अपना फन फैलाए हुए है, अंकन किया गया है कि सबसे ऊपर बीच में एक पद्मासन में एक मानव आकृति है जिसके दोनों ओर दो परिचकाओं का अंकन है । इस प्रतिमा को देखकर अनुमान लगाया जा सकता है कि यह प्रतिमा सती से संबंधित है जिसमें कि राजा की शौर्य गाथा के अंकन का प्रयास हुआ है । साथ ही कलाकार द्वारा यह बताने का प्रयास किया है कि उनके राज्य में वृषभ एवंसिंह एक ही घाट पर पानी पीते हैं (यह एक संभावना है) राउतपुरा से थोड़ी दूरी पर गंगापुर विद्यमान है । जहां कि एक बावड़ी है जिसे स्थानीय लोग के नाम से जानते हैं । यह बावड़ी ईंटों द्वारा निर्मित है । साथ ही उसकी दीवारें पाषाण द्वारा बनी हुई है ।[१३०]

महागढ़ – मन्दसौर मनासा मार्ग पर ग्राम महागढ़ विद्यमान है । गांव की पुरानी बस्ती एक ऊंचे टीले पर बसी हुई है । निश्चित यह बस्ती पुराने टीले पर ही बस गई है । इस कारण पुराना टीला नष्ट हो गया है । एक ओर टीले का कुछ भाग शेष है। उसको भी गांव के कुम्हार ईंट बनाने के लिये मिट्टी का उपयोग

129. उपरोक्त ।

130. उपरोक्त ।

टीले को खोद खोद कर काट रहे हैं । वर्तमान में टीला पूर्ण ध्वस्त हो चुका है ।[१३१]

पड़दा – मनासा से कंजार्ड़ा मार्ग पर ग्राम पड़दा विद्यमान है । इस गांव में एक जोगनी मन्दिर है जो कि ज्यादा प्राचीन नहीं है । इसके अतिरिक्त इसी ग्राम में एक तमौली समाज का मन्दिर है । यह मन्दिर अधिक प्राचीन नहीं है और न ही यह मन्दिर स्थापत्य एवं शिल्प कला की दृष्टि से महत्वपूर्ण प्रतीत हुआ है ।[१३२]

कुकड़ेश्वर के स्मारक – रामपुरा से १० मील द्वार स्थित कुकड़ेश्वर ग्राम में पुराने तालाब के किनारे सहस्त्रमुखेश्व मन्दिर हैं । यद्यपि इस मन्दिर का अधिकांश भाग का पुनः निर्माण महाराजा तुकोजीराव होलकर द्वितीय द्वारा करवाया किन्तु मन्दिर प्रतिष्ठित प्राचीन लिंग तीन फीट ऊंचा तथा १२ से १६ इंच व्यास युक्त हैं । इस मन्दिर के अतिरिक्त ग्राम में अन्य मन्दिर यथा विष्णु एवं पार्श्वनाथ मन्दिर है । विष्णु मन्दिर मूलतः १२-१३ वीं शती ई. का निर्मित हैं, जिसका परवर्ती काल में जीर्णोद्वार हुआ । मन्दिर का शिखर, स्तम्भ एवं भारवाही कीचकों का सुन्दर आलेखन है । गर्भगृह में विष्णु प्रतिमा प्रतिष्ठित हैं । पार्श्वनाथ मन्दिर की मूर्ति मूलतः १२-१३ वीं शती ई. का प्रतीत होता हैं, किन्तु इसके शिखर संरचना में पीठादेवल शैली का प्रयोग किया गया हैं । गर्भगृह की प्रतिमा प्रतिष्ठित है । मन्दिर का द्वारशाखा अलंकृत हैं । स्तम्भों का अलंकरण, कीर्तिमुखों का अभिलेखन उच्चकोटिका है । परिसर की विष्णु, ब्रह्मा, नवगृह आदि प्रतिमाओं से प्रतीत होता हैं कि जीर्णोद्वार के समय इन्हें लगाया गया ।

131. उपरोक्त ।

132. स्वयं के द्वारा किया गया सर्वेक्षण ।

अध्याय पंचम

जावद तहसील के दुर्ग, मन्दिर एवं पुरा सम्पदा

अठाना दुर्ग – अठाना नीमच जिले की जावद तहसील का एक गाँव है। तहसील मुख्यालय से इसकी दूरी ५ कि.मी. तथा जिला मुख्यालय से २६ कि.मी. है। अठाना ठिकाने के इतिहास की पृष्ठभूमि बेगू ठिकाने के इतिहास से प्राप्त होती है। बेगू के रावत कालीमेघ[१] के आठ पुत्रों में से तीसरा पुत्र नरसिंहदास कालीमेघ का उत्तराधिकारी हुआ।[२] परन्तु गृहकलह के कारण कालीमेघ ने नरसिंहदास को उत्तराधिकार से वंचित कर सबसे छोटे पुत्र राजसिंह को उत्तराधिकारी घोषित कर दिया। फलस्वरूप नरसिंहदास शाही सेवा में चला गया।[३] पिता के मरने के बाद राजसिंह एवं नरसिंहदास में विवाद चला। तब महाराणा जगतसिंह ने राजसिंह को तो बेगू का स्वामी माना[४] और संवत १६८५ वि. (१६२८-२९ ई.) में नरसिंहदास को रावत के खिताब सहित अठाना का परगना देते हुए बत्तीस सरदारों में २८ वीं बैठक प्रदान की।[५] परन्तु राजस्थान रत्नाकर एवं उदयपुर राज्य का इतिहास में लिखा है कि महाराणा जगतसिंह ने नरसिंहदास को गोठलाई की जागीर प्रदान की तथा नरसिंहदास के वंशज अठाने के जागीरदार है।[६] नरसिंहदास द्वारा अठाना में निर्माण कार्य करवाने का भी उल्लेख मिलता है। नरसिंहदास की मृत्युउपरान्त (१६४८-४९ ई.) अनेक शासक हुए।

रामपुरा जब होल्कर राज्य में शामिल हुआ[७] तब होल्करों ने झारड़ा भूपालसिंह से छीन लिया। तब महाराणा जगतसिंह ने संवत १८०८ (१७५१-५२ ई.) में भूपालसिंह

1. इसका मूल नाम मेघसिंह था, परन्तु शाही सेवा में रहते हुए ये काले कपड़े पहनता था। इसलिए मुगल सम्राट जहांगीर ने उसे यह नाम दिया था। ओझा, उदयपुर राज्य का इति. भाग 2, पृ-893।
2. रावत कालीमेघ के दो बड़े पुत्र लक्ष्मणसिंह एवं कल्याणदास जहांगीर के साथ अटक के युद्ध में काम आ चुके थे।
3. सं. डॉ. मनोहरसिंह राणावत, मुहणोत नैणसी की ख्यात, पृ-75।
4. रामनारायण दुग्गड़, राजस्थान रत्नाकर, पृ-212, मेघ विनोद, पृ-92, ओझा उदयपुर 2, पृ- 894।
5. मेघ विनोद, पृ 94।
6. रामनारायण दुग्गड़, राजस्थान रत्नाकर, पृ-212, ओझा, उदयपुर 2, पृ-894।
7. चित्तौड़ उदयपुर का पाटनामा जिल्द 4, पत्र 296, पृ-1087, सरकार, हिस्ट्री आफ जयपुर, पृ-190।

को पुनः अठाना प्रदान किया।[८] आगे चलकर १९ जुलाई, १७६९ ई. को महाराणा अरिसिंह एवं महादजी सिंधिया के बीच हुए समझौते के आधार पर ६४ लाख रु. सिंधिया को देना तय हुआ।[९] इसमें से तैंतीस लाख रुपये तो तुरंत दे दिए गए और शेष ३१ लाख रुपये के बदले जावद, जीरण, नीमच और मोरवन के परगने रहन में दिए गए।[१०] नीमच परगने के साथ २७ जागीरदार भी सिंधिया के अधिकार में चले गए इनमें से अठाना भी एक था।[११] इस प्रकार अठाना ग्वालियर स्टेट का अंग हो गया।[१२] राव भूपालसिंह के बाद इसका पौत्र जगतसिंह अठाना का स्वामी बना।[१३] राव जगतसिंह के पश्चात् राव तेजसिंह अठाना का स्वामी बना।[१४] रावत तेजसिंह ने अठाना दुर्ग का निर्माण करवाया, जिसकी नींव संवत १८८४, फाल्गुन सुदी २, (रविवार, फरवरी १७, १८२८ ई.) को रखी गई। राव तेजसिंह की मृत्यु (फरवरी २, १८५७ ई.) के बाद इसका पुत्र दीपसिंह उत्तराधिकारी बना।[१५] दीपसिंह का उत्तराधिकारी दुलेसिंह हुआ। दुलेसिंह की मृत्यु (अगस्त १३, १८६९ ई.) के पश्चात् इसका छोटा भाई चतरसिंह अठाना का स्वामी बना।[१६] चतरसिंह का उत्तराधिकारी रावत विजयसिंह चूण्डावत हुआ। १९४६ ई. मे इसकी मृत्यु के बाद किशनसिंह इसका उत्तराधिकारी हुआ। इसकी मृत्यु मार्च १९६८ ई. के पश्चात् रावत जितेन्द्रसिंह चूण्डावत ठिकाने के उत्तराधिकारी बने जो वर्तमान में महल में निवास करते है।

अठाना दुर्ग में स्थित कृष्णा पैलेस दशपुर के दुर्गों में सर्वाधिक सुन्दर स्थापत्य की दृष्टि से महत्वपूर्ण हैं। इसके अंतरंग महल बड़े विशाल एवं सर्व सुविधा युक्त है। इसका निर्माण रावत नरसिंहदास एवं रावत तेजसिंह द्वारा करवाया गया। रावत नरसिंहदास ने अठाना का परगना जागीर में मिलने के बाद शीश महल एवं इसके उत्तर में स्थित गुम्बदवाला महल बनवाया। निर्मित भवन का शिलान्यास संवत १८८४, फाल्गुन सुदी २ (रविवार फरवरी १७, १८२८ ई.) को रावत तेजसिंह ने करवाया

8. मेघ विनोद, पृ-103-104 ।
9. डॉ.के.एस. गुप्ता, मेवाड़ एण्ड मराठा रिलेशन्स, पृ- 101-102 ।
10. श्यामलदास, वीर विनोद भाग 2, खण्ड 3, पृ- 1559-1562 ।
11. मेघ विनोद, पृ-107, डॉ. के.एस. गुप्त, मेवाड़ एण्ड मराठा रिलेशन्स,पृ-102 ।
12. ग्वालियर स्टेट गैजेटियर, पृ-195 ।
13. चित्तौड़-उदयपुर पाटनामा, जिल्द क्र 4, पत्र 298 अ, पृ- 1094 ।
14. वीर विनोद 2, खण्ड 2, पृ-990 । 253. मेघ विनोद, पृ- 113 ।
15. मेघ विनोद, पृ-121 ।
16. डॉ. मनोहरसिंह राणावत सं., मन्दसौर जिला अतीत एवं वर्तमान, पृ- 48 ।

था। रावत तेजसिंह द्वारा करवाए गए निर्माण में 'शीश महल' के दक्षिण में स्थित गुम्बद वाला झरोखा महल, इसमें 'शिव दर्शन' की प्रतिमा की स्थापना, दरीखाना, बादल महल, जनाना महल, चित्रशाला, पाएगा, बावड़ी, दुर्ग का परकोटा, बुर्जे, परकोटे के बाहर पश्चिम में नोलखा बावड़ी तथा दक्षिण में लक्ष्मीनारायण मन्दिर प्रमुख हैं।

महल का मुख्य प्रवेश द्वारा पूर्व दिशा की ओर स्थित है। ये पर कोटा द्वार है, यहां से परकोटा प्रारंभ होता है। इसी दरवाजे से दक्षिण में बड़ा बुर्ज है। बुर्ज महल के उत्तरी पूर्वी कोने पर स्थित है। दुर्ग के चारों ओर परकोटा तथा चारों कोने पर बड़े-बड़े बुर्ज हैं। इन बुर्जों में से तीन बुर्ज तो भण्डार गृह एवं शस्त्रागार के रूप में उपयोग किए जाते थे तथा उत्तर पश्चिम में कोने पर स्थित बुर्ज शराब तथाइत्र बनाने के लिये उपयोग किया जाता था। इसमें वर्तमान में भट्टी बनी है। पूर्वी द्वार से प्रवेश करने पर खुला चौक है तथा दक्षिण की ओर पुनः बड़ा दरवाजा है। दोनों द्वारों पर लकड़ी के किवाड़ लगे हैं, जिनमें ऊपरी हिस्सों में लोहे के नुकीले कीले लगे हैं। उत्तरी प्रवेश द्वार के ठीक ऊपर एक कमरा है जिसे नगराखाना कहते हैं। इसी दरवाजे के पूर्व में कोर्ट एवं पश्चिम में 'कचहरी भवन' है। इसमें प्रवेश द्वार दक्षिण की ओर खुलते हैं। कचहरी से दक्षिण की ओर मोड़ लिए 'बादल महल' है। इसका प्रवेश द्वार पूर्व की ओर है। ऊपर चढ़ने पर पूर्व पश्चिम लम्बाई लिए बड़ा हॉल है। इस हॉल के दक्षिण में पुनः एक हॉल है, जिसकी दीवारों के निचले हिस्से में नीले रंग की चीनी की ५० तश्तरियाँ लगी हैं। इस हॉल के पूर्व में बाहर चौक की ओर गोखड़ा है जो गोलाई से बना है। इसमें बाहर की ओर १९ तश्तरियाँ लगी है।[१७]

बादल महल के प्रवेश द्वार के दक्षिण में पुनः एक प्रवेश द्वार है जिसे जनानी ड्योढ़ी कहा जाता है। अन्दर प्रवेश करने पर खुला चौक है, चौक के चारों ओर कमरे बने हैं, जो जनाना महल है। इसमें ऊपर जाने की सीढ़ियाँ बनी है। ऊपर पहुँचने पर बड़ा हाल है जिसे 'चित्रशाला' कहा जाता है। इस हाल में पुराने चित्र बने थे, इसीलिए इसे 'चित्रशाला' कहा जाता था। वर्तमान में इसे पोत दिया गया है। बादल महल से चित्रशाला में आने का रास्ता है। जनानी ड्योढ़ी से आगे दक्षिणी पश्चिमी कोने में पुनः ऊपर जाने का रास्ता है। ऊपर जाने पर खुला चौक है, जिस पर फर्शियाँ लगी है। इस चौक को 'दरीखाना' कहा जाता है। पूर्व पश्चिमी दरीखाने से दक्षिण की ओर प्रवेश करने पर एक बड़ा हाल है इसे भी दरीखाना ही कहा जाता है। इस हाल के उत्तर में पाँच गोखड़े बने हैं। पंचगोखड़ा भवन के पश्चिम में एक द्वार है, जिसमें

17. डॉ. मनोहरसिंह राणावत सं., मन्दसौर जिला अतीत एवं वर्तमान, पृ- 47।

प्रवेश करने पर एक कमरा है जिसे चौबारा कहते हैं, क्योंकि इस कमरे में चार द्वार बने हैं। पूर्वी द्वार में पंचगोखड़ा है, पश्चिमी द्वार में रसोड़ा है। रसोड़े के दक्षिण में उत्तर-दक्षिण लंबाई लिए खुली छत है। उत्तरी द्वार से प्रवेश करने पर शयनकक्ष एवं इससे लगा स्नानागार एवं शौचालय है तथा दक्षिण की ओर रंग महल है।

पंचगोखड़ा के दक्षिण में जाने पर बरामदा है। बरामदे के पूर्व में कमरा है तथा कमरे के पूर्व में शीशमहल है। इस शीशमहल में पूरे कक्ष मे रंग-बिरंगे काँच लगे है। इसके पश्चिम में खुला चौक है, जिसमें चार कुण्ड बने है। इसे होली चौक कहा जाता है। इन कुण्डों में रंग भरकर होली खेली जाती थी, वर्तमान में इन कुण्डों को बंद कर दिया गया है। उपरोक्त बरामदे के दक्षिण में पुनः ऊपर जाने का रास्ता है। ऊपर पहुंचने पर उत्तर की ओर हॉल है। हॉल के अन्दर पुनः हॉल, दोनों की लम्बाई उत्तर दक्षिण है। अन्दर के हॉल के उत्तर दक्षिण दोनों ओर कमरे है। कमरों के ऊपर गुम्बद बने है। इन कमरों को घूमट कहा जाता है। दक्षिणी कमरे में 'शिव दर्शन' नामक प्रतिमा स्थापित है। हाल के पूर्व में गोलाकार गोखड़ा बना है। महल का ये भाग भी होली चौक के ऊपर है तथा इसमें आगे तीन ओर छत बनी है। ऊपर 'घूमट' की छत एवं दोनों कमरों की गुम्बद है जो ऊपर से अत्यंत सुन्दर दिखाई पड़ती है।

महल के दक्षिणी परकोटे में १४ घोड़ों की पाएगा, पश्चिमी परकोटे में ९ घोड़ों की पाएगा, रसोडे की छत के नीचे ७ घोड़ों की पाएगा तथा रसोड़े के नीचे उत्तर में ५ घोड़ो की पाएगा बनी है। दक्षिणी परकोटे में भी एक भवन बना है जिसे 'फराशखाना' कहा जाता है।[१८] उत्तरी प्रवेश द्वार के सामने खुले चौक में एक बावड़ी है, जो महल में पानी का एकमात्र स्रोत है। महल के पूर्व, पश्चिम एवं उत्तर में बस्ती है तथा दक्षिण में खेती होती है।

अठाना पैलेस एवं दुर्ग राजपूत शैली में निर्मित है। इसके बुर्ज एवं झरोखे स्थापत्य की दृष्टि से कलात्मक सौन्दर्य को अपने में समेटे हैं।[१९]

बावल दुर्ग - नीमच जिले की जावद तहसील में जावद से ५ कि.मी. दूरी पर स्थित बावल शक्तावत राजपूतों की कर्मस्थली रहा है। नीमच से बावल की दूरी लगभग २४ कि.मी. है। बावल में एक मजबूत गढ़ (दुर्ग) महल स्थित है जो शक्तावत राजपूतों के इतिहास का जीवंत गवाह है। नीमच जिले का यह सशक्त शक्ति केन्द्र दुर्गों की श्रृंखला में आज तक अपनी सार्थक उपस्थिति दर्ज नहीं करवा सका एवं उपेक्षा का शिकार बनकर आज तक अनजान है। मालवा के प्रमुख दुर्गों के सर्वेक्षण

18. उपरोक्त, पृ-48।
19. डॉ. विनयश्रीवास्तव के मेजर रिसर्च प्रोजेक्ट के अन्तर्गत किए गए सर्वेक्षण रिपोर्ट, निष्कर्ष।

के दौरान इसे एक महत्वपूर्ण दुर्ग माना गया एवं स्वयं शोधकर्ता डॉ. विनय श्रीवास्तव द्वारा इसके राजनीतिक इतिहास, वंशावली, कार्यक्षेत्र तथा स्थापत्य कार्यों की जब शोध की तो इस क्षेत्र के इतिहास को शिद्दत से प्रभावित करने की सामर्थ्य रखने वाले बावल के बारे में महत्वपूर्ण शोध निष्कर्ष प्रकाश में आएं। इन शोध निष्कर्षों का तथ्यपूर्ण विवरण देना इस शोध कार्य की महत्वपूर्ण उपलब्धि है।

प्रताप शोध प्रतिष्ठान उदयपुर द्वारा प्रकाशित 'सगत रासो' नामक ग्रन्थ के अन्तर्गत 'शक्तावतों का इतिहास' में बावल के राजपूत सरदारों की वंशावली प्रकाशित की गई है। बावल के राजनीतिक घराने के पूर्वज मेवाड़ राजघराने के शक्तिसिंह के पुत्र दलपत के वंशज माने जाते है। मुगल बादशाह अकबर के समकालीन रहे इस घराने के दलपत ने अपने भाई भूपत व बल्लू के साथ रहकर उंटाले के अभियान में अपना पराक्रम दिखलाया। बल्लू इस अभियान में वीरगति को प्राप्त हुआ। सम्राट अकबर ने फिर एक विशाल सेना मेवाड़ पर आक्रमण करने के लिये भेजी। शाही सेना से भूपत व दलपत ने कालीखोल (मांडलगढ़) में मीर रुकन्दी से मुकाबला किया। दोनों के बीच भयंकर युद्ध हुआ और दलतप तथा भूपत दोनों भाई इस युद्ध में काम आए।[२०]

कालीखोल में हुए इस युद्ध का उल्लेख ऐतिहासिक ग्रन्थों में नहीं हुआ है। सगत रासों में इस घटना का विवरण उंटाले के युद्ध के बाद दिया है, अर्थात् १६०० ई. के पश्चात् ही यह लड़ाई हुई होगी। बिना प्रमाण के इसका निश्चित समय निर्धारित करना कठिन है। दलपत के पुत्र गिरधरदास, गजसिंह, भावसिंह और अजबसिंह हुए। गिरधरदास को १७०३ ई. में बावल की ज़ागीर मिली और उसने अपना ठिकाना वहीं बनाया। उसने बावल में दुर्ग (गढ़) की स्थापना की एवं दुर्ग का निर्माण करवाया तथा उसके अंतर्गत महल और एक मंदिर भी बनवाया। दुर्ग के समीप ही उसने एक खूबसूरत बावड़ी का भी निर्माण करवाया। इन निर्माण कार्यों की कुल लागत उस वक्त ८८,८७९ रुपये आयी।[२१] इसके पश्चात् क्रमशः शूप्रसेन, घासीराम, भारतसिंह, लक्ष्मणसिंह, लालसिंह, अजबसिंह, लक्ष्मणसिंह द्वितीय, भारतसिंह द्वितीय, रतनसिंह, हमीसिंह, पदमसिंह (गोद) दुलेसिंह, उम्मेदसिंह, भूपालसिंह (गोद), हिरेन्द्रसिंह बावल के स्वामी हुए।[२२] इसमें घीसाराम बड़ा वीर पुरुष हुआ। उसने अपने वतन के रक्षार्थ अनेक लड़ाइयाँ लड़ी और महाराणा संग्रामसिंह के १७२८ ई. में मोड़ी

20. सगत रासो, प्रताप शोध प्रतिष्ठान, उदयपुर छद संख्या, 412-426, पृ-175-193।
21. चित्तौड़-उदयपुर पाटनामा, पृ-574 ब।
22. बावलगढ़ से प्राप्त "वंशावली" विवरण, डॉ. विनय श्रीवास्तव के सर्वेक्षण द्वारा।।

में काम आया ।[२३] घासीराम बहादुर और वीर योद्धा ठाकुर था उसने वि. सं. १७३९ में बेगूं के शासक आलू के खिलाफ सीमा विवाद को लेकर युद्ध किया और उसमें विजय हासिल की । तदनन्तर बेगूं के रावल ने बावल पर आक्रमण किया, उस युद्ध में बावल का ठाकुर सुन्दरसेन वीरगति को प्राप्त हुआ। घारीसाम बादशाह औरंगजेब की शरण में चला गया और वहां पर भी शहजादा नवीबक्श से उसका मन मुटाव हो गया। घासीराम ने शहाजदे नवीबक्श को भी मार डाला । इसके बावजूद औरंगजेब उसकी वीरता से इतना प्रसन्न था कि उसने उसकी जान की रक्षा भी की तथा उसका इलाज भी करवाया । बादशाह ने उसे अजमेर में १६०० रेक की जागीर भी दी । पुनः वि.सं. १७४२ में घासीराम बावल आकर अपनी जागीर की देखरेख करने लगा । २२ वर्ष तक राज्य करने के पश्चात् वि.सं. १७६२ में उसकी मृत्यु हुई ।[२४]

बावल दुर्ग का निर्माण १७०३ ई. में गिरधरदास को बावल की जागीर मिलने के बाद उसके द्वारा करवाया गया था । यह दुर्ग सुरक्षात्मक दृष्टि से चारों ओर एक मजबूत दीवार से घिरा हुआ है । दुर्ग में प्रवेश के लिये वर्तमान में मुख्य द्वार है । यह द्वार परकोटे की दीवार के मध्य में स्थित है । इस द्वार के भीतर प्रवेश करते ही इसके दोनो ओर दो कक्ष बने हुए हैं जो 'हाथी पोल' के नाम से जाने जाते हैं । इन कक्षों के बाहर हाथी खड़े रहते थे एवं कक्ष में सुरक्षा प्रहरियों के रहने की व्यवस्था होती थी । मुख्य द्वार के ऊपर नक्काशीयुक्त कक्ष निर्मित है । इस कक्ष में भी संतरी रहते थे । दुर्ग का मुख्य द्वार परकोटा द्वार है । यहाँ से परकोटा प्रारम्भ होता है । इसी दरवाजे से दक्षिण में बड़ा बुर्ज है, बुर्ज महल के सामने कोने पर स्थित है । दुर्ग के चारों ओर परकोटा तथा चारों कोनों पर बड़े-बड़े बुर्ज हैं । इन बुर्जों का प्रयोग शस्त्रागार एवं भण्डारगृह के रूप में किया जाता था। मुख्य द्वार से प्रवेश करने पर बड़ा चौक है । चौक के सामने मुख्य महल है। महल के मुख्य पृष्ठ भाग में अनेक दरवाजे बने हैं जो चौरस स्तंभों पर टिके हैं । इसके ऊपरी भाग पर लगभग छः फीट लंबा छज्जा है जो बिना किसी सहारे के निर्मित है । महल के दक्षिणी एवं उत्तरी भाग में पाएगा बनी है । इस पाएगा में घुड़साल बनी थी जिसमें घोड़े बांधे जाते थे । महल तीन मंजिला बना है । महल के भीतर रनिवास (जनाना महल), रंगमहल, कचहरी महल है । महल की दूसरी एवं तीसरी मंजिल में बाहर की ओर गोखड़े बने हैं । गोखड़े नक्काशीयुक्त है । महल के बाईं ओर का भाग ध्वस्त हो गया है । महल के पीछे भाग में होली चौक है । इसके समीप ही महल के ऊपर जाने की सीढ़ियां बनी है ।

23. चित्तौड़-उदयपुर पाटनामा, पृ-476 अ, ब ।
24. चित्तौड़-उदयपुर पाटनामा, भाग 6 (अप्रकाशित) पत्र सं. 575 अ से 577 ब तक ।

बाबल का महल एवं दुर्ग सुरक्षात्मक दृष्टि से मजबूत है । इस दुर्ग में परकोटे से लगे हुए कक्षों एवं पाएगा व बुर्जों में सैनिक, घोड़े एवं शस्त्रों के भण्डार रहते थे । राजपरिवार के सदस्य महल में रहते थे । राजपरिवार के सदस्यों के लिये दुर्ग के मुख्य द्वार से दायीं ओर परकोटे की दीवार के सामने एक सुन्दर शिव मंदिर बना है । लगभग पौने चार सौ वर्ष पुराने इस मंदिर की स्थापत्य नागर शैली की है । ऊंची जगती पर निर्मित इस मंदिर का मण्डप, अर्द्धमण्डप एवं शिखर कलात्मक है । इस मंदिर के निर्माण में मध्ययुगीन राजपूत कला का प्रभाव दिखाई पड़ता है। गर्भगृह में शिवलिंग बना है । दुर्ग से कुछ दूरी पर एक आकर्षक बावड़ी बनी है । दुर्ग के भीतर एक कुँआ है । बावड़ी के पास ही एक छत्री बनी है जो बेगूं के शासक के खिलाफ युद्ध में वीरगति को प्राप्त हुए ठा. सुन्दरसेन की है। वर्तमान में बावल दुर्ग एवं महल बहुत अच्छी स्थिति में है । शासन की उपेक्षा के बावजूद इस दुर्ग का सामरिक व राजनीतिक महत्व इसे नीमच जिले के श्रेष्ठ दुर्गों में महत्वपूर्ण स्थान प्रदान करता है ।[२५]

रतनगढ़ दुर्ग - रतनगढ़ वर्तमान में मध्यप्रदेश के नीमच जिले में अरावली की हरी-भरी श्रेणियों में स्थित है। नीमच से इसकी दूरी ५८ कि.मी. है । इस दुर्ग के इतिहास संबंधी विस्तृत जानकारी का अभाव है । वि.सं. १४११ ई. (१३५४ ई.) में हाड़ा वंशीय सरदार रतनसिंह ने इस दुर्ग का निर्माण करवाया था ।[२६] दुर्ग की तलहटी में रतनगढ़ गाँव बसा है । ऐसी मान्यता है कि सन् १४७४ ई. में इस गाँव को बसाया गया था ।[२७] यह क्षेत्र नीमच परिसर के अन्तर्गत था।[२८] अतः नीमच के साथ ही रतनगढ़ भी मेवाड़ के अधिपत्य में था ।

महाराणा उदयसिंह के पुत्र सगर ने मुगल सम्राट अकबर के समय शाही सेवा स्वीकार की ।[२९] सम्राट जहाँगीर के शासनकाल में में उसे चित्तौड़ का राज्य तथा राणा की उपाधि प्रदान की गई ।[३०] इस प्रकार रतनगढ़ का क्षेत्र राणा सगर के माध्यम से मुगल अधिपत्य में आ गया । सगर ने चित्तौड़ पर नए उमराव व सरदार बनाने शुरू किए। तब उसने महाराणा उदयसिंह के पुत्र शक्तिसिंह के पोते एवं अचलदास के पुत्र नारायणदास को ८४ गाँव सहित बेंगू एवं ८४ गाँव सहित रतनगढ़ की जागीर प्रदान की ।[३१] आगे चलकर महाराणा और मुगल बादशाह जहांगीर के मध्य

25. डॉ. विनय श्रीवास्तव के मेजर रिसर्च प्रोजेक्ट के अन्तर्गत सर्वेक्षण रिपोर्ट निष्कर्ष ।

26. विमलकुमार गांधी, नीमच परिसर..., जाजू स्मृति ग्रंथ, पु.खण्ड, पृ-14 ।

27. सं. डॉ. रघुवीरसिंह, वीर विनोद, पृ-441 । **28.** सं. डॉ. रघुवीरसिंह, वीर विनोद, पृ-442, 444।

29. सं. डॉ. रघुवीरसिंह, वीर विनोद, पृ-446, ओझा, उदयपुर राज्य का इतिहास, 2 पृ-503 ।

30. सं. डॉ. रघुवीरसिंह, वीर विनोद, पृ-441-65 ।

31. सं. डॉ. रघुवीरसिंह, वीर विनोद, पृ-447 ।

समझौता हो गया ।[३२] तब सगर ने चित्तौड़ पर अधिकार छोड़ दिया [३३] तथा वहां महाराणा अमरसिंह का अधिकार हो गया । परन्तु नारायणदास अचलदास ने बेंगू और रतनगढ़ का अधिकार नहीं छोड़ा । तब महाराणा अमरसिंह के पुत्र कर्णसिंह ने मेघसिंह गोइन्ददासोत चुण्डावत को उसे निकालने बेजा । मेघसिंह के समझाने से नारायणदास ने ये क्षेत्र खाली कर दिए ।[३४] इस प्रकार रतनगढ़ पर पुनः मेवाड़ महाराणा का अधिकार हो गया ।

उधर मुगलकाल में इस क्षेत्र पर भी मराठों का प्रभुत्व बढ़ रहा था । अत: १७४१ ई. के लगभग शाही इलाके में हस्तक्षेप न करने की शर्त पर मुगल सम्राट मुहम्मद शाह ने अन्य क्षेत्रों के साथ ही मालवा के प्रशासनिक अधिकार भी मराठों को सौंप दिए ।[३५] परन्तु यह क्षेत्र मेवाड़ के अधिकार में ही रहा । अन्त में महाराणा अरिसिंह के समय हुई मेवाड़-मराठा संधि के परिणामस्वरूप यह क्षेत्र मराठों के अधीन हो गया ।[३६] १९ वीं शताब्दी के पूर्वार्द्ध में इस क्षेत्र पर अंग्रेजों का वर्चस्व बढ़ने लगा। इसी वर्चस्व के बढ़ने के कारण जनवरी १३, १८४४ ई. में अंग्रेजों एवं मराठों के मध्य महाराजपुर की लड़ाई हुई, इसमें सिंधिया की हार हुई ।[३७] तब ग्वालियर राज्य में ब्रिटिश सेना रखने के बदले १८ लाख की आय वाला क्षेत्र अंग्रेजों को दे दिया गया । इनमें से रतनगढ़ भी था ।[३८] आगे चलकर १८५७ ई. के स्वतंत्रता संग्राम में सिंधिया ने मराठों को सौंप दिया ।[३९] अतः रतनगढ़ के ग्वालियर स्टेट में रहने के संकेत भी मिलते हैं ।

रतनगढ़ कस्बे में सिंगोली जाने वाले मार्ग पर रतनगढ़ दुर्ग स्थित है । यह दुर्ग कस्बे से लगभग ११०० फीट ऊँचाई पर स्थित है । अतः वहाँ पहुँचने के लिये गांव से जो रास्ता जाता है वह १४ खतरनाक मोड से होकर ऊपर जाता है । इसे घाटा कहा जाता है । रतनगढ़ सिंगोली मार्ग से पश्चिम की ओर एक कच्चा रास्ता है । इस रास्ते पर आगे चलकर उत्तर दिशा में दुर्ग का मुख्य द्वार है जो क्षतिग्रस्त है । प्रवेश करने पर

32. ओझा उदयपुर राज्य का इति. भाग 1, पृ. 504, वीर विनोद, पृ-447-75 ।
33. जाजू स्मृति ग्रन्थ, पुरातत्व खण्ड, पृ -37 ।
34. डॉ. क़े.एस.गुप्त, मेवाड एण्ड द मराठा रिलेशन्स, पृ-102, वीर विनोद भाग 2, पृ-1559-1562 ।
35. ट्रीटिज एंगेजमेट एण्ड द सनद 5, 342-343, 414-421 ।
36. ट्रीजिट, 5, पृ- 342, 343, 414-421, नं. 11, पृ.-422-27 ।
37. डॉ. राणावत मन्दसौर जिला अतीत एवं वर्तमान, पृ-59 ।
38. डॉ. राणावत मन्दसौर जिला अतीत एवं वर्तमान, पृ-60 ।
39. डॉ. विनयश्रीवास्तव के मेजर रिसर्च प्रोजेक्ट के अन्तर्गत सर्वेक्षण रिपोर्ट निष्कर्ष ।

पश्चिमोत्तर सीमा पर हनुमानजी का चबूतरा है । इस चबूतरे के पश्चिम में एक कुआँ है तथा इसके पश्चिम में एक दरगाह है । प्रवेश द्वार की पूर्वी सीमा में कुछ खण्डहरों के अवशेष हैं जिन्हे देखकर यह अनुमान लगाया जा सकता है कि संभवतः यहाँ पाएगा थी । खण्डहरों के समीप ही कुछ खण्डहर तथा पानी के दो होद बने हैं । एक दुर्ग का बाहरी हिस्सा है । यहाँ पर लगभग १५ फीट गहरी खाई बनी हुई है । दुर्ग चारों ओर से प्राचीर से घिरा हुआ है । पूर्वी प्राचीर में दो बुर्ज बने हैं । दुर्ग की दक्षिणी प्राचीर में एक विशाल बुर्ज है । इसमें छोटी-छोटी तीन कोटड़ियाँ बनी है । इसका प्रवेश द्वार पश्चिम की ओर बना है । इस दुर्ग के पश्चिम में दुर्ग का आपातकालीन द्वार है जो दुर्ग के दक्षिण में ढालान की तरफ खुलता है। इसके अतिरिक्त दक्षिणी परकोटे में तीन बुर्ज और हैं । इन पर चढ़ने के लिये ढलुआ रास्ते हैं । इसी प्रकार दुर्ग के पश्चिमी परकोटे में भी चार बुर्ज बने है । इन पर चढ़ने के लिये भी ढलुआ रास्ते बने है । परकोटे पर चढ़ने के लिये सीढ़ियाँ बनी है ।

मुख्य द्वार से दक्षिण में दक्षिणी प्राचीर से लगभग २० फीट उत्तर में एक महल के अवशेष हैं । इन अवशेषों के दक्षिण पश्चिम में एक बड़ा चबूतरा है जिस पर छः गोलाकार कुण्ड बने हैं, जो लगभग दस फीट गहरे हैं, तथा अन्दर से पक्के बने हैं । संभवतः यह अनाज भण्डार गृह के रूप में काम आते होंगे । महल के अवशेषों के उत्तर में लगभग २० x २० वर्ग फीट का एक पक्का होद और बना है , जिसके पश्चिम में एक नाली भी है तथा इससे लगा एक छोटा गोलाकार होद है । पश्चिमी प्राचीर से लगा हुआ पूर्व दिशा की ओर एक मन्दिर है । मन्दिर में एक चबूतरा है, जिस पर एक प्रतिमा स्थापित है । प्रतिमा के नीचे लेख हैं । मन्दिर के दक्षिण पूर्व में महल के कुछ खण्डहर और विद्यमान है । इन खण्डहरों से लगा हुआ ७०x ७० फीट का वर्गाकार तथा इतना ही गहरा दो खण्डों में विभाजित एक होद है । होद में उतरने के लिये दक्षिण की ओर रास्ता है ।[४०]

वर्तमान में दुर्ग खण्डहरावस्था में है, किन्तु यह दुर्ग आज भी अपना आकर्षण बनाए हुए है । सुरक्षा की दृष्टि से अजेय तथा अभेद्य इस दुर्ग में सभी विशेषताएँ विद्यमान हैं । दुर्ग के बाहर तीन ओर खाई तथा एक ओर ढालान है । खाइयों में युद्ध के समय पानी भरकर जल जन्तु छोड़कर दुर्ग की रक्षा की जाती होगी । दुर्ग के अन्दर अनाज भण्डार, गृह, जल व्यवस्था, शस्त्रागार, घोड़ों के लिये पाएगा, सुरक्षाकर्मियों के लिये आवास व्यवस्था तथा अन्य आवश्यक सुविधाएँ पर्याप्त मात्रा में की जा सके इसकी व्यवस्था थी । अगर दुर्ग की घेराबन्दी अधिक समय तक चलती रहे तो भी

40. चन्द्रभूषण त्रिवेदी, दशपुर, पृ-94-5 ।

पर्याप्त मात्रा में आवश्यक सामग्री का भण्डार हो सके इस बात को ध्यान में रखकर ही उपर्युक्त दुर्ग का निर्माण किया गया था।

यह दुर्ग मध्यकाल में निर्मित होने के बावजूद मध्यकालीन स्थापत्य की मूल विशेषताओं से वंचित है। उपयोगितावाद के सिद्धांत पर निर्मित इस दुर्ग की स्थापत्य शैली अत्यंत साधारण किस्म की है। उसमें न तो हिन्दू मुस्लिम स्थापत्य का प्रभाव ही देखा जा सकता है और न ही विशुद्ध राजपूत शैली का।[४१]

नवतोरण मंदिर, खोर - नीमच से लगभग २० कि.मी. दूर खोर नामक स्थान में नवतोरण मंदिर के नाम से एक विशाल विख्यात मंदिर है। अजमेर-खण्डवा रेल्वे लाइन पर जावद रोड़ रेल्वे स्टेशन से लगभग ७ कि.मी. की दूरी पर पश्चिम की ओर यह मन्दिर स्थित है। वास्तुकला की दृष्टि से यह देवालय गुहिल वंशीय राजपूतों की कला का अनुपम उदाहरण हैं। मंदिर का द्वार पूर्वभिमुख है जिसका प्रवेश अर्द्धमण्डप द्वारा होता था। अर्द्धमण्डप, महामण्डप एवं गर्भगृह एक ही में संलग्न हैं। गर्भगृह में शिवलिंग योनिपट्ट पर स्थित है। गर्भगृह प्रदक्षिणा पथ रहित है। इसका बाह्य भाग पंचरथ है अथवा अन्तर्भाग आयताकार है। महामण्डप के मध्य में वर्गाकार तोरणों से युक्त मण्डप है। यहाँ एक वाराह प्रतिमा है जो अत्यन्त सुन्दर है।[४२]

उर्ध्व विन्यास - यह जगती पर स्थित है। खुर भाग में सादे संघााट रत्न अलंकरण तथा सलिलान्तर है। जंघाभाग खुला है तथा अब केवल जालक अलंकरण ही शेष है। महामण्डप के अन्तर्गत मण्डप में उत्तर से दक्षिण तक एवं पूर्व से पश्चिम मकरमुखी तोरण द्वार युक्त केन्द्र में गुम्फित है। तोरण स्तंभ का उद्‌गम खड़े सिंह के ऊपर हैं। प्रत्येक स्तंभ पत्रलता एवं अन्य ज्यामितिक अलंकरणों से सुसज्जित है। मुख्य द्वार पर आकर्षण तोरण है जिसका उद्‌गम मुख्य स्तंभ के मध्य निहित है। स्तंभ के दण्डभाग में अलंकृत बंधन है जिनके शीर्ष भाग में घुड़ियों पर कीचक विराजमान है। मंदिर का मूल शिखर एवं मण्डप का भाग भग्न है। मुखमण्डप के दोनों ओर भूतकक्ष तथा कक्षासन है। महामण्डप में प्रवेश हेतु उत्तर एवं दक्षिण दिशा सोपान मार्ग से युक्त था। इस देवालय में अनेक देवी देवताओं की मूर्तियाँ हैं। इसका काल लगभग ११ वीं शताब्दी है।[४३]

मकनगंज देवालय - मकनगंज देवालय नीमच के निकट स्थित है। यह लगभग ७ वीं शताब्दी का है। देवालय ७.४० X ६.६२ मीटर आकार का है। यह

41. डॉ. विनय श्रीवास्तव के मेजर रिसर्च प्रोजेक्ट के अन्तर्गत किए गए सर्वेक्षण रिपोर्ट एवं निष्कर्ष।
42. शर्मा, आर.के., मध्यप्रदेश के पुरातत्व का संदर्भ ग्रन्थ, पृ-338।
43. गर्दे, एम.बी. ग्वालियर राज्य का पुरातत्व प्रतिवेदन, पृ-19-20।

पूर्वाभिमुख है एवं आयताकार है, किन्तु इसका गर्भगृह वर्गाकार है । गर्भगृह में जो चतुर्मुखी लिंग प्रतिष्ठित था, वहसम्प्रति चित्तौड़ जिले के बरदूनी में विद्यमान है ।[४४] वास्तुकला की दृष्टि से यह देवालय अत्यंत महत्वपूर्ण है । यह प्रतिहार वास्तुकला का उत्कृष्ट उदाहरण है। इस मंदिर की प्राचीनता की पुष्टि इसके अंदर लगे अभिलेख से होती है जिसमें दत्तसिंह एवं उसके पुत्र गोपसिंह का उल्लेख है । लेख जीर्णावस्था में है एवं उसका कुछ अंश ही सुपाठ्य है ।[४५] डॉ. गर्दे का मत है कि मंदिर की मूलछत (पिरामिडी) आकार की धर्मराजेश्वर के सदृश थी । प्रत्येक भूमि चैत्य जालक एवं लघु शिखर से अलंकृत थी। इस देवालय के अधिष्ठान भाग में दो खुर संधाट अन्तरपत्र सहित हैं । जंघा भाग के पृष्ठ एवं दोनों पार्श्वों में उदगम अभिप्राय चैत्य जालक युक्त त्रिकोणिका अलंकरण प्रतिहार शैली की मुख्य विशेषता है । जंघा के उपरिभाग में कपोतवलि (भरणी) है । यह सपक्षसिंह, सिंहमुख, पद्म एवं हंस-विहग से अलंकृत है । गर्भगृह तथा मुखमंडप की छत एकाश्म है । मुख मंडप में दो अष्टकोणिक स्तंभ है, जिनके शीर्षभाग में घटवल्लव एवं आमलक अलंकरण है । इन स्तंभों पर क्रूसाकार ब्रेकिट वेष्टित है जिन पर धन्नी रखी है ।[४६]

सुखानन्द, जावद - नीमच से लगभग ३५ कि.मी. जावद तहसील में सुखानन्द नामक अत्यंत रमणीक स्थल है। यहां १२ वीं शताब्दी का एक शिव मंदिर है । इस मंदिर के मण्डप के स्तंभ पर एक अभिलेख है । समीप ही गुफा के पास एक शिला पर भी एक अभिलेख है । संभवतः इसे गुहिल वंशी शासकों ने बनवाया था। मंदिर एक पहाड़ी से घिरा हुआ है। मण्डप के ऊपर एक गुम्बद है । स्तंभों पर मूर्तियां बनी हुई हैं । अंदर गर्भगृह एक गुफा में है जो आयताकार है एवं काफी विशाल है । इस गुफा में शिवलिंग स्थापित है । शिवलिंग के ऊपर एक मण्डप बना हुआ है। मंदिर के समीप ही एक गुफा है जिसमें जल भरा हुआ है । पहाड़ों की गुप्त शिराओं से पानी रिसकर इसमें जल भरता है । यह। ६० फीट की ऊंचाई से पानी गिरता है । ग्वालियर नरेश ने यहां बायजा बाई का मंदिर बनाया था।[४७]

देहपुरा चांदेडा - रतनगढ़ से आजेरी गरवाडा जाने वाले मार्ग के मध्य देहपुरा ग्राम के समीप स्थत है । ग्राम के समीप एक कि.मी. दूर गुजाल नदी के किनारे चांदेडा ग्राम के समीप वृताकार पक्की ईटों के अवशेष प्राप्त हुए हैं । ग्रामवासियों के

44. चन्द्रभूषण त्रिवेदी, दशपुर, पृ-9 ।
45. डॉ. विनय श्रीवास्तव, बरूखेड़ा के मन्दिरों का सांस्कृतिक महत्व, रिसर्च लिंक, पृ- ।
46. डॉ. विनय श्रीवास्तव के मेजर रिसर्च प्रोजेक्ट के अन्तर्गत किया गया सर्वेक्षण, रिपोर्ट एवं निष्कर्ष ।
47. डॉ. विनय श्रीवास्तव के मेजर रिसर्च प्रोजेक्ट के अन्तर्गत किया गया सर्वेक्षण, रिपोर्ट एवं निष्कर्ष ।

अनुसार बहुत प्राचीन समय में देहपुर ग्राम यही स्थित था । इस स्थान से आधा कि.मी. दूर गुजाल व वरई नदी के सगम पर १८ वीं शताब्दी का महादेव मन्दिर है । इस मन्दिर के सामने १८ वीं शताब्दी का स्तम्भावशेष है । स्तम्भ के चारों ओर विभिन्न आकृतियां उत्कीर्ण है । यह स्तम्भ ५५x२० से.मी. का है । प्रथम आकृति में एक स्त्री लेटी है, तीन सेविकाएं खड़ी है । दूसरी आकृति में एक स्त्री बैठी व एक स्त्री खड़ी है। तीसरी आकृति में एक पुरुष खड़ा है, उसके समीप एक स्त्री धर लिये खड़ी है तथा इसके पीछे पुनः एक स्त्री का अंकन है । चौथी आकृति मध्य में स्त्री घोड़े पर सवार भाला लिये दर्शायी गयी है । ऊपर छत्र है । देवपुर ग्राम के समीप गुंजाल नदी के किनारे प्राचीन सती के अवशेष है जो नदी के किनारे प्राचीन बस्ती के अवशेष है। जो नदी के किनारों के कटाव के कारण स्पष्ट दिखाई देते है । यहां से सर्वेक्षण के समय लाल, काले पात्रावशेष (खुरदरे) प्राप्त हुए है ।[४८]

जावद – जावद इसी नाम की तहसील का मुख्यालय है । यहां पर खोर रोड पर एक चबूतरे पर देवी मर्हिष मर्दिनी की भग्न प्रतिमा रखी है, प्रतिमा ८८x८५x१५ से.मी. आकार की है, रथिका बिम्ब के मध्य महिष मर्दिनी की प्रतिमा उत्कीर्ण है । प्रतिमा चतुर्भुजी है, दो हाथ भग्न है, दो हाथों में क्रमशः ढाल, व खड्ग है । प्रतिमा के दोनों ओर दो लघु स्तम्भ उत्कीर्ण है । देवी के समीप एक अस्पष्ट प्रतिमा बनी है। जो भग्न अवस्था में है, प्रतिमा के ऊपर चैत्य अलंकरण है । जावद से प्राप्त पांच प्रतिमायें यशोधर्मन संग्रहलाय मन्दसौर में सुरक्षित है । जिनमें प्रथम जैन तीर्थंकर की प्रतिमा (स.क्र. २९६) २८x३१x१७ से.मी. आकार की प्रतिमा संगमरमर पत्थर पर निर्मित लगभग १५ वीं शती ईस्वी की है । दूसरी भैरव प्रतिमा (स.क्र. ४१७) ५२x३६x१४ से.मी. आकार की बलुआ पत्थर पर निर्मित प्रतिमा लगभग १३ वीं शती ई. की है। तृतीय हर गौरी प्रतिमा (स.क्र. ४२७) ५७x३३x१७ से.मी. आकार की बलुआ पत्थर पर निर्मित लगभघ १३ वीं शती ई. की है । चतुर्थ प्रतिमा परिकट खण्ड (सं.क्र. ४२८) ३६x१३x१५ से.मी. आकार की बलुआ पत्थर पर निर्मित लगभग १२ वीं शती ई. की है । पंचम शाल मंजिका प्रतिमा का मस्तक (सं.क्र. ४२९) १६x१८x१२ से.मी. आकार की बलुआ पत्थर पर निर्मित प्रतिमा लगभग ११ वीं शती ई. की है । [४९]

बरकेन – यह रतनगढ़ डीकेन मार्ग पर चार कि.मी. दूर मुख्य मार्ग से पश्चिम की ओर दो कि.मी. दूर स्थित है । बरकेन ग्राम के समीप में बरकेन माताजी

48. डॉ. विनय श्रीवास्तव के मेजर रिसर्च प्रोजेक्ट के अन्तर्गत किया गया सर्वेक्षण, रिपोर्ट एवं निष्कर्ष।
49. स्वयं के द्वारा किया गया सर्वेक्षण ।

का मन्दिर स्थित है । मन्दिर पूर्णतः आधुनिक है । किन्तु मन्दिर के गर्भगृह में परमारकालीन महिष मर्दिनी प्रतिमा रखी है । प्रथम मर्दिनी प्रतिमा ऊपर भुजी है पूर्णतः अस्पष्ट है। प्रतिमा का आकार ७०x४०x१० से.मी. है । द्वितीय महिष मर्दिनी प्रतिमा अस्पष्ट है। प्रतिमा का आकार ६५x४०x१५ से.मी. है । [५०]

लालगंज - सिंगोली से तिलस्वा महादेव जाने वाले मार्ग पर तिलस्वा महादेव घाट प्रारम्भ होने पर लगभग एक कि.मी. दूर जाने के पश्चात पहाड़ से नीचे उतरकर उत्तर दिशा की ओर सिंगोली से १७ कि.मी. दूर तथा पहाड़ से उतरकर करीब ६ कि.मी. पैदल चलने पर मालादेवी का मन्दिर है । यरह स्थान लालगंज ग्राम के समीप स्थित है । यह लालगंज से एक कि.मी. उत्तर दिशा में स्थित है । मन्दिर पूर्णतः आधुनिककाल का है । इसमन्दिर में ६ व ७ वीं शताब्दी की गजाभिषेक लक्ष्मी की प्रतिमा गर्भगृह में स्थापित है । जो मालादेवी के नाम से विख्यात है, माला अर्थात मालयोन जगल । यह चोर डाकुओं व लुटेरों की देवी कही जाती है ।[५१]

गजाभिषेक लक्ष्मी की प्रतिमा ११०x६०x२८ से.मी. आकार की ६ टी ७ वीं शताब्दी की अत्यन्त भव्य है । जिसे ग्रामवासी मालादेवी के नाम से जानते है । अपने युग की प्रतिनिधि प्रतिमा है । प्रतिमा के वितान पर हार लिये हाथियों का अंकन है, जो देवी का जल से अभिषेक कर रहे है । उसके नीचे पुनः दो हाथियों का अंकन है। प्रतिमा के दाहिने ओर मकर वाहिनी गंगा व बायी ओर कूर्म वाहिनी यमुना का अंकन है । दोनों नदी पूर्ण अलंकृत त्रिभंग मुद्रा में अपनी सूड से लेते दर्शाये गये है । मानों वे दोनों हाथी भी गंगा यमुना जल देवी का अभिषेक करने की तैयारी कर रहे है, अथवा शीर्ष पर स्थित हाथियों को जल का घर देना चाह रहे हो । जिसमें देवी का अभिषेक हो सके । मध्य में सनाल पदम पर वीरासन मुद्रा में देवी प्रतिमा बैठी दर्शायी गयी है, जो पूर्ण अलंकृत है । जटा मुकुट अत्यन्त सुन्दर है, जो अलंकृत पट्टिका से बंधा दर्शाया गया है, कर्ण कुण्डल, कंठहार, केयूर, स्तन सूत्र आदि से अलंकृत है । द्विभुजी प्रतिमा के दाहिने हाथ में सनाल पद्म व बाया हाथ अस्पष्ट है । देवी कुंचित केश राशि दर्शायी गयी है । प्रभामण्डल अलंकृत है । पदम पकड़े दोनों ओर आयुध पुरुषों का अंकन है । मध्य में ललितासन में बैठे दो नाग युगल सनाल पदम की नाल पकड़े हुये है । जिस पर देवी आसनस्त है ।

नयागांव - जिला मुख्यालय नीमच से १२ कि.मी. दूरी पर चित्तौड़गढ़ मार्ग पर नयागांव स्थित है । यहां आने जाने के लिये बस सेवा उपलब्ध है । नयागांव

50. डॉ. विनय श्रीवास्तव के मेजर रिसर्च प्रोजेक्ट के अन्तर्गत किया गया सर्वेक्षण, रिपोर्ट एवं निष्कर्ष।
51. स्वयं के द्वारा किया गया सर्वेक्षण ।

से एक कि.मी. पूर्व की ओर जावद रोड पर ढाबा माता मन्दिर स्थित है । यह मन्दिर मूलतः दसवी शताब्दी ई. का था, जिनके ध्वस्त होने पर लगभग १८ वी शती ईश्वी में जीर्णोद्वार किया गया । मन्दिर सक्रिय पूजा में है, इसनमें सम्पन्न कराये गये नवीनीकरण कार्य से प्राचीनता लुप्त प्रायः हो रही है । मन्दिर की योजना में गर्भगृह, अन्तराल, मण्डप एवं मुख मण्डप है । गर्भगृह वर्गाकार है, देव कक्षासन में तीन देवी प्रतिमाएं स्थाति है । मन्दिर का प्रवेश द्वारा अलंकृत है । पेन्ट से पुता होने के कारण स्पष्ट नहीं है । मन्दिर के गर्भगृह की तीनों प्रतिमाएं लगभग १० वीं ११ वीं शती ई. की प्रतीत होती है । इसमें महिष मर्दिनी सिंह वाहिनी एवं चामुण्डा की प्रतिमायें प्रतीत होती । इन पर सिंदूर की मोटी पर्त जमा है । गर्भगृह का वितान घण्टानुमा है, भित्तियों पर आधुनिक सफेद टाईल्स लगा दिये गये है ।[५२]

अन्तराल के दोनों ओर गवाक्ष है, किन्तु इसमें कोई भी प्रतिमा नहीं है । नीचे रानी आधुनिक प्रतिमाओं में राम कृष्ण परमहंस साईबाबा की है। अन्तराल की भित्तियों पर भी नवीनीकरण हो चुका है । मण्डप स्तम्भों पर आधारित है । बीस स्तम्भों की संरचना है, इनका वितान ज्यामितीय स्वरूप में परस्पर वर्ग कटे हुए है । वितान एवं मण्डप के मध्य के अष्टकोणी व चौकार स्तम्भ १८ वीं शती ई. के निर्मित प्रतीत होते है । मन्दिर के ब्राह्य विन्यास से अधिष्ठान के वेदिबंध के संघाट प्राचीन है, इन्हीं प्राचीन स्थापत्य खण्डों को जोड़कर जीर्णोद्वार किया गया । कुछ शिल्पखण्ड शैव एवं वैष्णव सम्प्रदाय से संबंधित है, जो मन्दिर परिसर के गवाक्षों से संलग्न है। मन्दिर परिसर में चारों ओर अन्य नवीन संरचनायें है, जो मन्दिर के नवीनीकरण के समय बनाई गई ।

उक्त मन्दिर से संलग्न अवशेषों से प्रतीत होते है कि मूल मन्दिर लगभग १० वीं शती ई. में बना और उसका संवर्धन १२ वीं १३ वीं शती ई. में किया गया, लगभग १४ वीं १५ वीं शताब्दी में मन्दिर के ध्वस्त होने पर जीर्णोद्वार लगभग १८ वीं शताब्दी में किया गया । यद्यपि मन्दिर में कोई भी अभिलेखीय साक्ष्य नहीं है, किन्तु शैलीगत आधार पर उक्तानुसार निर्माण प्रतीत होते है । मन्दिर के बाहर एक बावड़ी है । इस बावड़ी में पश्चिम की ओर सीढ़िया बनी हुई है । बावडी मूलतः प्राचीन है । किन्तु जीर्णोद्धार परवर्ती काल में दिखाया गया । बावड़ी से उत्तर में एक प्राचीन शिवलिंग एवं जलाधारी विद्यमान है ।

खोर के प्राचीन मन्दिर -

देवली (शिव) मन्दिर - खोर गांव के पूर्व में नई आबादी राठौर मार्ग

52. स्वयं के द्वारा किया गया सर्वेक्षण ।

पर लगभग ११ वीं १२ वीं शती ईसवी का निर्मित देवली (शिव) मन्दिर स्थित है। यह मन्दिर ध्वस्थ अवस्था में यह विशाल देवालय रहा होगा। पश्चिमाभिमुखी मन्दिर तल विन्यास में गर्भगृह, अन्तराल, मण्डप एवं मुख मण्डप है, ऊर्ध्व विन्यास में जगति के ऊपर वेदिबंध पर कुमभ सुरक्षित है, पंचरथी योजनाके भूमिज शैली के चतुरथ प्रकार का यह मन्दिर बड़ा ही भव्य रहा होगा। प्रत्येक रथ के बंधन भाग को सूर सेवक गवाक्ष में प्रतिमा का शिल्पांकन था, इसमें से एक शिवनटराज की प्रतिमा मालवा में विद्यमान है, अष्ट भुजी नरेश के घुटने से नीचे के पैर एवं सभी हाथ भग्न है। केवल एक हाथ में डमरू सुरक्षित है। शिव जटा मुकुट, नाग कुण्डल, मुक्ताहार, कण्ठाहार, यज्ञोपवीत, वनमाला, कटि मेखला से सुरक्षित है। बाये नीचे पार्श्वचरों में मृदगवादक थे, जो भग्न है। गर्भगृह का वितान भाग सिरदल त्रिशाखा द्वार शाखा तथा स्थान पड़ी हुई है। शिव की भुजाओं में दक्षिण अर्धःक्रम में शित्रूल, नाग एवं कमण्डल है, नीचे दायी भुजा भग्न है। शिव जटा मुकुट, कुण्डल, हार, बलय, नूपर व वनमाला धारण किये हैं, दोनों और नाकियायें, द्विभंग में अंकित है, बायी द्वार शाखा पर भी स्तम्भ युक्त गवाक्ष के मध्य में शिव द्वारपाल अंकित है। सभी आभूषणों से अलंकृत शिव के दोनों ओर परिचारिकाओं का आलेखन है।

गर्भगृह के ललाट बिम्ब में अंकित गणेश भग्न प्राय है। बायी ओर देवी लक्ष्मी का आलेखन है। गर्भगृह के वितान में विकसित पदम का आलेखन है। मुखमुण्डल में दो स्तम्भ अवाशिष्ट है। इन पर प्रस्तर धरिणिकायें रखी हुई है। स्तम्भ शीर्षों पर भारवाही कीचकों का आलेखन है, कीचक केश, कुण्डल, हार, बलय धारण किये हैं। मण्डप चार स्तम्भरों पर आधारित था, जो भग्न प्रायः है, दोनों ओर आधे स्तम्भों तक कक्षासन बने हुए है। मन्दिर का मलवा यथा स्थान सुरक्षित है, मलवा सफाई के बाद मन्दिर का वास्तु विन्यास स्पष्ट हो सकता है।[५३]

लाखा (तोरण) मन्दिर - यह प्राचीन मन्दिर लाखा (तोरण) की बावड़ी के निकट स्थित है। मन्दिर पूर्वाभिमुखी है, व इसका तल विन्यास व गर्भगृह है, जिसके सामने मण्डप रहा होगा। ऊर्ध्व विन्यास में अधिष्ठान मोल्डिग एंव जंघा भाग है। गर्भगृह स्तम्भों पर आधारित है, जिसकी छत उल्टे कमल फूलों से अलंकृत है, मन्दिर का जघा भाग विविध प्रकार के अलंकरणोंसे अलंकृत है, मन्दिर का जंघा भाग विविध प्रकार के अलंकरणों से अलंकृत है, इस मन्दिर के अवशेष इसके पास ही बिखरे पड़े है। मन्दिर के पास रखे सिरदल पर सव्य ललितासन में शिव अंकित है, जिसकी भुजाओं में अक्षमाला, त्रिशूल, सर्प एवं कमण्डलु है। बायी ओर विष्णु

53. डॉ. विनय श्रीवास्तव के मेजर रिसर्च प्रोजेक्ट के अन्तर्गत किया गया सर्वेक्षण, रिपोर्ट एवं निष्कर्ष।

के चतुर्विशति स्वरूप में विविक्रम अंकित है, जो भुजाओं में दक्षिणधः क्रम से अक्षमाला, गदा, चक्र एवं शंख धारण किये हुए है व पारम्परिक आभूषण पहने हुए है । अग्नि पुराण, पदमपुराण, धर्म सिन्धु तथा अभिलाषितार्थ चिन्ता मणि से त्रिविक्रम का आयुध क्रम पदम, गदा, चक्र एवं शंख बताया गया है । इस प्रतिमा के पदम के स्थान पर अक्षमाला का उल्लेख है । मंदिर के पास शिव की समभंग स्थानक प्रतिमा रखी है, जिसकी नीचे की दोनों भुजाएं नग्न है । ऊपरी दायी भुजा में त्रिशूल एवं बायी ऊपरी भुजा में सर्प है, देव जटा मुकुट एवं पारम्परिक आभूषण पहने है । पास ही शिव की दूसरी प्रतिमा पदमासन में बैठी हुई है। भुजाओं में दक्षिणाधः क्रम से अक्षमाला, गदा, चक्र एवं शंख है, देव किरीट मुकुट, चक्र कुण्डल, हार, केयूर, बलय, यज्ञोपवीत, मेखला एवं नूपर पहने है । दोनों ओर परिचारिकाएं खड़ी हुई है । इसके अलावा यहां अनेक स्थापत्य खण्ड एवं प्रतिमायें बिखरी पड़ी है, यह मन्दिरशिव को अर्पित था और लगभग ११ वीं शती ई. का है ।[५४]

भोवारा मन्दिर – भोंवारा का यह मंदिर खोर गांव के बाहर जावद मार्ग पर बायी ओर स्थित है । मंदिर पूर्वाभिमुख है । तल विन्यास में गर्भगृह, अन्तराल, विशाल मण्डप, मुख मण्डप में विभाजित किया गया है । मंदिर अवशेषों में मात्र वेदिबंध के कुछ भाग अवशिष्ट है, किन्तु योजना स्पष्ट है, वेदिबंध के कुछ कुम्म भाग के वास्तु खण्ड गर्भगृह की भित्ति पर एवं नीचे चबूतरे पर विद्यमान है । अन्य भागों में जाड़य कुम्भ, कुम्भ, खुर, अधिष्ठान में बने है । कुम्भ भाग पर अर्द्धपदम बने है, यह मन्दिर वास्तुगत योजनापंचरथी वृतायत है । तारांकित भू–मिज शैली का प्रतीत होता है । राजनैतिक दृष्टि से यह भू भाग गुहिल शासकों के अधीन था, किन्तु मालव भूमि में परमार शासकों के संरक्षण में उदभूत भूमिज शैली का विस्तार १२ वीं १३ वीं शती ई. में राजस्थान एवं महाराष्ट्र में हो चुका था । खोर के सभी मन्दिरों की योजना भूमिज शैली की प्रतीत होती है ।

जगति के पीछे के भाग में तलघर बना है, जिसमें नीचे उतरने के लिये दोनों ओर सीढ़ियां बनी हुई है, इसमें स्तम्भों पर आधारित बरामद बना हुआ है। प्राचीन काल में इस प्रकार के तलघर बनाये जाने की परम्परा थी, जिसका प्रयोग मूर्तियां रखने एवं तपस्या के लिये किया जाता है, परन्तु इस तलघर के संबंध में कहा जाता है कि राधा नामक की नर्तकी सवामन तेल मशाल के पश्चात चित्तौड़गढ़ तक नहीं पहुंच सकी और उसे विवश होकर रास्ते ही लौटना पड़ा । यह मार्ग सैनिक महत्व का था किन्तु कालान्तर में बंद हो जाने के कारण केवल यह एक भय और कल्पना की वस्तु बन गयी गर्भगृह की बायी द्वार शाखा में भैरव का अंकन है । देव की ऊपरी

54. स्वयं के द्वारा किया गया सर्वेक्षण ।

दोनों भुजायें भग्न है, वे दायी नीचे की भुजा में दण्ड व बायी भुजा में कुत्ते की रास पकड़े है। नीचे बाई ओर कुत्ता (श्वान) खड़ा हुआ है। भैरव भग्न अवस्था में है। दायी ओर परिचारिक खड़ा हुआ है। ऊर्ध्व विन्यास में जगति एवं अधिष्ठान भाग की द्रष्टव्य है। जगति पर चारों ओर हंस के अंकन युक्त अलंकरण है। अधिष्ठान भाग पर अर्द्ध पुष्प, सिंह परों से अलंकरण है। इसके अलावा मन्दिर की मलवा सफाई में पूर्ण अलंकृत प्रतिमाएं प्राप्त हुई है। इनमें से कुछ प्रतिमाओं पर अंक यंत्र उत्कीर्ण है। इन प्रतिमाओं के अध्ययन से ज्ञात होता है कि यह मंदिर उपासन पद्धति में श्रीकुल परम्परा का मन्दिर है। इन अंक यंत्रों का अध्ययन किया जाना आवश्यक है। इन प्रतिमाओं में वैष्णवी, देवी प्रतिमा, ब्रह्माणी, कुबेर, सरस्वती, चक्रेश्वरी है। यहां रखी प्रतिमाओं में प्रत्येक के वाहन अलग-अलग है। जिसमें गुरुड़ वाहिनी एवं हंस वाहिनी देवी की प्रतिमाएं उल्लेखनीय है, इन प्रतिमाओं के अतिरिक्त युगल प्रतिमाएं है, जिनमें एक स्त्री के साथ पशु द्वारा किया जा रहा मैथुन विशेष उल्लेखनीय है। मन्दिर का निर्माण काल १२ वीं शती ई. का है।[५५]

जैन मन्दिर – यह जैन मन्दिर भोंवारा मंदिर के पार्श्व में बायीं ओर स्थित है। पूर्वाभिमुखी इस मंदिर का तल विन्यास में गर्भगृह है। बारह स्तम्भों पर आधारित महा मण्डप एवं ३२ स्तम्भों पर आधारित महामण्डप है। महामण्डप के दायें बाये तीन-तीन गर्भगृह है, जिनकी अलग-अलग देहरी द्रष्टव्य है। इसके बाद प्रवेश हेतु अर्धमण्डप है। ऊर्ध्व विन्यास में यह मंदिर जगति पर स्थित है। खुर भाग अलंकृत है। उसके ऊपर जंघा भाग आंशिक रूप से सुरक्षित है। महा मण्डप के बायी ओर वाले मध्य के लघु गर्भगृह में सोलहवें तीर्थंकर शांतिनाथ की प्रतिमा स्थापित है व जो मूल प्रतिमा रही होगी, पदमासन की ध्यानस्थ मुद्रा में अंकित तीर्थंकर के सिर पर कुन्तलित केश राशि लम्बे कर्ण चाप, वक्ष पर श्रीवत्स चिन्ह अंकित है, वितान में त्रिधत्र, दुन्दभिक एवं अभिषेक करते हुए गजराज, विद्याधर युगल, दोनों ओर एक एक कायोत्सर्ग में एक-एक पदमासन में तीर्थंकर प्रतिमाएं अंकित है। पादपीठ पर दोनों ओर विपरीत दिशा में मुख किये सिंह एवं गज व मध्य में चक्र का अंकन है। पादपीठ पर शांतिनाथ के प्रतीक उनके ध्वज लांछन दो हिरण मुंह से मुंह मिलाये बैठे है। पादपीठ पर दांये-बांये के पुरुष एव महा मानसी देवता के रूप में अंकित है। महामण्डप की दायी ओर मध्य के लघु गर्भगृह में पदमासन की ध्यानस्थ मुद्रा में अंकित तीर्थकर प्रतिमा के पैर वाला भाग ही सुरक्षित है। यद्यपि यह देवालय पूर्णतः खण्डित अवस्था में है, परन्तु भू-विन्यास को देखने से स्पष्ट होता है, कि यह मंदिर

55. डॉ. विनय श्रीवास्तव के मेजर रिसर्च प्रोजेक्ट के अन्तर्गत किया गया सर्वेक्षण, रिपोर्ट एवं निष्कर्ष।

पश्चिमी मालवा के विशालतम दिगम्बर जैन मंदिरों में से एक रहा होगा । तिथिक्रम की दृष्टि से मंदिर १२ वीं शती ई. का है ।[५६]

राई का आंगन मंदिर - खोर गांव के बाहर जावद रोड पर बायी ओर मंदिरों के भग्नावेष विद्यमान है, स्थानीय लोग इसे राई का आंगन कहते है । इस मंदिर के संबंध में किवदन्ती है कि यहां युवतियां गीत गाया करती थीं । उनके समय के वही गीत आज भी यहां की युवतियां द्वारा सुनने को मिलते हैं । पूर्वाभिमुखी मंदिर के इन अवशेषों में मंदिरों की तलछन्द योजना स्पष्ट है, इसमें गर्भगृह, अन्तराल, मण्डप एवं मुख मण्डप हैं, ऊर्ध्व विन्यास में कुछ भाग स्तम्भ आदि खड़े हुए है । भग्नावशेषों के मंदिरों के आमलक, कलश, वितान की विकसित पदम शिलायें, भारवाही कीचक, तोरण द्वार खण्ड आदि विद्यमान है । राई का आंगन परिसर में सात लघु मंदिर समूह की योजना प्रतीत होती है । मुख्य मंदिर के समीप एक निश्चित योजना में सहयोगी मंदिर एवं मठ की योजना थी, इन मंदिरों में से तीन पृष्ठ भाग में है, दो मूल मंदिर के पार्श्व में एवं सामने के दो मुख्य द्वार के पार्श्व में उकेरे गये है । ये मंदिोर पूर्णतः टूट चुके है । मुख्य मंदिर के दाये पार्श्व वाले मंदिर के मण्डप के स्तम्भ खड़े हुए हैं । मंदिर के खण्डहरों में विष्णु प्रतिमा का कमर से ऊपर वाला भाग रखा हुआ है । दायी भुजाओं में अक्षमाला व गदा है । बायी भुजायें भग्न हैं । देव किरीट मुकुट, कुण्डल, कण्ठहार व यज्ञोपवीत धारण किये है । बायी ओर खण्डित नायिका खड़ी है । यहां कई चतुर्भुजी कीचक प्रतिमायें विद्यमान है । इन प्रतिमाओं में दोनों हाथ भारवहन करते हुए दिखाया गया है, ये आभूषण धारण किये है । इस मंदिर का भू-विन्यास धर्म राजेश्वर मंदिर धमनार जिला मन्दसौर से मिलता जुलता है। इसका निर्माण काल ११ वीं शती ईस्वी का है । [५७]

अठाना मंदिर - यह मंदिर गांव के बाहर जावद मार्ग पर दायी ओर स्थित है । मंदिर पूर्णतः ध्वस्त हो जाने के कारण टीले के रूप में परिवर्तति हो गया है । ऐसा प्रतीत होता है कि, तल विन्यास में गर्भगृह एव मण्डप रहा होगा, जिसके अधिष्ठान का भाग आंशिक रूप से दृष्टिगोचर हो रहा है व सिंह पर स्पष्ट रूप से दिखाई दे रहे हैं । मंदिर के जंघा भाग के पाषाण, गर्भगृह की देहरी जिस पर कुबेर की प्रतिमा अंकित है । मंदिर की छत पर कमल पुष्प अलंकृत है, आमलक आदि अंग यहां बिखरे पड़े है। मलवा सफाई के पश्चात मंदिर का भू विन्यास एवं कुछ ऊर्ध्व विन्यास स्पष्ट हो सकता है एवं मंदिर की स्थापत्य शैली पर स्पष्ट प्रकाश पड़ सकता है। मंदिर के पीछे चितेले बावड़ी नामक प्रदिध बावड़ी है, जो मंदिर के समकालीन

56.स्वयं के द्वारा किया गया सर्वेक्षण ।
57. स्वयं के द्वारा किया गया सर्वेक्षण ।

है, इस बावड़ी के मूल स्वरूप की जानकारी के लिये इसकी सफाई आवश्यक है। मंदिर एवं बावड़ी का उल्लेख ग्वालियर राज्य की पुरातत्व रिपोर्ट १६१८-१६ में किया गया है। मंदिर लगभग ११ शती ई. का है।[५८]

विलैया बावड़ी मंदिर – खोर गांव के बाहर विक्रम सीमेन्ट फैक्ट्री के सामने जावद रोड पर बायी ओर विलैया बावड़ी नामक कूप है। इस प्राचीन कूप का उल्लेख ए.के. गर्दे ने ग्वालियर राज्य की पुरातत्वीय रिपोर्ट वर्ष १९१६-१८ में किया गया है। यह बावड़ी लगभग ११ वीं १२ वीं शती ई. की प्रतीत होती है। बावड़ी में बारहों माह पानी भरा रहता है। बावड़ी के द्वार पर स्नान करने के पश्चात पूजा हेतु बरामदे के आकार के देव स्थान बने हुये थे, जो काफी खण्डित अवस्था में है। दायी ओर के बरामदे में चौदह अलिन्द बने हुए हैं, जो दो अलंकृत स्तम्भों पर आधारित है, जिसके ऊपर शिखर अलंकरण है, शिखर पर विभिन्न प्रकार की आकृतियाँ है, जिनमें बन्दर, सिंह आदि का अंकन है। प्रत्येक अलिन्द में कृष्ण पाषाण पर निर्मित स्थानक विष्णु की प्रतिमा रखी है, जो उनके टुकड़ों में है। प्रतिमा की चारों भुजायें भग्न है। देव किरीट मुकुट, चक्र कुण्डल, मुक्ताहार, त्रिवली, एक अन्य हार, केयूर, मेखला, नूपर एवं बनमाला धारण किये है। पादपीठ पर शंख पुरुष, चक्र पुरुष, लक्ष्मी, गुरूड़ व दोनों हाथ जोड़े पूजक अंकित है। वितान में दायें ओर चतुर्भुजी ब्रह्मा अंकित है, जिनकी भुजाओं में दक्षिमाधः क्रम से अक्षमाला, स्त्रुता, पुस्तक एवं कमण्डलु है, बाये ओर शिव का अंकन है, जिनकी दायी नीचे की भुजा भग्न है, शेष भुजाओं में क्रमशः त्रिशूल, सर्प का मातुलिंग है। बावड़ी के प्रांगण में जलहारी में शिवलिंग है, उनके सामने नंदी बैठे हुए है। नंदी सिर विहीन होकर उकडू बैठे हुए है, उनकी पीठ पर झूल का अंकन है। मंदिर ११ वीं १२ शती ई. का है।

उपरोक्त मंदिरों के विवरण से स्पष्ट होता है कि खोर में न केवल १० वीं ११ वीं शती ई. में अपितु ११ वीं १२ वीं शती ई. में भी मंदिरों का निर्माण हुआ। यहां के मंदिर भूमिज शैली के थे, किन्तु उसमें मारू-गुर्जर स्थापत्य विद्या का प्रभाव स्पष्ट देखा जा सकता है। इस भू भाग पर गुहिल, चौहान एवं परमार शासकों का अधिपत्य रहा, किन्तु १२ वीं शताब्दी में परमारों की अवनति के समय गुहिल शासकों का शासन रहा। कुछ समय के लिये चौहानों का भी इस भू भाग पर शासन रहा। जीरण एवं खोर के गुहिलों का चित्तौड़ के गुहिलों से क्या संबंध था, यह पृथक शोध का विषय है, जिस पर पर्याप्त जानकारी उपलब्ध नहीं है।[५९]

58. स्वयं के द्वारा किया गया सर्वेक्षण।
59. डॉ. विनय श्रीवास्तव के मेजर रिसर्च प्रोजेक्ट के अन्तर्गत किया गया सर्वेक्षण, रिपोर्ट एवं निष्कर्ष।

अध्याय षष्टम

डीकेन के चित्रित शैलाश्रय

भारतीय इतिहास एवं पुरातत्व में शैलाश्रयीन चित्र कला का विशेष योगदान है। प्रागैतिहासिक काल के मानव की प्राचीनता का बोध उसके अभी तक प्राप्त जीवाश्मों, पाषाण उपकरणों उसके द्वारा चित्रित गुफाओं एवं कन्दाराओं से होता है । मानव द्वारा चित्रित शैलचित्रों से न केवल उसके मानव स्वभाव, जीवन संघर्ष, सामाजिक आर्थिक एवं धार्मिक परिस्थितियों के बारे में संज्ञान प्राप्त होता है बल्कि उसकी सृजन शीलता एवं मौलिक उदभावना शक्ति संबंधित सौंदर्य बोध का प्रमाण भी उपलब्ध होता है । आदि मानव चित्रित शैलचित्र सम्पूर्ण विश्व में उपलब्ध हुए है इनकी विस्तृत श्रृंखलाएं गहन वनों एवं दुर्गम स्थलों पर प्राप्त हुई है । अनेक शताब्दियां व्यतीत होने पर भी न तो उनका स्वरूप निर्जीव हुआ है नहीं उनका कला पक्ष ही नष्ट हुआ है । इन चित्रों में उसकी आन्तरिक चेतना के परिचय के साथ साथ उसकी संघर्षपूर्ण जीवन प्रक्रिया विपरीत परिस्थितियों एवं वातावरण अपनी भावना को अभिव्यक्त करने में शक्ति का परिचय भी प्राप्त होता है ।

प्रागैतिहासिक शैलचित्रों की खोज का इतिहास काफी प्राचीन नहीं है । १९ वीं शताब्दी के आखिरी उत्तरार्द्ध में हुआ जिसका श्रेय विदेशी विद्वानों या पुरातत्वेत्ताओं को जाता है । प्रागैतिहासिक कला के क्षेत्र में सर्वप्रथम चित्रित शैलाश्रयों की खोज उत्तरी स्पेन में अल्तीमेरा नामक स्थान पर हुई । अल्तीमेरा की गुफाओं में अंकित चित्रों की खोज के उपरान्त विश्व के अनेकों भागों में चित्रित शैलाश्रयों की अनेकों श्रृंखलायें उपलब्ध होने लगी। अफ्रीका के पश्चिमोत्तर भाग दक्षिण अफ्रीका उत्तरी किम्वले इन्डों चीन न्यूनागाइना सायबेरिया एवं मध्य एशिया में भी चित्रित शैलाश्रयों की प्राप्ति हुई है । इसके पश्चात से विश्व के अन्य क्षेत्रों में भी शिलाचित्रों की अनेक श्रृंखलाएं उपलब्ध हुई है ।

स्पेन एवं फ्रांस के प्रागैतिहासिक शिलाचित्रों की खोज के उपरान्त लगभग एक दशक उपरान्त भारतवर्ष में सर्वप्रथम इन चित्रों के खोज का श्रेय अर्चिवाल्ड कार्ल तथा जानकाक बर्न को जाता है। कैमूर पहाड़ियों मेंमिर्जापुर के निकट विंन्ध क्षेत्र में १८८० में सर्वप्रथम चित्रों की खोज की गई थी । इस खोज के पश्चात् ही

भारत वर्ष के अनेक क्षेत्रों में शैलचित्रों की खोज एवं शोध का कार्य प्रारंभ हो गया।

जावद तहसील में स्थित डीकन नामक स्थान के आसपास के क्षेत्र का श्री गिरजाशंकर रूनवाल द्वारा वर्ष १९८० से १९८३ के मध्य शैलाश्रयीन चित्रकला के दृष्टिकोण से गहन सर्वेक्षण किया गया। इनके द्वारा २१ स्थानों पर चित्रित शैलात्रयों की खोज की गई। उसके उपरान्त डॉ. श्री वाकणकर एवं डॉ. श्रीमती भारती होती द्वारा इन चित्रों का रेखांकन, छांयाकन एवं विवेचन का कार्य किया गया। डीकेन क्षेत्र के अन्तर्गत प्राप्त चित्रित शैलाश्रयों की सूची निम्नानुसार हैं –[1]

क्रमांक	स्थान का नाम	चित्रित शैलाश्रयों की संख्या
०१.	जेतपुरा	०२
०२.	मडकाखाल की मेर	०५
०३.	आधार शिला	१४
०४.	जेतपुरा का बडला घाट	०८
०५.	जेतपुरा का मरजीवा	०६
०६.	जूना पानी की अंगरका चौकी	०३
०७.	चीर परेवा	०६
०८.	बाबाजी की मढ़ी (राजस्थान)	०७
०९.	मच्छी खाना	१२
१०.	मन्दाकरी (भगवानपुरा)	०६
११.	कंजारडा का मरडासो	०२
१२.	रानी झज्जा (गफारड़ा)	११
१३.	कंजारड़ा का मोती घाट	०१
१४.	कंजारडा का लम्बी घाट	०६
१५.	पूवी पान	०१
१६.	मालगढ़ की मनवार देवी	०१
१७.	जाट का पीर मात्डीया	०७
१८.	चांदवेरी (लॉपिया)	१२
१९.	गुग्गुरेवार (लॉपिया)	०२
२०.	वडका खाल (ढरोती)	०३

श्री रूनवाल जी खोज के उपरान्त इस क्षेत्र के शैलाश्रयों के खोज कार्य को श्री सतीशचन्द्र भटनागर शिक्षक द्वारा जारी रखा गया उनके द्वारा तीन अन्य स्थान –

1. सर्वे रिपोर्ट ऑफ रतनगढ़ डिकेन एरिया।

राताडिया का खल्ला, अम्बा माता एवं बच्छवाडीया में नये शैलाश्रयों की खोज की गई । इस प्रकार डीकेन क्षेत्र के अन्तर्गत कुल २४ स्थानों पर चित्रित शैलाश्रया प्राप्त हुए है । इनमें से दो यथा मगर डोह एवं बाबाजी की मढ़ी नामक शैलाश्रय राजस्थान सीमा पर स्थित है ।

मार्च २००४ में आयुक्त पुरातत्व भोपाल द्वारा डीकेन क्षेत्र के चित्रित शैलाश्रयों के विस्तृत छायांकन एवं विडियोग्राफी के लिये निर्देश प्रदान किये गये । उक्त निर्देशों के परिपालन में इस क्षेत्र में स्थित चित्रित शैलाश्रयों का सर्वेक्षण कर छायांकन एवं वीडियोग्राफी का कार्य किया गया । समयाभाव के कारण सभी शैलाश्रयों का सर्वेक्षण, छायांकन एवं विडियोग्राफी का कार्य किया जाना संभव नहीं था । अतः करेल का भडका खाल नाला, आधार शिला, चान्दवेरी, रानी छज्जा, मडकारी नाला, मच्छी खल्ला नामक स्थानों के चित्रित शैलाश्रयों का सर्वेक्षण उनका रेखांकन, छायांकन एवं वीडियोग्राफी का कार्य किया गया। [२]

चित्रित शैलाश्रयों की स्थिति - जिला मुख्यालय नीमच से ४० कि.मी. की दूरी पर जावद तहसील में सिंगोली मार्ग स्थित है । डीकेन नगर पूर्वी एवं पश्चिमी किनारों पर स्थित नालों के दोनों और स्थित शैलाश्रयों का शृंखलाऐं स्थित है । इन शैलाश्रयों की छतों एवं भित्तियों पर चित्रों का अंकन किया गया है । डीकेन क्षेत्र से प्राप्त शैलाश्रयों की भौगोलिक स्थिति निम्नानुसार है -

(१) करेल का भड़का नाला - नीमच सिंगोली मार्ग पर स्थित डीकेन नामक स्थान से उत्तर पश्चिम दिशा की ओर लगभग ५ कि.मी. दूरी पर करेल का भड़का खाल नाला स्थित है । नाले के दोनों पार्श्वों पर स्थित चट्टानों में कटिंग के कारण निर्मित शैलाश्रय स्थित इन शैलाश्रयों की संख्या लगभग १० हैं, जिनमें से केवल पांच शैलाश्रयों में ही चित्र बने हुए हैं । आकार में ये शैलाश्रय लगभग ५०'x१०' आकार के हैं । [३]

(२) आधार शिला शैलाश्रय - यह शैलाश्रय जावद तहसील के रामनगर तीथली नामक स्थान से लगभग उत्तर की ओर आधार शिला नामक शैलाश्रयों की शृंखला स्थित है । यहां पर नाले के दोनों पार्श्वों पर स्थित चट्टानों के कटाव के कारण शैलाश्रयों का निर्माण हुआ है । यहां पर नाले दोनों पार्श्वों पर लगभग २४ शैलाश्रयों की शृंखला है उनमें से केवल १४ शैलाश्रयों में चित्र बने हुए है । आकार में शैलाश्रय काफी बड़े है । इनका आकार लगभग १००'x५०' का है । शैलाश्रयों छत एवं भित्ती पर चित्र बने है । कुछ शैलाश्रयों का आकार काफी छोटा है । [४]

2. कार्यालय आयुक्त म. प्र. पुरातत्व विभाग द्वारा प्राप्त जानकारी ।
3. सर्वे रिपोर्ट ऑफ रतनगढ़ डिकेन एरिया ।
4. सर्वेक्षण द्वारा ।

(३) चाँदबेरी शैलाश्रय - शैलाश्रय जावद तहसील के लापिया ग्राम से उत्तर पूर्व की ओर लगभग ५ कि.मी. की दूरी पर चांदवेरी नाले के दोनों पार्श्व पर चट्टानों के कटाव के कारण बने हुए हैं । अधिकांश चित्रित शैलाश्रय नाले के दाहिने पार्श्व पर शृंखला के रूप में स्थित है । यहां पर १२ चित्रित शैलाश्रयों की शृंखला है ।[५]

(४) रानी छज्जा शैलाश्रय - रानी छज्जा शैलाश्रय जावद तहसील के डीकेन नामक स्थान से लगभग १२ कि.मी. पूर्व ओर गफाडा नामक ग्राम के पास स्थित पहाड़ी पर है । यहां पर ११ शैलाश्रयों की शृंखला हैं, जिनमें से वर्तमान में पांच शैलाश्रयों में ही चित्र शेष हैं । [६]

(५) मन्डाकरी शैलाश्रय - जावद तहसील के भगवानपुरा से उत्तर की और ६ कि.मी. की दूरी पर मेन्डाकरी नाला है । नाले के दोनों पार्श्वों पर चित्रित शैलाश्रय स्थित है, यहां कुल १२ शैलाश्रय है उनमें से ९ शैलाश्रयों में ही चित्र शेष है। यहां स्थित शैलचित्र अन्य स्थानों की अपेक्षा अधिक सुरक्षित है ।[७]

(६) **मच्छी खला शैलाश्रय** - जावद तहसील के डिकेन नामक स्थान से ८ कि.मी. पूर्व में मच्छीखला के शैलाश्रय नाले के दोनों पार्श्वों पर शैलाश्रय स्थित हैं। यहां पर कुल १२ शैलाश्रय हैं, उनमें से ९ शैलाश्रयों में ही चित्र शेष हैं । यहां पर स्थित शैलचित्र अन्य स्थानों की अपेक्षा अधिक सुरक्षित है ।[८]

रंग योजना- शैलाश्रयीन चित्रकला में रंगों का अत्यन्त महत्व है । ये चित्र विभिन्न रंगों से बने हुए प्राप्त होते है । अधिकांशतय: एक चित्र बनाने के लिये एक ही रंग का उपयोग किया जाता था । परन्तु कुछ स्थानों पर एक चित्र बनाने के लिये दो रंगों का उपयोग किया गया है । अधिकांशतय: गैरिक रंग का प्रयोग प्राकृतिक रूप से अधिक सुलभ होने के कारण चित्रों के अंकन बहुतायत से मिलता है । गेरुए रंग के अलावा चित्रों के अंकन में कत्थई लाल, सफेद, हरा, गहरा लाल एवं कहीं-कहीं काले रंग का प्रयोग भी हुआ है । डीकेन क्षेत्र के शैलाश्रयों में लाल एवं कत्थई रंग का व्यापक रूप से प्रयोग दिखाई देता है । सफेद, काला एवं हरा । भण्डाकारी में एक स्थान पर वृषभ को हरे रंग से चित्रण किया गया है । इस प्रकार आधार शिला रानी छज्जा में कहीं-कहीं काले रंग का प्रयोग भी मिलता हैं । [९]

शैलियां - प्रागैतिहासिक चित्रकला में रूप संयोजन में साथ जीवन का

5. सर्वेक्षण द्वारा । 6.सर्वेक्षण द्वारा । 7. सर्वेक्षण द्वारा ।
8. सर्वे रिपोर्ट ऑफ रतनगढ़ डिकेन एरिया एवं स्वयं के द्वारा किया सर्वेक्षण ।
9. सर्वेक्षण द्वारा ।

प्रचुर समावेश मिलता हैं । आदि मानव अपने सौंदर्य परक क्रिया कलाप को जीवन के महत्वपूर्ण आयामों से अलग नहीं देखता हैं । तत्कालीन मानव की कला उसकी सहज प्रक्रिया का अंग थी । उसने अपने आवासीय स्थलों को उसकी सामाजिक आर्थिक एवं धार्मिक क्रिया-कलापों के अन्तर्गत ही चित्रित किया ।

शैलाश्रयीन चित्रकला में चित्रों का अंकन एक ही प्रकार से न होकर विभिन्न प्रकार से किया गया दिखाई देता है । विभिन्न कालक्रम में चित्रकला में कालगत अन्तर दिखाई देता है । सभी काल के चित्रों में शैलगत अन्तर स्पष्ट दिखायी देता है। शिलाचित्रों के व्यापक सर्वेक्षण के आधार पर चित्रों को पूरक, अर्द्धपूरक, रेखा, अलंकृत एवं क्षेपांकन शैलियों में विभक्त किया जा सकता है । उक्त शैलियों में से प्रथम चार शैलियां अधिकांशतय: दृष्टिगोचर होती है । शिलाचित्रों के अंकन में सामूहिक अंकन ही अधिक मिलता है । एकाकी रूप से भी चित्रण पशुओं, मानव या अन्य वस्तुओं का अंकन प्राप्त होता है । [१०]

चित्रों के अंकन में तीन प्रकार का चित्रण प्राप्त होता है । प्रथम प्रकार के चित्रण में यथार्थ द्वितीय प्रकार के चित्रण में काल्पानिकता एवं तृतीय प्रकार के चित्रण पारदर्शी चित्र हैं । जिसमें आन्तरिक अवययों को दिखाया गया है ।

सर्वेक्षित स्थलों के चित्रों में क्षेपांकन शैली के अलावा अन्य सभी शैलियों का अंकन प्राप्त होता है अधिकांश चित्र पूरक शैली में प्राप्त होते है । पूरक शैली के चित्र करेल का भड़का खाल, आधार शिला, चांदवेरी, रानी छज्जा, मेंडाकरी, मच्छी खला, शैलाश्रय में उपलब्ध हुए है । सर्वेक्षित शैलाश्रयों में अधिकांशतय: रेखा शैली के चित्र उपलब्ध होते है । ये चित्र पूरिक अलंकरण शैली के है । एवं एक वर्णित प्रकार के है। इन चित्रों के अंकन में एक ही रंग का उपयोग किया गया हैं । इन चित्रों के अंकन कत्थई एवं लालरंग का प्रयोग अधिकांशतय: मिलता है । अधिकाशतय: चित्र अंलकरण प्रकार के लिये लहरियादार रेखाओं, काटती रेखाओं एवं समान्तर रेखाओं का प्रयोग किया गया है ।

आक्षेपण – अधिकांशतय: शैलाश्रयों में एक स्तर के चित्रों के ऊपर दूसरे स्तर के चित्र आक्षेपित मिलते हैं । सम्भवत: स्थान की कमी के कारण एक स्तर के चित्रों के ऊपर दूसरे स्तर के चित्रों का आक्षेपण मिलता है । आक्षेपण की चित्रों के काल निर्धारण में महत्वपूर्ण भूमिका होती है । सबसे प्रथम स्तर के चित्र मध्य पाषाण काल के हैं । द्वितीय स्तरकेचित्र ताम्रपाषाण काल के है । तीसरे स्तर के चित्र जिसमें अधिकांशतय: अश्वारोही या गजारोही एवं ढाल तलवार लिये हुए योद्धा अंकित है ।

10. सर्वेक्षण द्वारा ।

डीकेन क्षेत्र से प्राप्त शैलाश्रयीन चित्रों में मध्य पाषाण काल ताम्र पाषाण काल एवं ऐतिहासिक कालों के चित्र उपलब्ध होते है । [११]

विषय वस्तु – सर्वेक्षित शैलाश्रयों में जो चित्र राशि उपलब्ध हुई है । उसमें आखेट दृश्य प्रमुखतः से मिलते हैं । आखेट दृश्यों के अलावा एकांकी रूप से पशु पक्षी तथा जीव जन्तुओं का चित्रण अधिकाशतः मिलता है । पशु चित्रण में अधिकांश तथा वृषण का अंकन मिलता है । जंगली पशुओं में शूकर, हिरण एवं बन्दर, बारहसिंहा का अंकन किया । आमोद प्रमोद के दृश्यों में नृत्य के चित्र प्रमुख हैं । इसके अलावा अश्वारोहियों का चित्रण भी यदा कदा मिलता है । मानव आकृतियाँ देवाकृतियाँ एवं अन्य प्रतीक चिन्हों का अंकन भी डीकेन क्षेत्र के शैलाश्रयों में मिलता है । पशुओं की अपेक्षा परिसर्प वर्ग एवं पक्षियों की चित्रों की संख्या नगण्य है । [१२]

आखेट दृश्य – मानव जाति की जिस अवस्था में कला का विकास होता है वह आखेट अवस्था थी । तत्कालीन मानव ने अपनी बौद्धिक क्षमताओं के आधार पर उसके द्वारा निर्मित पाषाण शस्त्रों द्वारा पशुओं पर अपना अधिकार स्थापित कर लिया था । उसी की अभिव्यक्ति मानव द्वारा चित्रों से की गई । आदिम युग में मानव का मुख्य व्यवसाय आखेट था । उस समय के मानव की दो प्रमुख समस्याए थी, यथा हिंसक पशुओं से रक्षा एवं जीवन यापन के लिये भोजन की व्यवस्था । इन दोनों ही समस्याओं का हल मात्र आखेट था अतः मानव के संघर्ष की अभिव्यक्ति चित्रकला से हुई । अतः शैलचित्रों के अंकन में आखेट दृष्यों को प्रमुखता दी गई । अधिकांश चित्र रेखा शैली में अंकित है । आखेटक के आयुद्ध के रूप में धनुष बाण एवं भाले का प्रयोग दिखाया गया है । चित्रों में अंकित मुद्राएं गतिशील एवं सजीव है । हिरण के शिकार के दृष्य लोपिया आधार शिला, मंडाकरी, मच्छी खल्ला शैलाश्रयों से उपलब्ध हुए है । मच्छी खल्ला शैलाश्रय में एक स्थान पर बैल द्वारा मानव उछालने का दृष्य अंकित है ।[१३]

पशु पक्षी एवं अन्य – शैलाश्रयीन चित्रकला में आखेट दृश्यों के अलावा भी पशु पक्षियों का चित्रण स्वतंत्र रूप से भी प्राप्त होता है । पशुओं की अपेक्षा पक्षियों का अंकन नगण्य है । वन पशुओं में सर्वाधिक हिरण, शूकर आदि का चित्रण ही अधिकांशतयः प्राप्त होता है । हिंसक वन्य पशुओं का चित्रण यदा कदा ही प्राप्त होता है । पालतु पशुओं में अधिकांशतयः वृषभ का चित्रण किया गया है । वन्य

11. सर्वेक्षण द्वारा ।
12. सर्वेक्षण द्वारा ।
13. सर्वेक्षण द्वारा ।

पशुओं में हिरण, बारहसिंगा एवं अन्य शूकर का चित्रण मच्छी खाल आधारशिला, लापिया, रानी छज्जा, करेल का भडका, चांदवेरी एवं मन्डाकरी शैलाश्रयों में किया गया हैं । वृषभ का चित्रण लगभग सभी शैलाश्रयों में किया गया है । बंकूर चित्रण आधारशिला शैलाश्रयों में मिलता हैं । छिपकली का अंकन भी आधारशिला शैलाश्रय में किया गया हैं । इनके अलावा मच्छी खला, मेडाकरी शैलाश्रयों मे मछली का अंकन किया गया है ।[१४]

नृत्य एवं वाद्य संगीत दृश्य – प्राचीन काल की कला बहुआयामी रही है । इसीलिये शैलाश्रयीन चित्रकला में नृत्य एवं संगीत के दृश्यों का अंकन भी प्राप्त होता है । तत्कालीन मानव का आखेटक जीवन कठिन एवं श्रम साध्य था । अतः अपने कठिन एवं श्रमसाध्य जीवन में कुछ समय निकालकर आमोद प्रमोद में व्यतीत करता होगा । शिलाचित्रों के मुद्राओं का सशक्त अंकन मिलता है । इन चित्रों का लयात्मकता, तालात्मकता संगीत गतिशीलता का स्पष्ट आलेखन मिलता हैं । चित्रों में एकाकी नृत्यों के साथ-साथ सहनर्तन का भी चित्रण मिलता हैं । डीकेन क्षेत्र के शिलाचित्रों में मच्छी खाल, रानी सज्जा, भफाडा, चांदेवीर नाला शैलाश्रय नृत्य के दृश्य उपलब्ध हुए हैं । गफाडा के शैलाश्रय से सहन के दृश्य प्राप्त होते हैं ।[१५]

विविध अन्य चित्र – शैलाश्रयों में कुछ ऐसे चित्र उपलब्ध हुए हैं जिन्हें किसी श्रेणी में नहीं रखा जा सकता हैं । किन्तु मानव के दैनिक क्रिया कलापों से संबंधित है। इसमें अग्नि प्रयोग, मधुमक्खी संचय, भारवाहक, पशु पालन, कृषि कर्म एवं गाडिया आदि का चित्रण है । इनके अलावा शैलाश्रयों में धार्मिक चिन्ह जैसे स्वास्तिक, त्रिशूल, चक्र, सूर्य, चन्द्र हाथ की छापें, छौक, वेदिका एवं ज्योमितिय अलंकरण एवं अस्पष्ट अभिप्रायः प्रमुख हैं । बैलगाड़ी के दृश्य मच्छी खला, आधारशिला शैलाश्रयों में मिलते हैं । स्वस्तिक, पुष्प, चन्द्र एवं अन्य धार्मिक चिन्ह आधारशिला, गफाडा, रानी छज्जा एवं करेल का भडका शैलाश्रय में उपलब्ध हैं ।[१६]

मानव आकृतियाँ – शैलाश्रयीन चित्रकला में मानवाकृतियों के चित्रण एवं पशु आकृतियों के चित्रण के मध्य कोई भेद एवं विसंगति दिखाई नहीं देती हैं । जिस कुशलता एवं शक्ति के साथ पशुओं का चित्रण किया गया है । शिलाचित्रों में मानव आकृतियों के चित्रण विभिन्नताएं पाई जाती है । कहीं-कहीं मानव शरीर को यष्टिवत चित्रित किया गया है, कहीं-कहीं इनको ज्योमितीय आकार दिया गया है ।

14. सर्वेक्षण द्वारा ।
15. सर्वेक्षण द्वारा ।
16. सर्वेक्षण द्वारा ।

शिलाचित्रों अधिकांशतयः मानव आकृतियाँ छाया सदृश्य है । उनकी छायात्मक अभिव्यक्ति के कारण उनकी विविध भाव भंगिमाएं एवं अंग विन्यास की सशक्त अभिव्यक्ति हुई हैं। कुछ आकृतियां ऐसी भी मिलती है जिसमें पशुमुख या छदम मुख धारण किये हुए हैं। कुल मिलाकर कहा जासकता है कि शिलाचित्रों में मानव आकृतियाँ काल मेड के अनुसार विभिन्न स्वरूपों एवं शैलियों में चित्रित हैं । मानव आकृतियों का अंकन शैलाश्रयों में विभिन्न रूप एवं शैलियों से मिलता है यथा: पतलयिष्टी के समान (२) आयताकार या वर्गाकार (३) चौड़ी रेखाओं के समान (४) आयताकार एवं रेखांकित शैली वाली मानवाकृतियाँ ।[१७]

सर्वेक्षित शैलचित्रों का कालक्रम - शैलचित्रों का उदभव एवं विकास एक ही काल का न होकर विभिन्न कालों का हैं । अधिकांश शैलचित्रों का निर्माणकाल लिपि के विकास एवं काल गणना के पूर्व का है । अभी तक ऐसी किसी तकनीकी का विकास नहीं हुआ हैं । जिससे इन चित्रों का वैज्ञानिक आधार पर सापेक्ष तिथि निर्धारण किया जा सकें । किन्तु वर्तमान में चित्रों की भौतिक अवस्था, आक्षेपण, प्रागैतिहासिक एवं ऐतिहासिक तत्वों से सहसम्बन्ध एवं उत्खनित सामग्री का शैलचित्रों से सह सम्बन्ध स्थापित कर तिथि निर्धारण किया जा सकता है, इसी आधार पर करेल का भडका आधारशिला, रानी सज्जा, भंडाकरी नाला, चान्देवरी नाला से शैलचित्रों को मध्य पाषाण, ताम्र पाषाण काल एवं ऐतिहासिक काल में रखा जा सकता है ।[१८]

डीकेन स्थित केरल का भडका में स्थित शैलाश्रय - जिला मुख्यालय नीमच से ४० कि.मी. की दूर पर जावद तहसील में सिंगोली मार्ग पर स्थित है । डीकेन ग्राम के पूर्वी एवं पशिचमी किनारों पर स्थित दोनों पार्श्वों पर शैलाश्रय स्थित है । इन शैलाश्रयों की छतों एवं भित्तियों पर चित्रों का अंकन किया गया है । ग्राम में उत्तर-पश्चिम दिशा की और लगभग ५ कि.मी. की दूरी पर करेल का भडका नाला स्थित है । नाले के दोनों पार्श्वो पर स्थित चट्टानों में नाले के कारण कटाव के कारण शैलाश्रयों का निर्माण हुआ है यहां शैलाश्रय की कुल संख्या १० है। जिनमें केवल पांच शैलाश्रयों में ही चित्र बने हुए हैं । इनमें से कुछ शैलाश्रय छोटे कुछ काफी बड़े आकार के है । इन शैलाश्रयों में काले एवं कत्थई रंग के चित्र बने हुए हैं । इन चित्रों में मानव आकृतियाँ पशु चित्रण में वृषभ एवं हिरण बारहसिंगा के चित्र हैं । कुछ शैलाश्रयों में धार्मिक चिन्ह जैसे हाथ की छापे, स्वस्तिक एवं पुष्प

17. सर्वेक्षण द्वारा ।
18. सर्वेक्षण द्वारा ।

आकृतियों का अलंकरण है । ये चित्र ताम्र पाषाण काल एवं ऐतिहासिक काल से संबंधित है ।[19]

डीकेन तहसील जावद जिला नीमच म.प्र. .यह शैलाश्रय डीकेन ग्राम के उत्तर पश्चिम दिशा में ५ कि.मी. की दूरी पर स्थित है । यहां जिला मुख्यालय नीमच में बस या जीप द्वारा पहुंचा जासकता है । रहने के लिये नीमच रेस्ट हाऊस है ।

आधारशिला शैलाश्रय - यह शैलाश्रय जावद तहसील के रामपुरा साँथली नामक स्थान से लगभग उत्तर की ओर आधारशिला नामक शैलाश्रयों के शृंखलाएं स्थित हैं । यहां पर नाले के किनारे दोनों पार्श्वों पर स्थित चट्टानों के कटाव के कारण शैलाश्रयों का निर्माण हुआ है । यहां पर नाले के किनारे २४ शैलाश्रयों की शृंखला हैं, उनमें से केवल १४ शैलाश्रयों में चित्र बने हुए हैं । कुछ शैलाश्रय काफी बड़े आकार के कुछ काफी छोटे आकार के है । यहां पर आखेट दृश्य चित्रित है । एक स्थान पर अस्पष्ट जानवर के शिकार का दृश्य अंकित हैं, एक आखेटक के हाथ तलवारनुमा कोई शस्त्र हैं एवं दूसरे हाथ में त्रिकोणात्मक ढाल है । दूसरे आखेटक के पास केवल तलवारनुमा शस्त्र हैं । एक अन्य स्थान पर आखेटक को धनुष बाण लिये हुए किसी अस्पष्ट जानवर का शिकार करते हुए दिखाया गया है । आखेटन की मुद्रा काफी गतिशील है । एक स्थान पर एक हिरण पर सवार व्यक्ति को खड़ी हुई मुद्रा में दर्शाया गया है । हिरण के सामने एक व्यक्ति हाथ में धनुष बाण एवं दूसरे हाथ में यहां पर हिरण जननांग को भी दिखाया गया है । एक अन्य स्थान पर धनुष से वृषभ के शिकार का अंकन है । एक स्थान पर बन्दर की टोली को एक पंक्ति में जाते हुए दिखाया गया है । एक स्थान पर हाथ में तन्तु लिये हुए एक व्यक्ति का अंकन है । यहां पशु पक्षियों के चित्रण में वृषभ का अंकन सबसे अधिक मिलता है । इसके अलावा बारहसिंगा, हिरण, बन्दर, मयूर का अंकन शैलाश्रयों में किया गया हैं । यहां के शैलाश्रयों के चित्र काफी धुंधले एवं नष्ट हो रहे है । इनका रासायनीकरण एवं संरक्षण आवश्यक है ।[20]

रामपुरा (अधरशिला शैलाश्रय तहसील जावद .जिला नीमच) - यह शैलाश्रय रामपुरा के उत्तर में ३ कि.मी. की दूरी पर स्थित है । रहने के लिये नीमच रेस्ट हाऊस है, समीपस्थ रेलवे स्टेशन नीमच है ।[21]

मच्छी खला शैलाश्रय - जिले की जावद तहसील के डीकेन नामक स्थान से ८ कि.मी. पूर्व में मच्छी खाल के शैलाश्रय नाले के दोनों पार्श्वों पर स्थित

19. सर्वे रिपोर्ट ऑफ रतनगढ़ डिकेन एरिया ।
20. सर्वेक्षण द्वारा ।
21. सर्वेक्षण द्वारा ।

है। यहां शैलाश्रयों की कुल संख्या १२ हैं उनमें से ९ शैलाश्रयों में चित्र अंकित है। यहां स्थित शैलाश्रय अन्य स्थानों की अपेक्षा अधिक सुरक्षित है। शैलाश्रय में मच्छी का अंकन होने के कारण इस क्षेत्र के शैलाश्रयों को मच्छी खला शैलाश्रय के नाम से जाना जाता है। यहां के शैलाश्रय में शिकार दृश्य, जिसमें वृषभ के शिकार का दृश्य अत्यन्त प्रभावपूर्ण है। उक्त चित्र में वृषभ को खड़ी हुई मुद्रा में दिखाया गया है। वृषभ भयातुर मुद्रा में है। उसके सामने हाथ छड़ीनुमा हथियार लिये मानवाकृति को दर्शाया गया है। मानव आकृति काफी गतिशील एवं आक्रामक मुद्रा में है। बड़े वृषभ के पीछे चार आकृतियों को और चित्रित किया गया है। इस प्रकार एक अन्य शैलाश्रय में हिरण के शिकार का दृश्य अंकित है। यहां पर हिरण की विस्मयकारी मुद्रा हैं। हिरण के सामने स्थित मानवाकृति को गतिशील एवं आक्रामक मुद्रा दिखाया गया है। यह चित्र काले रंग में रेखा शैली में अंकित है। एक अन्य स्थान में हाथ में धनुष लिये हुए नीलगाय के आखेट का दृश्य है। एक स्थान पर हिरण के आखेट का दृश्य है। यहां पर आखेटक को हाथ में धनुष लिये हुए गतिशील मुद्रा में दिखाया गया है वह हिरण के पार्श्वभाग से आक्रमण कर रही है।

वन्य पशुओं में हिरण, नीलगाय, बन्दर, जंगली सुअर, बारहसिंघे का चित्रण एकाकी रूप से मिलता है। पालतु पशुओं में बैल या वृषभ का चित्रण सबसे अधिक है। जल प्राणियों में मछली का अंकन दो स्थानों पर किया गया हैं। एक शैलाश्रय में बैलगाड़ी का अंकन काफी प्रभावकारी है। बैलगाड़ी के ऊपर एक मानवाकृति को फरसा लिये हुए अंकित किया गया है। बैलगाड़ी में दो चक्कों का एवं जुते हुए बैलों को भी दिखाया गया है। गाड़ी के सामने एक व्यक्ति फरसा लिये हुए गतिशील मुद्रा में है। उसके सामने एक व्यक्ति को हिरण के साथ दिखाया गया है। सामने एक वृषभ भी अंकित है।

शैलाश्रयों के धार्मिक प्रतीक चिन्ह यथा स्वस्तिक, त्रिशूल, सर्प एवं हाथ की छापें एवं ज्योमितीय अलंकरण उपलब्ध हुए हैं। ये चित्र मध्य पाषाणकाल से लेकर ऐतिहासिक काल के है। ये चित्र पुरातात्विक दृष्टिकोण से महत्वपूर्ण है। वर्तमान में इनकी दशा काफी खराब हो रही है। इनका रासायनीकरण कार्य करवाया जाना अत्यन्त आवश्यक है। सुरक्षात्मक दृष्टिकोण से इनका संरक्षण किया जाना योग्य होगा।[२२]

मेढाकारी शैलाश्रय- जावद तहसील के भगवानपुरा ग्राम से लगभग ६ कि.मी. की दूरी पर मेन्डाकरी नाला हैं। नाले के दोनों पार्श्वों पर चित्रित शैलाश्रय स्थित है। यहां ६ शैलाश्रयों में चित्रों का अंकन है। इनमें से कुछ शैलाश्रय बड़े एवं कुछ छोटे आकार के है। इस शैलाश्रय में गेरुए, लाल, कत्थई रंग से चित्रों को चित्रित किया गया है।[२३]

22. सर्वे रिपोर्ट ऑफ रतनगढ़ डिकेन एरिया। 23. सर्वेक्षण द्वारा।

यहां के शैलाश्रयों में चार आखेट दृश्य चित्रित किये गये है । प्रथम आखेट दृश्य में एक हिरण के शिकार का दृश्य अंकित किया गया है । इसमें हिरण के सामने एक मानवाकृति को हाथ में धनुष लिये दर्शाया गया है । इसमें धनुष की प्रत्यन्चा को नहीं दर्शाया गया है । मानवाकृति के सामने हिरण एवं गतिशील मुद्रा में है । आखेट की मुद्रा भी गतिशील है । इसी प्रकार एक अन्य दृश्य में हिरण को आखेटक के सामने भयातुर मुद्रा में दिखाया गया है । हिरण का अंकन गतिशील मुद्रा में है । हिरण की गर्दन पर तीर लगा हुआ है । यहां भी मानव आकृति काफी गतिशील एवं आक्रमक है । दाहिने हाथ में धनुष का अंकन है । चित्र में धनुष की प्रत्यन्चा को नहीं दिखाया गया है ।

एक स्थान पर तीसरे दृश्य में वृषभ के शिकार को चित्रित किया गया है वहां पर वृषभ को गतिशील एवं भयातुर मुद्रा में दिखाया गया है । सामने स्थित आखेटक आखेट की मुद्रा में हाथ में धनुष लिये हैं । पैरों को फैला हुआ बताया गया है । आखेट का तीर वृषभ की गर्दन के नीचे लगा हुआ है । आखेटक एवं आखेट की मुद्राए अत्यन्त स्वाभाविक है । एक अन्य दृश्य में एक दो आखेटकों को चार बारहसिंहों का शिकार करते हुए चित्रित किया गया है । दोनों आखेटकों के हाथ में धनुष है । एवं धनुष पर शिकार हेतु तीर चढा हुआ है । दोनों आखेटकों को गतिशील मुद्रा में दिखाया गया है । बायी ओर से बारहसिंगे का मुख भय के कारण पीछे की ओर मुड़ा हुआ है । पशु चित्रण में यहां पर हिरण के अलावा जंगली सुअर, शेर, वृषभ, सगमी गाय एवं मछली का अंकन भी प्राप्त होता है। शैलाश्रयों में अंकित अधिकांश चित्र ताम्र पाषाण काल, मध्य पाषाण काल के है। कुछ चित्रों को शैलीगत आधार पर ऐतिहासिक काल में रखा जा सकता है । ये चित्र पुरातात्विक दृष्टि कोण से महत्वपूर्ण है । इनका रासायनीकरण एवं संरक्षण किया जाना आवश्यक है ।

भगवानपुरा (मंडाकरी नाला शैलाश्रय)- तहसील जावद जिला नीमच (म.प्र.) ग्राम डीकेन से लगभग ५ कि.मी. दूरी पर स्थित ग्राम भगवानपुरा से उत्तर दिशा में ५ की दूरी पर स्थित है ।[२४]

रानी छज्जा शैलाश्रय – रानी छज्जा शैलाश्रय जावद तहसील के डीकेन नामक स्थान से १२ कि.मी. की दूरी पर स्थित गफाडा नामक ग्राम के पास स्थित पहाड़ी पर है । यहां पर पहाड़ी पर ११ शैलाश्रयों की संख्या ११ है, जिनमें से केवल ५ शैलाश्रयों में चित्र अंकित है । ये चित्र इतने धुंधले एवं हलके हो गये है कि पहचान में भी नहीं आते है । यहां पर चित्रों का रेखांकन कत्थई, लाल रंग से किया गया है । यहां संवत १७९४ का एक लेख भी लिखा हुआ है । लेख के पार्श्व में चोकनुमा एक चित्र भी अंकित है । यही पर एक चित्र में एक कतारबद्ध १० नर्तकों का अंकन किया गया है सभी नर्तकों के दोनों हाथ कटि पर नृत्य मुद्रा में स्थित है । नर्तकों के दाहिने पार्श्व पर तन्तु वाद्य

24. सर्वे रिपोर्ट ऑफ रतनगढ़ डिकेन एरिया ।

लिये हुए एक मानवाकृति खड़ी है । जो कि दूसरे हाथ से दण्डी आकार की तार से तन्तु वाद्य को बजा रही है । एक अन्य नृत्य शैलाश्रय में अंकित है। जिसमें पांच नर्तकों को कटी पर दोनों हाथ रखकर नृत्य करते हुए दिखाया गया है । दोनों नृत्य अत्यन्त प्रभावोत्पाद है । नृत्य में इनकी तनमयता एवं लय उल्लेखनीय है। इसके अलावा हिरण एवं मानव आकृतियों का चित्रण भी यहां मिलता है । यहां पर हाथ की छापे, त्रिशूल, स्वस्तिक एवं अन्य ज्योमितीय प्रकार के चित्र प्राप्त होते हैं । ये चित्र ताम्रपाषाण काल एवं ऐतिहासिक काल के है । पुरातात्विक दृष्टि कोण से महत्वपूर्ण है । इनका रासायनिक संरक्षण आवश्यक है । विभाग द्वारा संरक्षण योग्य हैं । [२५]

मफाडा (रानी छज्जा शैलाश्रय) तहसील जावद जिला नीमच (म.प्र.) - ग्राम मफाडा डीकेन नामक स्थान से पूर्व की ओर १२ कि.मी. की दूरी पर स्थित है। समीपस्थ रेलवे स्टेशन नीमच एवं रहने के लिये नीमच रेस्ट हाऊस है ।

चान्दबेरी शैलाश्रय - चांदवेरी शैलाश्रयों की शृंखला जावद तहसील के खापिया ग्राम से उत्तर पूर्व की ओर लगभग ५ कि.मी. की दूरी पर चांदवेरी नाले के दोनों पार्श्वों पर स्थित चट्टानों के कारण बनी है । यहां पर १२ चित्रित शैलाश्रयों की शृंखला है । यहां पर आखेट दृश्य एक ही प्राप्त हुआ है, सम्भवतः यह दृश्य सांभर या नीलगाय के शिकार का है । इसमें पशु का गर्दन का अंकन दिखाई नहीं देता है । पशु के पैरों के पास दो मानवाकृतियों को हाथ में फरसा लिये हुए दिखाया गया है । सामने से एक मानवकृति धनुष से आक्रमण कर रही है । एक स्थान पर चक्र से चारों ओर हाथ में आयुद्ध लिये नृत्य करते हुए दिखाया गया है । एक स्थान पर चार पंक्तिबद्ध हिरणों को गतिशील मुद्रा में दिखाया गया है । एक शैलाश्रय में दो हिरणों के सामने दो मानवाकृतियों को दिखाया गया है । दोनों मानवाकृतिया भयातुर मुद्रा में है। एक चित्र में हिरण की गर्दन पर तीर लगा हुआ है । एक अन्य चित्र दो हिरणों को आपस में लड़ते हुए दिखाया गया है । यहां पर अंकित पुरातत्वीक दृष्टि कोण से महत्वपूर्ण चित्रों के ऊपर वातावरण के प्रभाव के कारण नष्ट होने की स्थिति में हैं । अतः इनका रसायनीकरण एवं संरक्षण आवश्यक है ।[२६]

लापिया (चांदवेरी माला) तहसील जावद जिला नीमच - यह शैलाशैप्त लापिया ग्राम के उत्तर पूर्व में ५ कि.मी. की दूरी पर स्थित है । यहां जीप द्वारा पहुंचा जा सकता है । रहने के लिये नीमच रेस्ट हाऊस है समीपस्थ रेलवे स्टेशन नीमच है।

25. सर्वे रिपोर्ट ऑफ रतनगढ़ डिकेन एरिया ।
26. कार्यालय आयुक्त म. प्र. पुरातत्व विभाग द्वारा प्राप्त जानकारी ।

BIBLIOGRAPHY

आधार ग्रन्थ सूची

हिन्दी ग्रन्थ

1. श्यामलदास - वीर विनोद भाग-1, भाग, 2, भाग 3, राजस्थानी प्रकाशक,ग्रन्थागार, जोधपुर ।

2. ओझा, गौरीशंकर हीरानन्द - 1. प्रतापगढ़ राज्य का इतिहास, प्रकाशक, राजस्थानी ग्रंथागार, जोधपुर ।
2. उदयपुर राज्य का इतिहास, राजस्थानी ग्रंथागार, जोधपुर ।

3. डॉ. रघुबीरसिंह (संपादित) 1. वीर विनोद । 2. दुर्गादास

4. डॉ. मनोहरसिंह राणावत (सम्पादित) - 1. मुहणोत नैणसी की ख्यात, प्रकाशक श्री नटगार शोध संस्थान सीतामऊ ।
2. मन्दसौर अतीत और वर्तमान प्रकाशक श्री नटगार शोध संस्थान सीतामऊ ।
3. चित्तौड़ उदयपुर का पाटनामा, प्रकाशक श्री नटगार शोध संस्थान सीतामऊ ।

5. ए.ए. रिजवी - खलजी कालीन भारत ।

6. डॉ. चन्द्रभूषण द्विवेदी - दशपुर, प्रकाशक, म.प्र. हिन्दी ग्रन्थ अकादमी, भोपाल ।

7.डॉ. राजकुमार शर्मा - म.प्र. के पुरातत्व का संदर्भ ग्रन्थ प्रकाशक, म.प्र. हिन्दी ग्रन्थ अकादमी, भोपाल ।

8.डॉ. एम.बी. गर्दे - ग्वालियर राज्य का पुरातत्व प्रतिवेदन

9.डॉ. रामलाल कैवल - प्राचीन मालवा में मन्दिर वास्तुकला ।

10.डॉ. विनय श्रीवास्तव - 1. मालवा के प्रमुख ऐतिहासिक दुर्ग, चिराग प्रकाशन, उदयपुर 2008
2. मालवा के ऐतिहासिक मन्दिर एवं छत्रियां, चिराग प्रकाशन, उदयपुर 2008 ।

11. डॉ. मंगल मेहता - दशपुर जनपद संस्कृति ।

12.रामनारायण दुग्गड़ - राजस्थान रत्नाकर ।

13. प्रतापशोध प्रतिष्ठान द्वारा प्रकाशित - सगत रासो ।

14. पं. शिवनारायण गौड़ (संपादित) - जाजू स्मृति ग्रंथ, प्रकाशक, सेवा समन्वय समिति, नीमच ।

15.डॉ. हंसा व्यास - प्राचीन मालवा का शैव स्थापत्य ।

16.डॉ. शरद दुबे - रामपुरा के चन्द्रावतों का इतिहास (अप्रकाशित शोध प्रबंध)

अंग्रेजी ग्रन्थ

1. अबुल फजल (अंग्रेजी अनुवाद) - आइन-ए-अकबरी भाग 2,अंग्रेजी अनुवाद । ब्लोक मेन एवं जेरेट ।
2. सरकार, जदुनाथ - हिस्ट्री ऑफ जयपुर ।
3. गुप्त, के.एस. - मेवाड़ एण्ड द मराठा रिलेशन्स ।
4. लाल, के.एस. - हिस्ट्री ऑफ खलजीज ।
5.सी.यू.एचिसन - ट्रीटिज, एगेजमेंट एण्ड द सनद ।
6. मजूमदार, आर.सी. - एन्शिएन्ट इंडिया ।

मराठी ग्रन्थ

1. अनन्तनारायण भागवत (सं.) - होलकरांची कैफियत
2. स.पा. वा. ठाकुर - होलकर शाहीच्या इतिहासाची साधने प्रकाशक होलकर गवर्नमेन्ट प्रेस, इन्दौर

शोध जर्नल

1. अहिल्या स्मारिका, इन्दौर
2. रिसर्च लिंक, इन्दौर

गैजेटियर्स

1. मन्दसौर डिस्ट्रिक्ट गैजेटियर ।
2. उज्जैन डिस्ट्रिक्ट गैजेटियर ।
3. ग्वालियर डिस्ट्रिक्ट गैजेटियर ।
4. इन्दौर स्टेट गैजेटियर (धारीवाल कृत) ।

रिपोर्ट्स

1. एन्युअल एडमिनिस्ट्रेरिव रिपोर्ट्स, आर्कियोलॉजिकल सर्वे ऑफ इंडिया, ग्वालियर स्टेट ।
2. डॉ. विनय श्रीवास्तव के यू.जी.सी. नई दिल्ली, द्वारा स्वीकृत मेजर रिसर्च प्रोजेक्ट, ''मालवा के ऐतिहासिक स्मारकों का अध्ययन एवं दस्तावेजीकरण' (2005-2007) की रिपोर्ट ।
3. रिपोर्ट ऑफ द रतनगढ़, डिकेन एरिया ।
4. सरकार, डी.सी.- सिलेक्टर इंसिक्रप्संस ।
5. सरकार, डी.सी.-एपीग्राफिया इंडिया ।

शोध आलेख

1. डॉ. व.श्री. वाकणकर, - पुरानीकालीन नीमच, जाजू स्मृति ग्रंथ।
2. डॉ. रघुबीरसिंह - रामपुरा क्षेत्र, वहां का चन्द्रावत राजवेश और मल्हारराव होलकर (अहिल्या स्मारिका) ।
3. डॉ. मनोहरसिंह राणावत - आमद - एक उपेक्षित दुर्ग (अप्रकाशित)
4.डॉ. विनय श्रीवास्तव - बरुखेड़ा के मन्दिरों का सांस्कृतिक महत्व (रिसर्च लिंक)
5. विमलकुमार गांधी, नीमच परिसर - जाजू स्मृति ग्रंथ, प्रकाशक, सेवा समन्वय समिति, नीमच